教育部人文社会科学重点研究基地
中央民族大学中国少数民族研究中心
人类学·民俗学：来自生活一线的田野报告系列（第八集）
丛书总主编/祁庆富
系列主编/郝苏民
系列副主编/文化

民俗：在适应与变迁中传承

张春秀　刘目斌等/著

中央民族大学出版社

图书在版编目(CIP)数据

民俗:在适应与变迁中传承/张春秀,刘目斌著.—北京:中央民族大学出版社,2008.8

(人类学·民族学:来自生活—线的田野报告系列丛书)

ISBN 978-7-81108-584-6

Ⅰ.在… Ⅱ.①张…②刘… Ⅲ.少数民族风俗习惯—研究报告—中国 Ⅳ.K892.3

中国版本图书馆 CIP 数据核字(2008)第 134761 号

民俗:在适应与变迁中传承

作　　者	张春秀　刘目斌
责任编辑	覃录辉
策划编辑	沙　平
装帧设计	张日河
出 版 者	中央民族大学出版社
	北京市海淀区中关村南大街 27 号　邮编:100081
	电话:68472815(发行部)传真:68932751(发行部)
	68932218(总编室)　　68932447(办公室)
发 行 者	全国各地新华书店
印 刷 厂	河北省三河市灵山红旗印刷厂
开　　本	880×1230(毫米)　1/32　印张:9.75
字　　数	240 千字
印　　数	1500 册
版　　次	2008 年 8 月第 1 版　2008 年 8 月第 1 次印刷
书　　号	ISBN 978-7-81108-584-6
定　　价	22.00 元

版权所有　翻印必究

目 录

系列总序……………………………………… 郝苏民(1)
羌族社会的人生礼仪研究
　　——以四川省理县桃坪羌寨为个案 ……… 马宁(1)
拉萨市穆斯林的生活习俗现状调查 …………… 张春秀(82)
河湟筏子客生活世界的民俗内涵 ……………… 刘月斌(120)
兰州市"东乡村"民俗生活适应与变迁的调查 …… 白晓荣(182)

人类学·民俗学及其田野

—— 我们从这条路上这样走来 *

郝苏民

1984年，原西北民族学院（今西北民族大学）终于创办了自诞生30多年以来首个院级研究所，即西北民族研究所（此之前在"十年动乱"后，方有一个民族教育研究所［筹］）。曾是参与当事人的我们，其动机原本出自对"十年动乱"反思后的一个学科基本建设之举。研究所名还是当时国家民委领导人拟定的。这个反思的根据就我们那时的主旨，是出自这样一种回顾与思考：新中国建立肇端，代表中国各民族人民根本利益的人民政权，一反千年封建王朝和1949年已全线崩溃的国民政府大民族主义的统治惯制，要在全国范围实现各民族当家做主、一律平等的民族政策。于是开展少数民族和民族地区工作，少数民族干部和懂民族语言与能正确执行民族政策干部的迫切急需，成为一切工作的首要。为此，应运而生了民族高校的创办。共和国第一所民族高校，便是西北民族学院。应该说，民院类型高校群的产生，确系中国教育史中最崭新而光辉的一页。然而令人难解的是，从成立伊始的1950年，直至1984年前，本身就体现着新中国全新民族观与政策的第一民族性高等学府——西北民族学院，虽也有过一个运行时间很短的"研究室"，却未曾有过科学意义上成体系的民族学的理论研究、专业建制与教学队伍的组建！新中国初期，西北大学、兰州大学相关专业经过"院系调整"后迁到西北民院的蒙古、藏、维吾尔语文教学，整合为"语文系"，完全成为解决民族语文翻译急需的性质，而非民族学专业。虽然学科建设上的这种"畸形"，责任与损失并不都来自学院本身与办学者个人,它与当时人类学、民族学、社会学之类学科在中国的遭遇完全是一致的。但是随着"十年动乱"、"四人帮"的垮台,中国共产党十一届三中全会之后拨乱反正思想路线的贯彻执行,的确对有志从事人类学、民族学的学人和教育者们既是一个极大鼓舞,也确实促使作为教育工作者的我们一个认真反思:为什么在"文化大革命"中当所谓"红色政权"及其造反派们一举"砸碎"、撤销这所新中国首所少数民族高等学府时,其一切冒天下之大不韪的肆意妄为,竟是那样地顺利得逞!曾参与创办这所学校的师生们为什么竟是毫无理性抗争,亦无正义反对?……所以说,1984年西北民族学院西北民族研究所的创办,应该视为当时本院民族学人、教育工作者与当时国家民委领导人痛定思痛的一个学术心愿和忠诚民族教育的初步圆梦!

然而,发展的道路又总是曲折的。意外的是一个向"市场经济"转型,却能带来所谓"全民下海"(单位创收)的冲击,一时大学捷足先登者从办班中捞上第一桶金后,便产生了连锁效应,吸引不少当时本在坚守岗位的教师们为之心动。希冀重建人类学的敢想者中也出现了教学与科研比重的意见分歧,科研经费和基础建设等经费短缺问题无从提上日程的迷茫,而此直接涉及到教师们工作量、课时、职称等切身利益的不平与困惑。自然,复杂的表层不能掩盖其简单的内因:历史关头老校如何"新生",学校未来整体发展如何构架?民族性老校的传统究竟是什么?时代使命的角色该怎样定位,哪些是理性实证了的真正"拳头"专业?一应恢复、重建哪些机构?又该急速补缺扩建哪些必有的学科?……实话实说,这些本为教育、办学内行领导的例事,那时我们却还在该不该调进某人、该谁来办某事等人事关系上纠缠不前。实践是检验真理唯一标准的理念,在那时还无法"理直气壮"地进入所有负责人的指挥头脑。自然这里的专业人员一时被这些"不大不小的问题"陷入一筹莫展的困境。"十年动乱"已耗费多少年华,而之后,难道还要空待大好时机这般流失？事到此时，方知为这等"文化大革命"须付历史代价之了得；方知真正的人类学、民族学理论知识的缺失于民族高校的创办、经营关系的重要性何等至关！然而，必须有思想准备："文化大革命"之患今后仍须渐次从各方——在高校显出……

事情原本还有另一面，其时，一是全国先行者高校教学改革如火如荼；二是部分研究者受全国学界大好形势感染不甘心无所作为去坐地搞"创收"。经过彷徨、内外沟通、酝酿，再经过"年年五月换领导"的"阵痛"，终于在1998年10月，借教育连续改革热潮启动和校方一些领导认同，以放弃原基础资料设备和经过几次整合的队伍、研究所名称、建制和大部分成员为代价，仅从其中三五青年学术同道加个别老先生，走出了原本满怀希望的西北民研所的大门，重新组合了"社会人类学·民俗学"研究所（系）合一的机构。这个人类学、民俗学名称的出现，为这个"共和国首座民族高校"办学近半个世纪后首次整合、填补了社会学、人类学、民族学、民俗学专业从未有过的科研与教学空白；也在民院首出"系所合一"的教学形式，把科研直接引入课堂教学。在大西北人文社科学界第一次出现了"人类学"的学科建制。2001年7月26—8月4日，在费孝通教授力荐下，借教育部为北大批办社会学人类学高级研讨班的契机，在西北重镇兰州与国家民委民族问题研究中心及西北民大合作举办了全国第六届社会学人类学高研班。

费孝通先生煞费苦心，目的有二：一为扶持西北民大社会学人类学专业的开创；二为开发西北培养西北各民族此类专业的研究人才。费老亲临民大为我系揭牌，并在开幕式和研讨会作《民族生存与发展》、《人类学与二十一世纪》的主题讲演和讨论中的"插话"；还召开来自大西北各地青年的专题座谈会，谈到人类学、民族学、社会学培养少数民族出身专业人才的重要和迫切意义。他语重心长、深入浅出，这给有志学科建设者们以极大精神支持和学术"扶贫"。

·4· 在适应与变迁中传承

1990年我们曾首获民间文艺学（含民俗学）硕士学位授予权（钟敬文、马学良、宋蜀华等老一辈学者惟图学术的胸怀和勇气，成了真正"助人成功"的关键），1991年即开始招收民俗学研究生的教学。鉴于我们对中国西北地区各民族民间文化（含民俗文化）的历史脉络和多元现状及其特征的本土理解，在组织教学与科研上，确定了重视田野作业，开辟民俗志积累，坚持多民族地域多元文化特色，从头打好学术基础建设的发展思路。再加上人类学、民族学教学点的逐步开拓，社会学教学的开办，我们打通了三门学科的交叉，为以往全国民间文艺学（民俗学）传统教学仅设在中文系（汉语系）多作为选修课的惯例，以每位研究生的旨趣和优长（或民族、或地域）为本，定其专业研究的具体方向。随着实践的延续果然局面顿开。至2007年，这个教学点共招生了13个民族的134名学生，已毕业者近三分之二以上成为民俗学、民族学、人类学、社会学的考博生源，他们分散于包括香港中文大学、北大、清华、北师大、人大、中山、复旦、南开、中央民大、华东师大、东南大学等多所名牌大学攻博、"进站"。这一集中现象是西北民大创办以来其他院系、专业所未曾有过的！更重要的是，在培养人、训练队伍的同时，积累了不少以专业要求采集到的比较有质量的田野民俗志的新资料。尤其近年来，费孝通教授提出，西部大开发中人文资源的保护利用与开发的问题后，我们参与中国艺术研究院承担了文化部、科技部"西北人文资源环境基础数据库"民俗部分的任务中，更坚持了研究生们在导师指导下发挥地方性知识和少数民族语言无障碍的优长，深入生活第一线，零距离现场考察的专业训练的学风。民俗学研究生教学实践，在历练了教学骨干的同时，区域民俗志资料的成果，累累结枝。我们积累了几百万字的民俗志数据库资料。

我们这个系（所）经过第一个"五年计划"的艰苦奋斗，借助全国形势好转带来的时运，进一步发展为"社会人类学·

民俗学学院"。我们把民俗学的整体学科建设、发展路子，摆脱开往昔传统上仅从"文学"上先入为主，唯以"民间文学"带动民俗学的旧教学轨道，借鉴相近学科人类学、社会学、民间文艺学优势，既互相交叉渗透、互促发展，又各自保持相对学科独立地发展轨迹。我们用超强的劳作先后开办出游牧、农耕、人口较少民族等民俗及其非物质文化遗产教学类型；民族、宗教、文化、家庭、妇女、影视、民间艺术（美术、工艺、歌谣、戏曲、舞蹈）等专业方向，为复合型人才的培养和学生学养的丰厚、"一国多民族"的整体性大视野提供空间，以适应转型期人才市场的多样需求。目前，我们除已有的民俗学研究生点外，人类学、社会学、民间文艺学等的硕、博生的教学都在有序地进行和不断改进完善之中。

这五年来，我们有北大、北师大、中央民大等高校相关先进专业和其中名师们的协助和具体帮助（如北大的马戎、王铭铭、邱泽奇，中央民大的杨圣敏、祁庆富，香港中大的陈志明，人大的郑杭生，辽大的乌丙安，南大的刘迎胜，北师大的刘铁梁、董晓萍、万建中……），在大开局面中曲折前进。我们的民俗田野，涉及到西北各民族地区外，也借主题的需求而波及到除大西北外的内蒙古、四川、湖北、福建、安徽、山西、山东，甚至东北、西南各地。

同时，在物质条件极其不足的状态下，我们坚持依靠业内同行经办好我们的专业学刊《西北民族研究》，获得学界广泛认同，成为 CSSCI 刊物，也成为这三个学科硕博生和专业教师们喜爱的"敬重名流爱新秀"，"学术面前皆平等"的一块公正平台。我刊帮助各高校不少素不相识的本专业硕、博士生成全他们学位论文的问世；我们也帮助不少高校本专业多无个人关系的教师为晋职而难以发表的论文及时刊出，为专业队伍的形成，尽了我们一份责任。

又一个十年教学实践使我们感悟到：虽无理由更改已显成果

的途径，但此路子离幸得历届某些领导认同的事实，会常有不断的苦恼和艰辛！好在各高校圈内同行认可的这个探索，仍可视为一种有益的中国地方性学术经验。事实上，在我们之后，也在中国社会学、人类学、民族学、民俗学界大师级老一辈代表人物费孝通、钟敬文等谢世之后，我们看到：从一度誉为中国民俗学人才摇篮的北京师范大学到边陲内蒙古师范大学，也都先后改制或创办了人类学民俗学、社会学民俗学等模式的教学建构……事实使我们欣然！

不久前，高校在一阵扩招、扩办、并校、升级之后，据说出于"冷思考"地调整把高校分类为"研究型"、"教学型"、"教学研究型"几种发展类型，又似乎学校一旦被划进某种类型后，即将在某类型框子内以行政"规范"去"游戏"管理。历来各校内各学科、专业之间大约已有的发展水平不尽均衡、相同，是将随所属学校类型"一刀切"而对学科去、存、"凝练"？还是以所属行业学科实际水平去"强强联合"（如同当年之"院系调整"）去整合？还是随其各校自主"挖墙"、"流动"、"自生自灭"，以示"市场经济"在教育上的反映？抑或已有资源自主存留等市场经济范式？……在如今高校领导皆为专业内行，大都系博士、教授，然而并非全是教育内行的现状下，自主趋势如何发展大学，大约仅为普通身份的专业教授在学科建设、发展中发挥不了多大决定性的作用？故，大抓学科建设、学科凝练之云的真正落实，看来确实在于是否哪级所属，在不在某种"工程"之内大有关系；各高校的个性、特性或优势发展，合力如何形成？是高校的主人们来认同、推动，抑或是高校领导集团或一把手来运动高校群众？一时还看不清楚。至于教授今后走向，也和本人现属哪块"风水宝地"关联在一起！虽说人类学、社会学、民俗学研究对象全关乎到群体、社会、人类、文化的大范围，但此类学术属性，往往不像办体育、办艺术那样红火而幸运；确实是一种不大显露政绩的"孤独性"学问！有可能抓学科建设的专业内行领导人，对它了解或是否感兴趣会成为它发展顺利与否的关键吧……

当然，杞人忧天也大可不必。"前途是光明的，道路是曲折的"——这句真理名言，还是无可置疑的。

好在，我们曾经的努力基于事实亦曾经地被其时本界所认同过；"有无必要"之说，本为各自所指各有个人的理解、界定和认可。无论如何师生风餐露宿的"田野"是为学执著的"书呆子们"汗水的播种。于是，仅仅出于其时一个教师的我们，本着曾经为师之心、师生同窗切磋、或曰"教学相长"之情，将把部分学子为攻读学位而参与的调查报告，做初步学术规范和可读性的整理后，以一种资源回报给社会群体；也为这世变万机的新世纪之际，师生们从前沿生活大潮中舀出的这一瓢瓢底层的生活浪花，存留给来者而感到努力过的欣慰！我们自认为这一行动对学术浮躁尚不能一个早晨就烟消云散的今天，于师、于生、于己、于众、更于学校之心，当年大师之良苦用心，皆心同此理吧！

若幸甚而存继续从业之机，我们随时准备用被边缘化了的文化行为寻求可认同的学术合作伙伴。

我们的"人类学·民俗学：来自生活一线的田野报告"系列的编辑，虽也曾得到本学界不少贤达鼓励、促成，但终因未能直接挤入"本土"的"工程"类和"扶持"类，不足的经费导致了她无法"满书尽披黄金甲"的华贵包装及名人作序牵衔、领导们的结合而春风满面，只能是"素面朝天"，以真人真事的朴实面孔迎接她的识者——社会广大民众和莘莘学子了。

本系列之一，曾为配合中国艺术研究院"西北人文资源环境基础数据库"重大项目中民俗部分的采集，归入另一丛书出版；本系列之二、之三、之四共三集经本学院文化（苏依拉）博士努力得到本校资助在兰州大学出版社统一出版，由青年教师马忠才、满珂等博士热情协助，出版社责编先生们的慧眼、支持、辛苦都是感动于心的。

  现在为系列之五、之六、之七、之八共四集由中央民族大学祁庆富教授纳入：教育部人文社会科学重点研究基地、中央民族大学中国少数民族研究中心丛书出版。到此，这一系列八本书，是分别由三处支持才问世的。但是从西北民族大学初创社会人类学·民俗学专业到培养出自己的硕、博生和他们的成果，我们实在是得到了不少贤达和学界君子们在关键时刻的真诚爱护、支持和帮助才有些许做为的。在进入21世纪的今天，又逢"国学"重新被大大提倡，教育新时代青年一代也要知恩图报，不可满城尽当"白眼狼"之际，我作为这个系列各集成果出版的操办和见证人，深深体味了出版学术书籍的不易，不能不郑重提出下列先生和同学，因他们的理解、呵护、支持、辛劳，作为其时导师今同主编的我，以及各集的撰稿人在此一一向他们致以中华民族传统式的抱拳和鞠躬：真诚地谢谢你们诸位了！

  除已经鸣谢者之外，他们还应是：费孝通、马学良、宋蜀华、毛公宁、马麒麟、谢玉杰、金雅声、杨圣敏、马戎、王铭铭、祁庆富、覃录辉、沙平、马国柱、僧格、文化等诸位先生；此外，满珂、马忠才、王淑婕、那贞婷、曹玉杰、刘秋芝、王淑英、佟格勒格等硕、博士同学们。

于金城沙痕书屋　寓所2005年12月岁末
2007年元月修订

  ＊注：此篇是作者为《人类学·民俗学：来自生活一线的田野报告系列》丛书所写的序言

羌族社会的人生礼仪研究
——以四川省理县桃坪羌寨为个案

马　宁

一、导　言

1. 缘起

我是一个从小生活在汉藏结合地区的羌族人,长期的耳濡目染,使我对汉、藏文化非常熟悉,对于本民族文化反而疏远了。为了能融入以汉、藏文化为主的主流社会,我一直在试图抹去自己身上的民族烙印,尽量接受主流社会的文化,有时甚至觉得自己的族别是一个障碍,它限制了我向主流社会靠拢的进程。通过在西北民族大学三年的民俗学专业的学习,使我对本民族的文化有了一个重新的认识,我真正感到了"化腐朽为神奇"的快感,那些在我原先看来毫无用处的东西顿时变得鲜活起来,于是,我就绞尽脑汁地回忆小时候所接受的民俗养成过程。经过不懈的努力,现在,我对羌族的每一项民俗事项都烂熟于心。在这种背景下,我将我的硕士毕业论文定位在羌族的人生礼仪上,因为我觉得自己有这个实力来完成它。

从20世纪初到现在,研究羌族的文章和专著不少,但是能以民俗学的眼光来审视羌族民俗的却很少,一般都是对民俗事项的单纯描写而缺少理论探讨。现在我国对羌族的研究正处于低谷,据我调查,只有一个民间的"羌学学会"在支撑,但又往往由于经费不足而裹足不前。在这种前提下,我想有必要对本民族做出一点贡献。我之所以选择了羌族人生礼仪做文章,是因为就目前来说,学术界关于羌族人生礼仪进行系统论述的著述不多,即使有,也已经时过境迁了,现在呈现在世人面前的羌族人生礼仪也已经变化了。我想通过对羌族人生礼仪的研究来体现这种变化,运用民俗学、社会学、人类学、宗教学的知识,对羌族人生礼仪的发展、变迁及其在羌族个人的生命历程中的作用做出较深入的研究,以期得到一点对羌族研究的理论和实践有意义的结果。

2. 羌族人生礼仪研究的意义

羌族是一个古老的民族。据 2000 年第五次全国人口普查,羌族总人口为 30.61 万人。羌族的居住地较集中,主要分布在四川省的阿坝藏族羌族自治州的茂县、汶川县、理县、黑水县、松潘县、北川羌族自治县、甘孜藏族自治州的部分地区以及贵州省的石阡县、江口县。在长期的生产劳动和社会生活中,羌族人民创造了灿烂的文明,形成了具有鲜明民族特色的风俗习惯,人生礼仪就是最能体现羌族民族特色的民俗事象。随着我国现代化进程的加快,羌族传统文化正在逐步发生变化,很多重要的民俗元素正在被现代文明所吞噬,在这种情况下,研究羌族现阶段的人生礼仪就显得格外重要。"人生礼仪是随着个人人生不可逆时间的各个阶段顺序举行的连续性礼仪,它建立在个体的生理状况以及社会差异和变化、民俗信仰、社会信念等多重基础之上,具有调控社会平衡、保障个人社会适应并促使其文化变化等方面的功能,普遍存在于不同民族文化之中。"[①]笔者通过对羌族人生礼仪的"深描",将目前羌族人生礼仪的真实现状呈现在世人面前,为人们深入了解羌族人生礼仪,进而了解羌族传统文化作出贡献,同时也为后人的研究提供可靠的资料。

迄今为止,我国学术界对羌族的研究多偏重于专题性研究,而缺少综合性研究,其中对羌族人生礼仪进行系统论述的文章更是凤毛麟角。针对这种情况,笔者在本文中力图对羌族人生礼仪进

---

① 乔继堂:《中国人生礼俗大全》,天津人民出版社,1990.3,第 1 版,第 15 页。

行较为全面、深入的综合性研究。提出羌族在现代化过程中所面临的问题,并对其未来的发展趋势进行预测。

二、文献综述

1. 文献来源

本研究的文献来源主要有以下几个方面：

①通过《全国报刊索引》和《中国学术期刊光盘版》网络资料,查到1990—2004年之间有关"羌族"的研究和译介论文以及与人生礼仪、社会关系、社会功能有关的论文190篇,内容涉及社会学、人类学、民俗学、人口学等学科。

②收集到关于"羌族"的研究专著46本。

③查阅多种地方志和相关地方档案。

2. 文献述评

我国对羌族的研究早在20世纪三四十年代就已经开始,当时的著名学者胡鉴民、马长寿、任乃强、庄学本等人开羌族研究之先河,奠定了我国羌族研究的基础。他们的研究多是历史、地理、文学性的研究,胡鉴民的《羌族的信仰与习为》(1941)成为后人研究羌族时引用的权威著作,一时无人能出其右。马长寿的遗著《氐与羌》(1984)、任乃强的《羌族源流探索》(1984)从历史学的角度对羌族的历史进行了较为详细的梳理。庄学本的《羌戎考察记》(1937)则是一部散文体的游记。在此前后,国外学者也对羌族进行了研究,如:英国的托马斯·扎伦斯牧师(Thomas·Torrance)于1920年著有《青衣羌——羌族的历史习俗和宗教》一书;葛维汉(David·Crockett·Graham)于1944年撰写了《羌族地区的考古发现》An Archaeological Find in Chiang Region一文。他们的研究被当地羌族知识分子戏称为"隔靴搔痒",成就不大。从20世纪80年代中期开始,我国学者又掀起了一股羌族研究的高潮,例如:冉光荣、李绍明、周锡银编写的《羌族史》(1985),四川省编写组编写的

《羌族社会历史调查》(1986)、《羌族简史》(1986),钱安靖编写的《中国原始宗教资料丛编·羌族卷》(1993)都是羌族研究方面重量级的著作,何光岳在任乃强的《羌族源流探索》一书的基础上进行扩充,写成了《氐羌源流史》(2000)一书。从此之后,我国的羌族研究又进入了一个低迷期。

经过70多年的发展,我国的羌族研究已经具有了一定规模,除国内学者的执著研究外,日本早稻田大学的古贺、工藤元男等学者的研究也颇有成绩。但是他们的研究对羌族的人生礼仪涉及不多,即使有也只是停留在对表面现象的描述上,这点对于没有在羌族地区生活过、对羌族文化不甚了解的他们来说,是不能强求的。我国年轻学者中在羌族研究中做得较好的是在四川省汶川县长大的社会学博士徐平,他在博士学位论文《羌村社会———一个古老民族的文化与变迁》中第一次对羌族人一生中所经过的人生礼仪作了详尽、客观的论述,可以说填补了我国羌族研究上的一个空白。他的论文得到了学术界的一致认可,并入选《中国社会科学博士论文文库》。但是在笔者对当地羌族知识分子进行采访时,他们却对徐平的研究给予了驳斥,并说论文中有相当一部分是他自己胡编乱造的。可以说他的论文得到了学术界的承认,却没有使羌族人民信服。所以笔者觉得有必要对羌族的人生礼仪进行再研究,尽可能地写出让学术界和本民族人民都认可的文章。

三、与信仰有关的羌族人生礼仪

"人生仪礼是指人一生中几个重要环节上所经过的具有一定仪式的行为过程,主要包括诞生礼、成年礼、婚礼和葬礼。"[①]在羌族人的一生中,虽然礼仪很多,但是主要的人生礼仪有出生礼、成年礼、婚礼、葬礼,笔者在该研究中所涉及的人生礼仪主要以上面

---

① 钟敬文:《民俗学概论》,上海文艺出版社,1998.12第1版,第157页。

所说的诞生礼、成年礼、婚礼和葬礼为论述对象,这些丰富多彩的礼仪既有社会特征,又有信仰特征,是羌族传统文化的一个精彩的侧面。羌族的人生礼仪在社会的发展中代代相传,又在传承和与其他民族的交往过程中得到发展。在国家强有力的现行政策的规范下,羌族社会现代化的进程也逐步加快,在这种情况下,受"万物有灵论"原始宗教影响很深的羌族社会正在发生翻天覆地的变化,表现在羌族人一生中必须经过的人生礼仪上就是:出生礼的衰微,成年礼和婚礼的合并,婚礼和葬礼的极度膨胀。"民俗民间文化的嬗变,一般是在一种'层垒式'的积淀中产生又变异,变异又新生的。我们所谈论和捕捉到的民俗事象,只不过是一定时空下的具体的民俗民间文化,而不是恒态的、不变的民俗民间文化。"[①]所以,笔者在做本研究时,分别选取了几个不同历史时期的羌族人生礼仪的情况进行比较,力图找出羌族人生礼仪发展的真实脉络。

(一)羌族出生礼研究

"一个婴儿刚一出生,还仅仅是一种生物意义上的存在,只有通过为他举行的诞生仪礼,他才获得在社会中的地位,被社会承认为一个真正意义上的'人'。"[②]羌族是一个小民族,一直处于外界强势文化的包围中,表现出了顽强的生命力。长期以来,在民族性上就表现出了世故、灵活、善变和忠实的性格。由于他们要生存,所以就很重视人口的繁衍,由于战争是需要男性来充当主要力量的,所以又表现为重视男孩的出生而轻视女孩的生育取向,这是为适应古代战争的需要而产生的生育观念。这种观念一直延续到了现在。

以前羌族的生育习俗很繁琐,现在随着生活条件的改善,人们

---

① 钟敬文:《民俗文化学·梗概与兴起》,中华书局,1996.11 第 1 版,第 135 页。

② 钟敬文:《民俗学概论》,上海文艺出版社,1998.12 第 1 版,第 158 页。

的思想已经很开化了,以前的求子、祈福的仪式都消失了,一旦妇女怀孕后,家人就会对她格外照顾,把以前花在神灵身上的钱都花在了孕妇身上,这大大抬高了妇女的地位,也使婴儿的成活率大幅度增长,这也是"四普"以后羌族的人口增长率加快的原因之一。①羌族婴儿的出生礼仪一般包括以下几个方面:

1. 报喜

羌族谚语说:"死有选法,生不由己。"孕妇生产以后,婆家要在3天之内向产妇的娘家报喜。如果两家相距不远,可以在1天之内到达的话,就由婆家的人(一般是男方的兄弟姐妹)去报喜,一般送去2坛咂酒②或瓶子酒、1方腊肉、双数的挂面等礼物。产妇的娘家接到消息后就会召集家门亲戚一起庆贺,并着手为探望产妇和婴儿做准备,娘家也要让来人捎回12个鸡蛋并告之探亲的具体日期。从1995年开始,随着电话在羌族地区的普及,羌族人也改用这种现代通讯工具来报喜了,婆家用电话通知产妇的娘家这一消息,而娘家人何时来就看路程远近了。娘家人一般要等产妇产下婴儿一段时间后才成行(一般是15~20天),娘家人和较亲的家门就要到产妇家里来庆贺。一般送1斗大米、1斗白面、60~120个"红蛋"③、1坛咂酒、4~8个猪蹄、1只大公羊、1只母鸡等物到产妇家里。婴儿的外婆和姨姨(即产妇的姐妹)还要送一套婴儿衣服,包括一顶白色的"和尚帽"④、小肚兜、外衣、开裆裤、绑腿、裹

---

① 1990年第四次全国人口普查,羌族人口为19.83万人,到2000年第五次全国人口普查,羌族人口为30.61万人,人口时期增长率为54.35%,年增长率为4.26%,在全国各民族人口时期增长率序表中排名第二。

② 详见拙作:《羌族咂酒的制作、使用及其功能解析》,载《西北民族大学学报》(哲社版),2003.5,第37页。

③ 即在鸡蛋上贴上红纸或涂上红颜料,图个吉利、喜庆,所以叫"红蛋"。

④ 通常用白色的棉布制成,在头顶留有一个圆形的孔,露出天灵盖,其外形酷似僧侣的帽子,故有此名。

脚、云云鞋①、一块银子打制的刻有婴儿生肖图案的锁子等,其他亲戚则送一些营养性较高的吃食。笔者出生时,由于舅舅家和我家相距很远,有 600 多公里。当我满月时,我的外婆、大舅、大姨才到我家来看我并给我做了满月。当娘家人走到产妇家门口时,婆家人要出门迎接,并放 3 个"震天雷"之类的大火炮,这代替了过去的放枪。产妇在厅房门里头给娘家人敬酒或敬茶。娘家人进入厅房后,就把礼物放在神龛②前进行祭祀,并由娘家人的男性代表向男方家的众神致献酒辞,大意是恭喜男方又添人口,希望两家人的亲家关系永远牢固等。娘家的女人们则进入产妇的休息室看望婴儿,和产妇聊家常。除产妇的嫡亲兄弟外的其他男人是不能进入产妇的房间的,就在客厅喝酒、喝茶、抽兰花烟。③ 下午是婆家接待娘家人的正宴,晚上大家在客厅的火塘边或寨子的敞坝里跳喜事莎朗④,庆祝新生命的诞生和家族的壮大,然后结束。一般娘家人只住 3 天,如果男方缺少人手,娘家人就会留人帮忙。

2. 取名、满月、入谱

婴儿产下 3～7 天就要为其取正式的名字。由于受汉文化的影响,羌族人的名字一般是三个字,第一个字是家族的姓,第二个字是家族的辈分排行,如:笔者的祖辈是"武"字辈、父辈是"福"字辈、到笔者这一辈就成了"小"字辈,第三个字是婴儿的名,要由端公⑤或家族内懂占卜的老人根据婴儿的生辰八字和属相来决定。

---

① 羌族特有的民族服饰,用布制成,两头上翘,状如云彩,鞋上绣有云朵、彩霞、花草等图案,取行走像云朵一样快捷之意,所以叫做云云鞋。至于它的来历还有一个美丽的传说,在此不赘。

② 羌族供奉神灵的木龛,一般供有白石、天地君(或国)亲师红牌、祖先画像、祖先牌位等,位于房屋的堂屋中,是羌族进行家庭祭祀的主要场所。

③ 羌族人民特别喜欢的一种自制烟草,味道浓烈。

④ 羌族的民族舞蹈,一般是多人围篝火合跳的,有喜事莎朗和忧事莎朗之分。

⑤ 关于端公的含义在后文中有详细解释,在此不赘。

当然也有例外,例如笔者本来应该是"小"字辈,但是我父亲觉得不好听,就没有遵循成规,给我和弟弟另外起了名字。到我的侄子一辈就乱了套,也就没有统一的取名标准了,只是以父母的喜好来决定。

等孩子长到一个月大时就要给他做满月,家长要办酒,请来家门中的长辈、平辈和孩子的舅舅家的人、邻居、朋友,共同迎接新成员的到来,在农村,全村人家都要派代表来恭贺,届时主人要先给客人端上醪糟酒、鸡蛋,然后请客人吃酒席,一般都摆"九大碗"①,要吃十几桌客,家门中的最长辈向着供有祖先神像的神龛上香放供②,呼喊所有神的名字,从天神到地神,不能喊冥神,再到家神、已故祖先,向他们汇报家中喜添贵子,家族添丁,并告诉他们孩子的名字,感谢神明恩典,祈望保佑小孩健康成长。由于男人不能进产妇居住的房子,害怕冲着娘俩,所以一般都由各家的妇人进屋里看小孩,说一些吉利的话并给小孩长命钱。最后要由产妇抱新生儿出来见生人,孩子的爷爷和奶奶要用锅底灰和猪油在孙子的脑门上涂抹,使鬼怪认不得小孩而不能加害于他,保佑他平安,亲属长辈和舅舅、朋友给孩子长命钱。当天还要给婴儿剃发,以前由舅舅来做,现在则由爷爷完成,要在婴儿的头前方留下一团头发,起到保护天灵盖的作用,由于形状像一个铲子,故俗语又称"铲铲头"。有的人家的男孩子不好养,就要在孩子的后脑壳中央留一团头发,直到孩子长到 7 岁时才能剪去,意思是把他当作女孩子来养。在满月仪式中,由于婴儿要接触到很多生人,已经突破了"婴儿忌生"的禁忌,具有了进入乡土社会的意味。等孩子长到 7 岁时,就能把他写入族谱了。直到此时,他才成为这个家族的正式成员。

---

① 羌族对酒席内容的代称,羌族举办酒席一般上九个菜,有吉祥美满之意。
② 羌区方言,即供奉供品。

羌族办满月酒的"整个过程都反映出人们对生育现象的认识和信仰。透过这种对生理意义上新生命的礼赞和精心呵护的态度,可以看出中国人对履行家庭生育和教养职能的特别重视。首先,由于父系宗族组织稳定和延续的需要,在生育上出现重男轻女的感情偏向和价值观念。此外,尽管在诞生礼中婴儿本人只能处于被长辈安排的被动地位,但仪式过程把他当作可以与成人交流思想感情的主角加以教育,从中可以看出我国文化传统对个人人格塑造的一些基本要求。"[1]羌族受汉族文化的影响很深,很早以前就会说汉语、会写汉文了。汉族的价值取向和生育观念都决定了羌族在对待新生儿的态度上和汉族有着相同点。这表现在一些细微的地方,例如给婴儿剃头的行为由婴儿的舅舅转到了婴儿的爷爷手中,体现出父系血缘的强化和母系血亲在局部的势微。

诞生礼是羌族人人生的开端礼,表明了人们对个体人生和民族兴盛的美好向往和追求,包含着为新生儿祝吉、对产妇祝愿、对家人祝贺等多重内涵。笔者以上所论述的就是现在羌族诞生礼的基本情况,与历史上羌族为新生儿举行诞生礼的情况相比,其程序已经大大减少,规模也相应地缩小了,已由大家族举办演变为小家庭举办,邀请血缘关系较近的亲戚和乡邻、朋友参加的仪式了。诞生礼的这种变化是与时代发展的要求相适应的,随着现代化进程的加快,羌族人民积极响应党和政府的号召,全身心地投入到西部大开发的洪流中,各家各户都在忙于抓经济效益,相互间的来往已经没有以前那么频繁了,为新生儿举行诞生礼是一个契机,它为繁忙的人们提供了一个联络感情的机会,通过一个新生命的诞生把他的父母双方的亲戚联系在了一起,增进了亲情,把他的父母的朋友和邻居也联系在了一起,增进了友情和乡情,大家共同沉浸在新生儿诞生的欢乐海洋里,经历了一次心灵净化的过程,也为自己积

---

[1]　钟敬文:《民俗学概论》,上海文艺出版社,1998.12第1版,第164页。

累了一份功德。可以说,在羌族社会,一个新生命一诞生就附载着重要的民俗功能,开始了他那特殊的民俗养成的旅程。

(二)羌族成年礼研究

"成年仪礼是为承认年轻人具有进入社会的能力和资格而举行的仪礼……自然年龄不是人成熟的唯一尺度;只有经过成年礼的承认,人才具有社会成熟的意义。"[1]历史上,羌族地区盛行成年礼,在"祭山会"[2]时由全村人集体举行。羌族成年礼只限于男性参加,女性没有举行和参与成年礼的权利,这与羌族社会男尊女卑的社会现实有关。"妇女不能参加重大、神秘的礼仪活动,这似乎是世界文化的通则,其中妇女不洁、经血不洁、孕妇不洁的信仰是其基础。"[3]"祭山会"这一仪式在国民党政府实行反动的保甲制度后逐步消失了,其约定乡规民约、保一方平安、宣扬美德、贬低坏习的基本功能被保甲制度所强行取代。现在"祭山会"已经成为历史,年轻的一代只能从高龄老人那里还能获取一些关于"祭山会"的知识。当地政府试图通过行政手段来恢复这一充满神秘色彩的宗教节日,在2000年由阿坝州州政府牵头在理县举行了规模空前的"祭山会"活动,取得了成功,得到了当地群众的普遍好评,对羌族传统文化的抢救和保护发挥了积极的作用。下面笔者就结合对这次"祭山会"了解的情况,对羌族的成年礼进行简要的论述。

羌族俗语有言:"男丁十五岁穿铠甲,枪打得好;二十岁在议话坪话讲得好,就算好小伙子。"成年礼是羌族为男性青年举行的一种极其隆重的仪式,以接受对性别社会价值规范的认识。一般是

---

[1] 钟敬文:《民俗学概论》,上海文艺出版社,1998.12第1版,第168页。

[2] 即羌族全族的祭祀大典,分别以村寨为单位在每年农历十月一日举行,由端公主持举行诸如成年礼、祈福迎祥、制定乡规民约、占卜来年丰欠等多种仪式的大型祭祀。

[3] 乔继堂:《中国人生礼俗大全》,天津人民出版社,1990.3第1版,第365页。

祭山会时在神林①中举行。届时全村年满 16 岁的男青年身着崭新的羌族传统服饰在神林中的空地上集合,端公头戴猴头帽②,身穿法衣,手握法器③,面对石塔④,先对天神木比塔进行祭祀,再对火神、树神、山神、地盘业主⑤、祖先神……等诸神一一祭祀,接着将一只红公鸡宰杀并把鸡血淋在石塔及塔上压的烧纸上,让神灵享用,希望他们保佑全村的男青年茁壮成长,成为一名真正的男人。端公一边念咒,一边带领他们绕"神塔"游走三圈,然后给每一名男青年发放一条白色的公羊毛线,并用手指把陈猪油抹在他们的前额上,表示天神保佑,命根有系,已成人了。接着,要进行一种"请冠郎神"的占卜仪式,用光滑平整的大石板一张,上面涂一层黄泥浆,用一只木桶盛满清水,将桶底坐于石板上的黄泥浆中,桶梁上系着绳索抬杠,把参加冠礼的人分成若干组,每组 2~4 人,各组轮流抬,协力向上举起,若石板也随之被抬离地面,就认为冠郎神请到了,这组人今后的运气很好,能成大事,如果连续三次都未能抬起的话,就认为冠郎神没被请到,这几人的运气不好,百事不成。

  笔者认为,这一仪式带有浓厚的神判意味。试想一下,如果有人在平时用这种方法来抬石板的话,肯定会招致嘲讽,而把这种笨拙的抬法用在"请冠郎神"的仪式中就具有了神圣的含义,显得庄

---

  ① 羌族村寨的附近山上一般都有一片树林,是历代羌民种植的,严禁砍伐,是举行祭祀活动的场所,羌族相信有众多的神灵生活其间,所以叫做神林。

  ② 羌族传说猴子在保护端公经典时立下了大功,为了纪念它,端公就用它的头皮制成法帽,在做法时使用,所以叫做"猴头帽"。

  ③ 羌族端公的法器很多,有猴头帽、羊皮鼓、算簿、法印、符板、响盘、法铃、羚羊角、法刀神杖等,供端公做法时使用。

  ④ 位于神林中,用青石板砌成,一般高 5 米,羌族认为天神就是通过它从天上来到人间的,是神灵和人对话的中转站。

  ⑤ 羌族认为,寨主和民族英雄等有功劳的人死后就成为该地的保护神,保佑一方平安,叫"地盘业主"。

严肃穆,再也没有人敢冒着得罪神灵的危险而妄加议论了。如果有一组男青年将石板抬了起来,人们就会对他们大加赞扬,对他们的未来充满希望,认为他们得到了神灵的眷顾。对于失败者则会表示惋惜之情。反过来,赋予在这一举动中的神圣含义又对这种抬石板的方法起到了强调的作用,由于这一举动的神圣性,除了在祭山会中的"请冠郎神"的仪式中用到这种抬法外,在平时也没有人敢尝试采用这一方式来抬石板。抬石板成为在一个男青年的成年礼上预测他的未来的唯一方法,可以想见,这一测试对于羌族青年的成长起到了很重要的作用,这有点像现在的高考,结果出来后产生了有人欢喜有人愁的局面。抬起石板的人显得意气风发,认为自己得到了神灵的眷顾,以后干啥事情都有信心,这种精神又会激励他勇敢地面对困难,不断奋斗,从而得到一个好的结果。而没能抬起石板的人则表现出自卑的情绪,认为自己是被神灵遗弃的人,在村寨中没有地位,以后干啥事情都没有积极性,其消极的精神状态决定了他的成就不大。而村寨中的村民又会把这些青年人在事业上的成败与请冠郎神的结果联系起来,认为冠郎神很灵,是值得信赖的,这样就给请冠郎神的仪式提供了舆论上的支持,增加了其神圣性。

接着喝酒、吃肉,唱羌族古歌,表演"盔甲舞"。① 回家以后,家人会给这些"新男人"准备丰盛的晚宴来庆贺他们成为大人,晚上还要由男青年的男性祖辈老人带领全家男性做法事,诸亲友围火塘②而坐,男青年着新衣,由老人带领向供有祖先的神龛下跪行礼,老人手执杉杆,将白色公羊毛线系在男青年脖子上,然后也跪

---

① 羌族的民族舞蹈,男性身着古代盔甲装饰,排成两队做厮杀状,形式像行军打仗,用来纪念在保护村寨中战死的战士。

② 位于羌族的堂屋中,是羌族人家庭生活的中心,立有精美的铁三角,有"不灭的万年火"之称。

下和男青年一起向祖先神祈祷,请男青年得祖先庇护,与天地同岁,而后再唱祖先功绩,祭祀家中诸神。从此,男青年才由一个男孩成为一个男人,具有了社会认同的成人身份,可以正式融入社会并参加社会活动了。

正经历着身份变化的羌族少年达到了特定的标准,可以去从未去过的祭山会场所,并在那里完成从少年到成年的蜕变过程,可以说祭山会是作为羌族人身份转变的中介场所客观存在的。我们可以用下图来表示:

少年→祭山会→成年

年龄:出生→16岁考验→16岁以后

过程:家→出发→祭祀回到→家

结果:参加这一仪式的羌族少年都"成年"了,没有例外。

"人生礼仪具有通过的意义,礼仪活动的结束就是对既成事实的肯定。礼仪过程中的一些行为是至关重要的,无论这些行为是主动的,还是不以人的意志为转移的。因此,人们便积极活动于礼仪过程,做出有益的努力。"①羌族青年从家中到祭山会,再从祭山会回到家里,虽然在一天当中,他和往常一样经历了同样的历程,从家里走出到B处,再从B处回到家,但今天则是一个例外,因为他去了神圣意味发挥得特别强烈的场合——祭山会,这并不是说他平时不能去祭山会场玩耍,也不是说平时祭山会场没有神力,而是因为今天祭山会场有端公的出现,最重要的是端公请来了众神,还有全村成年男子,祭山会成为聚集神、神人中介——端公、神子(羌民)的神圣祭坛,它在平时所隐藏的神力今天得到了淋漓尽致的发挥,所以,今天的祭山会已经不是往日的祭山会场了。可以说羌族少年从家里出发时还是个少年,而当他晚上从祭山会场回到家里时,他已经是一个成年人了,你可能很惊讶一个人能在一天中跨越一个年龄界

---

① 乔继堂:《中国人生礼俗大全》,天津人民出版社,1990.3第1版,第225页。

限，而我可以说这种跨越是人为造成的，在这种跨越进行之前，该少年已经为今天准备了16个春秋，他应该离开父母的保护，成为成人，他的行为方式也应该有一个变化。所加入者从 A→祭山会→A 的过程"正经历着身份变化的新加入者首先必须与他的最初角色分离"，①即离开家。最后他回到了家中，他（新加入者）就获得了新的身份，"经过人生重要关口的仪式，昨日的少男少女就变成今日的男人女人。"②从羌族的成年礼看，祝贺、教导、考察青年，表达对青年的关怀和厚望，褒扬民族的优秀传统作风是其根本之点。笔者认为，羌族成年礼由盛而衰的过程和发生与婚礼相融合的变化，其主要原因有：

第一、丧失了举行成年礼的祭祀场地。

由于"祭山会"在羌族社会中发挥着制订当地乡规民约的作用，起着规范当地人们的生产、生活的作用，所以一直传承着，新中国成立后，随着县、乡、村基层组织的完善，"祭山会"逐渐失去了它的特定功能而被人们遗忘。而成年礼是作为"祭山会"的一部分而存在的，没有了"祭山会"也就没有了成年礼，失去了举行场合的羌族成年礼就成为了无根之木，被迫从"祭山会"中转移到了各个小家庭中，而它的社会功能也相应地转移并保留了下来，与婚礼结合在一起，成为婚礼的一部分，这点将在后文中进行论述。

第二、现代的学校教育对羌族的传统成年礼的功能进行了分流。

在现代化过程中，羌族人民已经充分认识到学校教育在孩子成长中的重要作用，这与旧社会时只有土司、头人的子弟才能接受

---

① 埃德蒙·利奇：《文化与交流》，郭凡、邹和译，上海人民出版社，2000.9 第1版，第80页。

② 郭于华主编：《仪式与社会变迁》，社会科学文献出版社，2000.10 第1版，第367页。

汉文化教育的现象形成了鲜明对比,表现出党和政府对羌族人民的关心和爱护,所以羌族孩子的入学率还是很高的,学校教育在孩子的成长过程中承担了很大的责任,它也部分地代替了羌族成年礼的教育作用。经济基础决定上层建筑,国家实行家庭联产责任制后,羌族的集体经济被彻底打破,压制了千百年的个人意识得到了彻底的解放,人们开始更多地关注自己小家庭的利益,而忽视了家族的整体利益。政治制度的完善又加速了这一进程的进行,以前的家族集体行动的习惯已经被小家庭的单独行动所代替。羌族在与周围民族特别是汉族的长期交流中,接受汉文化的熏陶已久,其义化已经带有浓厚的汉文化痕迹。羌族社会的经济形态也相应地由早先的以牧业经济为主转化为以农业经济为主,其社会组织形式也必然带有汉族农业社会的印记。"我国后世婚礼将成年礼的内容包括进来,这反映出后世把结婚当作人一生中的'头等大事',认为只有婚配之后,才表明一个人真正成年,即成为所谓'成家立业'之人。成年礼由独立而服从于婚礼,表明在农业社会中家庭成为基本细胞,先前全氏族集体男女分工的生产活动对成年组织的要求已不突出,因此与年龄等级制密切相关的成年仪礼,在婚礼面前便黯然失色。"[①]为此,笔者就将目前羌族成年礼和婚礼放在一起进行论述。

(三)羌族婚礼研究

中国的古书对羌族的婚俗言之甚少。《旧唐书》云:"其(羌族)婚俗,富家厚出财。"《广志》言:"羌……嫁女得高资者,聘至百犊。"羌族婚礼还很讲究喜庆,《汶志纪略》言:"婚丧之礼,饶有古风,冠礼用鼓吹。"更详尽的记载有:"羌人婚礼请巫师到家,插各色纸旗于屋之周围而拜祀之。是日举行跳歌装,夜供笑。新郎、新娘由巫师导拜,并杀牲畜涂血于屋之周围。""男子若被招赘上门时,女家

---

① 钟敬文:《民俗学概论》,上海文艺出版社,1998.12 第 1 版,第 171 页。

于门前设酒宴,男子与其从人饮。"这些饶有古风的婚俗大都保留到了今天,在岷江上游的羌族主要聚居地区继续传承。

1. 历史上羌族婚礼的形态及其特征

历史上,岷江上游地区的羌族妇女的地位很低,俗语说:"只有男州,没有女县。"受汉族婚俗影响,盛行男尊女卑的封建买卖婚姻,男女青年没有恋爱自由,盛行指腹婚、娃娃亲、买卖亲、调换亲等;讲究门当户对,有"穷找穷嫁,富找富配"的说法,多以双方的牛羊马猪的多少、碉房的好坏、田地的肥瘠为条件。提倡早婚和近亲联姻,姑舅表之间,一般有优先婚权利,即所谓"亲上加亲,雪上加凌"。① 男女一旦订亲就要刻意回避,少见面。上述种种婚姻形态归根到底"起决定作用的是家世的利益,而决不是个人的意愿"。② 还存在"兄死弟娶寡嫂,弟丧兄纳弟妇"的现象,这是古代遗留下来的规矩。《后汉书·西羌传》记载:"父没则妻后母,兄亡则纳厘嫂,故国无鳏寡,种类繁炽。"这对于人口、财产的外流起到了很好的限制、补救作用,有利于羌族的发展壮大,笔者的祖辈中还发生过哥哥离家出走,一去不归,弟弟娶哥哥的童养媳为妻的事,可见羌族这一习俗的古老和延续性。四川省茂县盛行女大于男的婚姻,有民谣曰:"六月麦子正扬花,丈夫还是奶娃娃,哪天等得丈夫大,落了叶子谢了花。"汶川县有谣曰:"十八姐儿九岁郎,夜夜脱衣抱上床,说是郎来年岁小,说是儿来不喊娘,等到郎大姐已老,花也谢来叶也黄。"正是对这种不公正婚姻的有力批判。羌族人婚后一般不许弃婚(离婚),若家庭不和或妻子没有生育,男方可另娶;但女方则不行,一旦男方出走,女方只有等男方在外面和别人成亲后才能考虑再嫁,而且只能嫁给本家的伯伯或小叔子为妻。羌族地区寡妇再婚较普遍,不受限制,父母不得干涉,也不能歧视。有谣曰:"头嫁由爹妈,三嫁由自身";

---

① 王开友:《巴蜀民族风情》,四川民族出版社,1993.2 第 1 版,第 216 页。
② 恩格斯:《家庭、私有制和国家的起源》,人民出版社,1972 年第 1 版,第 75 页。

"人能处处活,草能处处生"。羌汉通婚年代久远,以汉族入赘为多,赘婿随妻姓,死后须经族人同意方可入祖坟,流传有"招女婿上门,好比买骡子"的说法。其实绝大多数羌族人对待上门女婿还是很和气的。茂县还有抢婚的习俗,《旧唐书》所谓"贫家窃女而去",说的就是这种婚俗。若男方向女方求亲不成,则邀好友数人,乘女方外出时将其抢回,强行成婚,一旦女方同意即到男家,五天后由男方父母背上礼物去女方家求情,再补办婚礼。若女方不允,成婚后可偷跑回家。抢婚也有抢闺女的,但以抢寡妇为多。

长期以来,羌族处在中华主流文化的边缘,在汉文化与藏文化的夹缝里生存,一直处在两大势力冲突的最前沿,饱受战争之苦,但客观上也促成了民族融合、文化交流。其中羌族与汉族的关系最为密切,历史上曾多次出现主动归附中央王朝的事件。由于受汉文化的影响,历史上羌族的婚姻主要表现出以下四个特征:1.父母包办,儿女无权反对,结婚前男女青年未曾谋面的不在少数。2.有早养儿女早享福的习俗,出现了女大男小,力求早婚的现象。3.婚姻形式多样,有指腹婚、娃娃亲、买卖亲、亲上亲等。4.抢亲奇俗。① 以上四个方面中,前三种带有明显的汉文化痕迹。受儒家"父母之命,媒妁之言"的教条影响,产生了父母包办婚姻的现象,受"繁衍后代是家族第一要务"、"不孝有二,无后为大"、"多子多福"、"人多力量大"等汉族农耕文化观念影响,产生了早婚、早养儿女早享福的观念,可见前三种羌族婚姻形式是从周围汉族中借鉴、吸收而来的,相比之下,汉族的婚姻形式只多不少且名目繁多。只有最后一个方面"抢婚"是游牧民族特有的婚姻形式,应是游牧于西北的古羌人婚姻形式的遗留。

2.羌族婚姻礼仪的过程及其变迁

新中国成立后,在党和政府的大力扶持下,羌族人民受教育程

---

① 以四川省汶川县文化馆周辉枝先生的叙述为依据。

度逐渐提高，他们抛弃了婚俗中陈腐、落后的方面，保留了优秀的方面。特别是经济大潮的冲击，使年轻一代的思想有了很大改变，自由恋爱流行，当地人称为"耍朋友"，父母一般不加干涉，一旦男女青年相好后，就请家长拜托"红爷"出面作形式上的说合，但古老的仪式还是要照样举行的，因此，古老的婚俗还是较为完整地保留了下来。在笔者的调查当中，当地的中年人对于子女的婚事已经不再横加干涉了，更多的是尊重子女的选择，他们对自由恋爱的方式表现出来的是接受和理解，用他们的话说就是"只要孩子们过的好就行了，我们无所谓"。笔者还就择偶标准进行了调查，结果见下表：

标准＼数据	调查总数 200人	所占调查总人数的百分比
民族限制（羌）	18	9.5%
经济收入	82	41%
文化水平	165	82.5%
家庭情况	67	33.5%
有工作	60	30%
个人品德	200	100%
相貌	183	91.5%

从上表中我们可以看出羌族青年男女在择偶方面的具体要求，他们对于择偶的民族要求已经从原来的只限于羌族变为啥民族都可以，只要自己愿意就行了，表现出中华民族"你中有我，我中有你"的民族特征。而对于对方的家庭情况、经济收入、有无工作等没有太多的要求，认为有无工作不要紧，家境好坏没关系，年轻人有得是机会，只要两人好好干，就会从没钱变得有钱，从贫寒变得富裕，表现出羌族吃苦耐劳、勇于斗争的民族性格。双方更多的

是关注对方的文化水平,个人品德和相貌。他们充分认识到了文化知识在现代社会中的重要性,认为在现代社会中,有文化的人挣钱就是比没文化的人容易,而个人品德的好坏则决定着此人对于配偶、家庭的责任感的大小,是维护家庭和睦的关键。而相貌也很重要,总要能看得过去,用他们的话说:"两个人白天一起干活,晚上一起睡觉,要生活一辈子,总不能太丑了。"笔者认为,这些择偶标准中的绝大部分都是羌族传统文化的表现,羌谚说"穷不丢猪,富不丢书",充分说明羌族人对文化知识,特别是汉文化的热情和向往。对于配偶的品德和相貌的要求则表现出羌族人对真、善、美的大胆追求。可以说,羌族婚礼中很重要的择偶标准和以前相比并没有太大的变化,羌族人还是用以前的标准来衡量对象的合适与否,这充分说明了羌族优秀的传统文化那旺盛的生命力。

现行的婚姻过程

1.说亲,送头道"手情"①

现在羌族社会大都流行自由恋爱,然后将结果告诉父母,由父母操办,男方父母找时机通过闲聊从侧面向女方试探有无结亲之意,若女方没有表示异议就有结亲的可能,男方就请"红爷"②带头道"手情"去女方提亲,一般带点心2份、饼子10个、挂面4把等,若女方没有退回礼物就表示有商量的余地。

2."吃小酒",送第二道"手情"、定婚

送完第一道"手情"后过一段时间,男方就叫"红爷"带第二道"手情"(较丰盛,有猪肉、挂面、酒、饼子、点心等)去女方说亲并索要女方的生辰八字。男方的父母请端公占卜,一旦男女双方的八字相合,就可定亲。此时女方不请外人,只有本家和"红爷"商量

---

① 羌区方言,即礼物。
② 即媒人,由儿女双全、有名望、懂规矩、嘴巴会说并与女方沾亲的中年男子充当,也有女性担当红爷,但数量很少。

"吃小酒"(订婚)的日子。到了"吃小酒"这一天,男方要按女方房族的多少备礼,一般为每家20斤肉、20斤酒,敬神用的点心、挂面10斤、饼子等,送给女方的老辈子①即女方房族、姑爷、姑妈、母舅、姨妈姨父等亲戚,也就是在婚礼中该送礼的亲友全都请到,男方一般请"红爷"、叔伯、母亲带儿子去,作为一家之长的父亲一般不去。"红爷"要在吃酒前亲自烧香、敬神、祭祖,向女方神灵、祖先禀告两家结为亲家之事,并致古规"说亲词",以后逢年过节男方都要去女方家探望并送礼,一般拿2坛酒、6把挂面、2份点心、10个饼子、10斤肉为礼物。

3. "吃大酒",定婚期

若男方认为男女双方的年龄足够大,男方已经做好了一切物质上的准备,该办喜事了,就请"红爷"带上礼物去转告女方,商定婚期,叫"吃大酒"。届时男方拿酒、肉、鱼、鸡等礼物,越多越好,另外要给女方买全穿戴之物,除头饰、耳坠、手镯、金箍子、银坠子等,还要给女方买4套外衣,长衣、短衣各2套,裤子2条,鞋袜各2双,全要双份,彩礼视各地规矩而定,反正要让女方满意才行。以前从"吃大酒"到接亲要间隔几个月到几年才能完成,例如龙小琼(女)和文定清从"吃大酒"到结婚时的间隔是2年,杨登富和龙树兰(女)从"吃大酒"到结婚时的间隔是3年,王友诚和周月明(女)从"吃大酒"到结婚时的间隔是2年,这为男方的准备工作赢得了充裕的时间。

4. 接亲

一旦定好婚期,就要准备接亲了,在举行婚礼的前几天,男女双方各自请寨中的家门、房族、邻居喝"开笼酒",即正式邀请各家帮忙。商定每个人负责的事项,并给自家神龛换新衣,彻底清扫房

---

① 指羌族人的所有长辈,包括实际年龄小于本人,但辈分高于本人的亲属,称为"老辈子"。

屋,雇佣4~6个唢呐手。接亲这天,男方由20多个人组成接亲队,主要由新郎的老辈子(叔辈)、同辈、小辈组成,一个父母双全的男孩子背"手情"(馍、肉、酒、蜡、布等),一路唢呐吹奏。到女方家后,女方家人在门上堵着要钱,男方要给钱,叫"拿钱",女方一次一次地要,男方一次一次地给,等女方满意了就打开门让男方进去,古时候男方要给女方12两银子。进门后女方唱欢喜歌,男方给钱,再唱再给,直至女方满意为止。另外,男方要给女方送1个太阳馍,馍上挂有1条白布、1条红布、1根羊毛线、镶有1颗珊瑚珠。男方把礼品放在堂屋的神龛前的桌子上,红爷致"接亲词",用羌语说:

"世间万事有来由,羌人婚配从头说。
理不讲来人不知,须将此事晓众人。
自古男女皆婚配,此制本是木姐兴,①
所有规矩她制定,后人不敢有增减。
一代一代传下来,羌人古规须遵守……"

女方答词:

"贵客辛苦到我家,迎亲之日上门来。
开天辟地到如今,男女婚配木姐定?
……
此次婚事按古规,女家东西很齐备。
主家接待如不周,敬请贵客多原谅。"

答谢完毕,女方准备酒席宴请众人。

5. 举办男女"花夜"

羌族结婚,"花夜"最为隆重,一般在婚嫁的前一天晚上举行,其实就是为新人开个娱乐晚会,男方办的叫"男花夜",女方办的叫

---

① 即羌族的女始祖神木姐珠,羌族认为是她和男始祖神斗安珠一起繁衍了羌族。

"女花夜",男的庆祝娶妻,女的欢送出嫁。晚上,新娘堂屋里灯火通明,中间摆着2张并拢的八仙桌,周围摆设条凳,桌上放有咂酒和12盘"干盘子",即花生、核桃、红枣、柿子、苹果、桔子、糖果等,饱含圆满、吉祥、喜庆之气。另外还有一些菜肴,十分丰盛。晚上七、八点钟,花夜开始,新娘要坐上席,姐妹们依次入席,男方接亲的人也在座,新娘入席时要哭,倾诉父母养育之恩,姐妹们开始唱歌,主要有以下3种:

① "花儿纳吉"①,如:

  今晚姐妹坐得全(哟,花儿纳吉),
  齐家一首唱起来(哟,吉吉儿来)。
  唱歌不要银钱买(哟,花儿纳吉),
  只要心中有肚才(哟,吉吉儿来)。

② "盘歌"②,如:

女方伴娘问:

  这首盘歌你来解(哟,花儿纳吉),
  什么弯弯(儿吉来,哟唉)天边转(哟,吉吉儿来)?

接亲姑娘答:

  这首盘歌我来解(哟,花儿纳吉),
  月亮弯弯(儿吉来,哟唉)天边转(哟,吉吉儿来)……

③ "格妹哟呀"③,如:

女方伴娘问:

  (格妹哟呀)新人包的呀什么帕呀(格妹哟呀)?

接亲姑娘答:

  (格妹哟呀)新人包的呀钢青帕呀(格妹哟呀)。

---

① 羌族的民歌,因为每句都带有"花儿纳吉"的尾缀而得名。
② 羌族的民歌,因为用一问一答的形式来歌唱,含有盘问之意,所以叫盘歌。
③ 羌族的民歌,因为每句都带有"格妹哟呀"的尾缀而得名。

问:(格妹哟呀)新人穿的呀什么衣呀(格妹哟呀)?
答:(格妹哟呀)新人穿的是葱白衫呀(格妹哟呀)
……

就这样一问一答,一直要唱到午夜十二点还不罢休。最后,女方的亲戚就要给新娘给"压箱子钱",意味着姑娘要出嫁了,给她点过日子的基金。接亲人也要演唱"花儿纳吉"助兴,这是一首《唱亲家》的歌词:

唱起来呀,唱起来,
唱一唱我们的亲家,我们两家是大亲旧戚。
今天在我家里是火塘的上方和下方,
没有鹰皮和豹皮铺上来接待你;
没有九年的陈猪膘煮起来招待你;
没有九年的陈咂酒抱上来招待你。
我的宝贝嫁到你家里望你好好地教育她,
望你好好地招待她……

《唱姑娘》是叙述父母留恋女儿,却又不得不把女儿嫁出去的矛盾的心情:

我的人,我的肝,
今天晚上假若你能变成男子,
就能把人家的人带到我家来,
就能把别家的魂带到我家来……
但你是个女子,
就成了别家的人,成了别家的魂……

女方的伴娘会对迎亲客进行讽刺和嘲笑戏谑,例如:

"听啦,迎亲客头目讲话了,
出口的话像一阵大风,
是刮来金银还是几片树叶?
他一张巧嘴能说坏的也说成好,

石包说成银子,山泉说成咂酒。
我们有眼也有耳,
人有好名声令四方传闻,过分的夸奖我们不听,
只要他对阿妹有好心,这就行了,这就行了!
迎亲客你不要将嘴变成吹火筒,我们不信我们不听。"

　　大约到午夜两点左右,凑热闹的人逐渐散去,人们抢吃"干盘子"①后,花夜告终。男方也办花夜,内容与新娘相似,所不同的是新郎要由母舅来升冠、挂红。② 冠是形似清朝官帽的红穗圆形双层帽,上面插一对红色喜牌。舅舅给新郎升冠,赋予新郎以新的社会角色,预示他已经由少年步入了成年人的行列,就要成家立业、另立门户了。成年礼在此与婚礼结合在一起,成为婚礼的一部分。与前面在《成年礼研究》一节中所论述的情况所不同的是主持完成这一仪式的人从端公变成了新郎的舅舅,仪式的载体也由羊毛线和猪油变成了礼冠,从中可以看出,羌族对舅家的重视程度和对汉文化的直接引用。为什么只能是舅舅来代替端公而不是其他亲戚呢?这是有着深刻的宗教原因的,舅舅是外甥的至亲者,羌族谚语有"天上的雷公,地上的母舅"的说法,母舅可以和羌族崇敬的雷公并列,可见母舅在羌族社会中权利之大,因此母舅不同于其他的亲戚,他还具有和雷公一样的神力,是天神的代言人,所以用舅舅来代替具有神人中介作用的端公来主持新郎的成人仪式是合情合理的。而给新郎升冠则明显是对汉文化的借用,新郎戴冠是汉族古老的习俗,随着时代的发展,现在汉族新郎已经不再戴冠了,而羌族人从汉族人中借用来的这种礼仪却长久地流传了下来,这正验

---

　　① 即盛有各种干果品的盘子,用于打发时间时食用,因为盛的东西都是干的,所以叫"干盘子"。
　　② 即用红布或红绸从肩部到肋下交叉斜绑,在腰部扎结,羌族人民形象地叫做"挂红"。

证了"播化学派"的文化传播的观点。① 另外,升冠与升官谐音,含有升官发财的汉族传统思想,羌族人不但借用了汉族升冠这一仪式,而且接受了汉族的思想文化,正是中华民族多元一体的最好例证。

接着舅舅给新郎挂第一道红,并致辞:
"一对金花亮堂堂,今天拿来贺新郎,
左插一支生贵子,右插一支状元郎,
儿子儿孙入朝堂。"

接着母舅家的人依长幼排序依次给新郎挂红,然后由新郎家门房族中的人依长幼排序给新郎挂红,最后由新郎的父母挂红,即"收拜"。每人都要说一段祝福的话,祝新郎娶回一个如意娘子,日子和美。新郎全身被红丝绸包裹,尽显喜庆之气。

6. 出嫁和迎娶

"花夜"的第二天是出嫁的日子,女方做一对太阳、月亮馍②,装在一个新竹篓里,选派一个父母双全的男童随新娘背到男方家去,馍上刻有日月、松柏图案,象征一对新人与日月同寿,似松柏常青。发亲时间一到,唢呐奏起《离娘调》和《留念调》,新娘在闺房里哭,母亲、姑嫂也陪着哭,男方接亲队里的女人劝新娘停止哭泣,一对父母双全的姑娘扶新娘到神龛前,新娘边哭边向神龛中供奉的神灵、母舅、父母一一拜别,众母舅向新娘撒米,祝愿她一生吃不完用不尽。同时,端公高唱祝词:

今日非同寻常日,主家姑娘出远门。
将到外地人家去,特此敬拜诸神灵。

---

① 播化学派认为,每一种文化现象一旦产生,就开始向各个地方传播,各民族的文化并不都是自己发明的,而主要是从其他文化发明中心向外转播着的文化现象中借用来的。

② 由于馍馍分别做成了太阳和月亮的形状,故名。

此女出门非为别,成家落业务农耕。
治田置地勤劳动,养儿育女延祖根。
祝愿神灵保佑她,吉祥如意万事顺!

拜毕转向大门,这时年老的妇女就反复叮咛新娘:"千万不要回头看,规规矩矩走出去。"同时,端公高举一个插有白色小旗的馍站在门边,新娘从馍下走出门,紧接着是新娘的伴娘,数目从两个到十几个不等,必须是双数,最后是迎亲客。伴娘代替新娘的父母唱哭嫁歌,队伍就浩浩荡荡地向新郎家走去。迎亲和送亲的队伍快到男家时,早有新郎的姑婆、姑母、姨婆、姨娘等一帮妇女在大门外等候,她们一手执香,一手端酒,给送亲的人敬酒,紧接着端公做法事,口云:"天地开张,新人到此,大吉大昌……""东方一朵青云起,南方一朵紫云开,两朵腾云接成彩,新人下轿迎进来。"新郎在楼上或大门里用生米打新娘,新娘由两名姑娘扶着踩烂一个倒扣在门槛上的碗后进门,以示退煞。① 一对新人在男方神龛前一拜祖宗创业恩,二拜父母养育恩,三拜夫妻偕百老,四拜子孙个个强。再拜来客、帮众,最后夫妻对拜,新郎揭去新娘的红盖头,双方抢入洞房。伴郎伴娘将糖果、花生撒向四方,众人抢之,接着开始宴请宾客,依次请送亲的女方近亲、男方母舅、家门长辈、远客、邻居、新郎家中近亲,一轮一轮往下吃。饭毕年轻人跳"莎朗",唱"赞新郎新娘歌"如:

"我家妹子十八岁,她本天仙女下凡。
人品好来又能干,内外料理都周全。
头发乌黑巧梳妆,穿戴样样好上好。
银牌耳环已备足,圈子簪子也齐全。"

从赞词中充分反映出羌族人落落大方的民族性格,一点都不拘泥,赞美新人时就实话实说,娘家人还唱:

---

① 羌族把邪神恶鬼等不干净的东西所特有的气息统称为"煞气"。

"我家姑娘到您家,今夜须把她来夸。
好比一棵千年树,开始一芽发九芽。
犹如一堆万年火,初时一堆变九堆。
又像一株火葱苗,由一株来发九丛。"

这是对羌族妇女生殖能力的由衷赞美。然后新人跪下,撩起围腰,众人撒米、麦、青稞、花生、红枣,祝福新人。笔者认为,男女双方的"赞美歌"中蕴藏着深刻的文化内涵,充分显示了羌族的自尊心、自信心,他们向往真、善、美,期盼每个家庭美满幸福,同时也是对本民族青年男女的关心、爱护、颂扬,体现了羌族人民谦虚、坦诚的民族性格。最后是青年男女簇拥着新郎新娘"抢房",就是谁先进入了新房谁就当家。不过这只是为了一时的欢乐,图个热闹罢了,一般都是新娘让着新郎,哪怕是新娘先到了门口也要让新郎先进去。笔者认为这是父系社会战胜母系社会的象征。

7. 回门

第二天是谢客,客人吃过早饭陆续离去,送亲的人当天返回女家,新郎新娘要回女家,叫"回门",带 1 个大馍、1 个刀头[①]、1 坛酒及敬神之物。娘家人迎接到家,新郎新娘拜女方神灵,再拜众母舅、门房长辈、相帮兄弟,最后新娘父母收拜,为二人挂红。女家也大宴宾客,新郎新娘留宿一夜,次日早上返回男家,到此整个婚礼方告结束。[②]

通过以上叙述,可以看出羌族婚礼的程序十分复杂,婚礼的过程很长,往往要持续半年到几年不等,男女双方家族为了达到婚姻关系的认同感,展开了漫长繁琐的渲染和接触过程。从女方父母的认可,到女方亲族的赞同,可见这种婚姻宣传的广度和深度。同

---

① 羌族的祭祀用品,即一块煮熟的猪膘肉,上插一双筷子。
② 以理县桃坪羌寨陈朝焱(男,73岁)、陶领凤(女,67岁)夫妇的叙述为主要依据。

时,在双方亲家的交往中逐步做到的相互了解并建立了一定感情,这对于子女婚姻的成熟、婚后和睦打下了基础。充分显示出羌族对血缘传承的重视。另外,在整个订婚过程中,男方始终处于主动地位,曾多次到女方家送礼,显示了女方家族的身价和在婚姻关系中的社会地位。"女花夜"是女方家族主持的最隆重的一次盛会,是给新嫁娘挣面子的最好机会。表现了羌族生活中十分重视母亲家族的血缘和素质。这一方面说明羌族对婚礼的重视程度,另一方面也反映出羌族对人生礼仪的投入之大和受民族宗教的影响之深。通过婚礼仪式,使羌族的传统文化得到提炼、升华、发展,从而传承下来。①

民国时期的婚姻过程

民国三十三年(1944)邵云亭先生撰写的《萝卜寨之民俗》一文对羌族婚礼的情况论述如下:"他们(羌族)的婚姻是父母包办的,由几岁就定下来了。定婚的手续,是先由媒人说妥,以后由男家的家长,送给女家两壶酒,二斤肉,四升米。等到要娶之前,即择个好的日子过礼,男家要给女家簪环、首饰、脚笼带,三根离娘布,四升米,一百二十斤肉,几十元彩礼,新郎要到女家去叩头,女家的姑、舅、姨、表四大亲戚,要给新郎挂红放炮,以资庆祝。新郎要披红插花,谓之小登科。女家于是日待客收礼,是谓聘女,三日后,新郎谢礼,向挂红送礼的一一叩头,然后回家。一般隔几日就到男家举行婚礼,也有隔几个月再择吉日举行婚礼的。等男家要娶的日子,女家不再待客,男家则派生辰合宜的人来背装扮好了的新人。新人有的由门上过,有的由墙上过,完全看命相及时辰而定。在走以前,新人要向家中及神位一一啼哭告别,然后男家迎亲的人,就背起新人向婆家走。女家派两个伴娘,背着新妇陪嫁的被盖一床、

---

① 详见拙作:《羌族婚俗初探》,载《阿坝师范高等专科学校学报》,2004年第3期,第18页。

箱子一个随着。要是远路,就由两三个替换着背,新妇不到拜堂的时辰,足是不许沾地的。再后是送亲客,总有四五十人,男女都有,其中多是女家的亲戚、家门、姑爷、舅爷等。有一个吹喇叭的奏乐。到了时辰,即拜堂,谢媒,赴席。到晚上夜饭后,男家本寨的家门亲友,就分引贺客送亲人等,到各家安宿消夜,他们叫作引铺。第二天早饭后,又至男家赴席,晚上还是相同,至到三五天后,贺客尽去为止。在喜宴期间,天天有人唱山歌,打响器,闹洞房。第三天新妇回娘家,送亲的及贺客的,有走的,有被亲友留住的。新妇在娘家住三五天后,又回婆家,新夫妇才开始同居。以后住娘家十天八天,住婆家十天八天,轮流住着,直到几年后,始在婆家久居。"①

20世纪80年代的婚姻过程

下面是笔者在四川理县桃坪羌寨调查得到的20世纪80年代羌族青年结婚的情况:

被调查人是四川理县桃坪乡佳山村人陈朝芙(女,羌族),于1983年11月嫁给四川理县桃坪乡桃坪村人杨露才(男,羌族)为妻。根据她的讲述,当时陈家请桃坪村人余真玉(女,当时41岁)当"红爷"去陈家说亲,之所以请余真玉是因为她和杨家有亲戚关系,能说会道。1981年2月余真玉带了饼子、挂面、点心等东西去陈家送头道"手情",陈家人考虑到杨家人多,有5个儿子、2个女儿,家业大,好办事,能帮助自己,所以就答应了两家的来往,1981年4月,"红爷"余真玉带领杨露才的两个姐姐去陈家送二道"手情",吃"小订酒",带的礼物为两瓶奖金牌白酒、一封饼子(10个)、2把挂面,2升米,当时能拿得起奖金牌白酒说明杨家人有办法,是身份的象征,陈家的家长同意了杨家的求婚请求。1981年8月16日杨家到陈家"吃大酒"并送来了彩礼,包括120元现金,鞋、袜、裤

---

① 祝世德,《汶川县县志》,阿坝州地方志编撰委员会出版,1997.10第1版,第308页。

子、上衣各一件,还有一些吃食。当时去陈家的人有"红爷"余真玉、杨露才本人、杨露才的叔父、杨露才的兄弟姐妹、共8人。杨家向陈家要了陈朝芙的生辰八字,请桃坪乡增头寨端公陈云梦(男、当时50多岁)对两人的生辰八字进行了掐算,认为两人的八字相合,可以结婚,并将婚期定在冬月25日,杨家将端公算的婚期告诉了陈家,陈家表示同意。杨家人经过了两年的准备工作,认为够力量为儿子举行婚礼了,就将结婚的时间定在了1983年冬月25日。1983年冬月24日杨家去陈家接亲,加"红爷"余真玉一共去了8个人,以年轻人为多,接亲客给女方开门钱12元,当天晚上杨家给儿子举办"男花夜",主要内容是给新郎挂红,祝贺他成人,先是老辈子挂,接着是四大家门的亲戚,最后是父母收挂,当时挂红多是红绸子、红纱、红布,男方的亲戚将"份份钱"交给了支司客。陈家也在当晚为女儿举行了"女花夜",主要内容为唱"花儿纳吉"、戏弄男方的接亲人、跳莎朗、敬神,玩到后半夜才歇。1983年冬月25日早上8点,接亲客在女方吃完饭后出发,新娘骑男方牵来的马,盖上了红盖头,女方家的亲姨妹、女伴、老辈子共40多人送亲,陪嫁有6床铺盖、6床毯子、2床罩子、2床小被子、4套衣服、16双鞋子、1个太阳馍、1个月亮馍、伴儿送的鸡蛋、香肠、没有首饰,用夹背[①]背着走,早上10点到了男家,进门时,新郎用米打新娘,新娘踩破一个倒扣在门槛上的碗。新郎新娘到厅房中拜堂、拜天地、拜祖位,新郎反手揭去新娘的盖头,众人簇拥新郎新娘进洞房。接着是正席,先是陈家送亲客吃,杨家向送亲客敬酒,再是杨家亲戚吃,主要是九大碗、九干盘、九碟(炒菜)。晚上唱歌,跳莎朗,闹通宵,新郎新娘分别由伴儿陪着分开睡在洞房的两个房间里。1983年冬月26日,新人到杨家祖坟上去烧纸敬先人,向祖先禀明男丁杨

---

① 羌族的劳动工具,用木头和竹子混编而成,简单易携,用来背较为沉重的东西。

露才结婚一事,并请祖先认下媳妇,保佑新人健康平安、早得贵子,一路上有"双吹"(吹唢呐的)伴奏。1983年冬月29日回门,只有新郎一个人陪新娘回娘家,到女家敬神、办席。新人还是不能同房,从娘家回来后,两人才正式住在了一起。当时杨家请的支司客是陈步伦,总管是周敬雨,记账的是李德成,收礼的是杨志平,管座的是女孩子、打杂的是年轻人。

我们可以从以上的描述中提取出羌族婚姻过程中的要素来进行比较,这样可以对羌族婚姻礼仪的变化进行清晰

要素 时间	父母包办	自由恋爱	红爷	小订酒	大订酒	男女花夜	彩礼	端公掐算	办席	敬神	结婚当夜同房
民国时期	＋	－	＋	＋	＋	＋	＋	＋	＋	＋	－
20世纪80年代	＋	＋	＋	＋	＋	＋	＋	＋	＋	＋	－
现在	－	＋	＋	＋	＋	＋	＋	－	＋	＋	＋

从上表可以看出,在三个不同的历史时期,羌族的婚姻礼仪相应地发生了一定的变化,从父母包办到自由恋爱的转变说明了羌族封建家长制度的逐步衰落和自由、民主意识的勃发,"红爷"这一重要角色的保留则说明羌族对"无媒不聘"这一儒家传统思想的继承和发扬,小订酒、大订酒、男女花夜、彩礼、办席则说明羌族婚姻礼仪的延续性,敬神这一仪式的保留说明羌族"万物有灵"原始宗教在羌族文化中的重要性并没有随着时间的流逝而变化,端公掐算婚期的传统随着端公数量的逐步减少而不能为继,人们往往要走很远的山路去高山上的羌寨找端公掐算,由于太麻烦,就只好找一些懂得巫术的老年人来代替,这一点对羌族传统文化的继承影响最大,造成了羌族传统文化特别是原始宗教的缺失。结婚当夜同房与否的变化则带有明显的汉文化影响痕迹。可以看出,羌族婚姻礼仪保留了其绝大部分的要素,因此可以说羌族婚姻礼仪的

变化只是停留在表面,并没有触及其实质。

3. 羌族婚俗中表现出的民族文化

羌族的婚姻礼仪,不仅与羌族人民的生活和家庭形式相适应,而且与羌族历史上形成的宗教信仰、民族心理、神话传说,思想观念以及其他民俗习惯相联系。下面笔者就从四个方面来进行论述。

(1)羌族原始宗教的体现

羌族信仰多神,其宗教还处于万物有灵的原始信仰阶段,在羌族的婚礼中,这种信仰得到突出表现。羌族重今生,不重来世,所以他们对于儿女的人生大事——婚礼自然看得格外重,倾尽全力要办好儿女的婚事,这不仅是面子问题,更是自己对家族宗教义务的反映,难怪有的父母从一结婚起就开始为未来的孩子攒成亲的钱,上文中杨露才家为娶陈朝芙而准备了两年就是很好的例证。羌族婚礼中有大量的歌舞,一方面是羌族人欢乐感情的抒发,另一方面也是宗教礼仪的表现。如:男方"接亲词"和女方答词,表现出对羌族祖先的崇拜之情,端公作法时的赞语也体现出祖先对后代的关爱。新娘走出娘家家门时老年妇女的叮咛也是具有宗教原因的,相传羌族女始祖木姐珠出嫁那天,天爷木比塔赐给她大量动物作嫁妆,跟在她身后的动物比前面的动物多,她没有听父母的话,忍不住朝后看了一眼,使她身后的动物失去了控制,跑进了深山,以致于现在野生动物多于家畜,嫁妆遭受了损失。为了避免类似现象再次发生,就有了新娘出娘家时不能回头看的习俗。新娘首次进男方家门时的踩碗仪式更饱含宗教意味,踩碗是为了解除秽气,为了防止新娘把娘家里不干净的东西和路上遇到的恶魔带进家里,男方提前请端公做"下坛经"[1]法事驱鬼,通过端公的做法和

---

[1] 羌族原始宗教经典分为三类:"上坛经"为神事,"中坛经"为人事,"下坛经"为鬼事,各自服务的对象不同。

新娘的踩碗达到祛邪迎祥的目的。而新郎新娘撩起围腰,承接众人撒来的花生、红枣、米、麦、青稞,意为受福的象征,有"撩众人之福以自喜"的意思。从婚礼中还能看出羌族的祭祖心理,羌族敬祖,认为祖先是有大功劳的,他死后还会保佑自己的子孙不受恶鬼的侵犯,而且他也是有喜怒哀乐的,在后代举行婚礼的时候他会很高兴。所以一定要向他禀告喜讯,请他享用新人献上的咂酒,并认下自己的媳妇,保佑自己的子孙平安、幸福。

(2)羌族个人社会身份的确认

"婚姻是个人得到配偶,获得一种新的社会身份的宣言,只有到成家立业时,个人才在真正意义上成为社会的成员。从婚礼一直到第一个孩子出生,这种身份变化才真正完成。它标志着人的成熟,标志着完全的社会成员身份的获得。"[①]由于历史上多次的颠沛流离,使羌族意识到只有团结一心,靠家族的力量才能在外族的包围中生存下来,经过了千百年的积淀,最终形成了家族至尊至上的民族意识,为了家族奉献一切,乃是人生的最高荣誉,虽死无憾。家族要强大,就必须多生养,而只有光明正大生养的孩子才能被家族认可,写进家谱,成为家族的正式成员,因此,父母的婚礼对未来孩子的身份确认就显得格外重要,这也从某种程度上杜绝了出现私生子的可能性,为家族血统的纯洁提供了保证。这样就不难理解羌族婚礼如此隆重的原因所在了,它是一种宣言,一种对下一代身份认可的过程,在经过正式婚礼后生育的孩子才能继承家族事业,才有"大宗"、"小宗"之分。在这一点上,羌族婚礼可以被看成是连接两代人的枢纽,一方面是新婚夫妇社会身份的确认,另一方面也是未来下一代人家族身份的确认宣言。

(3)羌族婚俗中的"红爷"角色

羌族婚俗中的"红爷"其职能相当于汉族的媒人,是为男女双

---

① 乔继堂:《中国人生礼俗大全》,天津人民出版社,1990.3 第 1 版,第 176 页。

方撮合婚事的人,但是羌族的"红爷"又有许多与汉族的媒人不相同的地方,这是由羌族的民族道德观念决定的。汉族的媒人是一种职业,全由妇女充当,男子以当媒人为耻,而羌族的"红爷"则是一种社会身份地位的象征,"红爷"几乎全由男性担当,女性极少,并且有很多限制,如:此人的年纪必须在 40 岁以上、必须儿女双全、配偶必须健在、能说会道、懂得羌族古规、为人必须和蔼可亲,在众人中的口碑很好等,由于限制太多,因此并不是任何人都能担当这一角色的。担当"红爷"的人往往成为十全老人的代名词,是幸福、和美、吉祥、如意的象征,所以羌族以能否当"红爷",当的次数的多少为荣。不像汉族的媒人无论婚事成功与否都有报酬,羌族当"红爷"是无偿的,顶多有些实物相送,如果此人在当"红爷"时有过失败记录,也就再没有人请他了。因此羌族"红爷"的积极性是很高的,为确保其"红爷"资格会竭尽全力促成婚事,可以说具有极佳的"职业道德"。羌谚有云:"宁拆十座房,不破一桩婚。"可见羌族对婚事的重视,但由于"红爷"过度发挥主观能动性,在过去也出现过强行成亲后家庭不睦的事情,给男女双方的身心造成伤害。羌族民间有《婚嫁歌》可以骂"红爷":"背时媒人想猪头,下到地狱割舌头;死媒婆、癞媒婆,猪头狗脸尖尖脚;东家走、西家说,串来串去两边唆;生就的害人精,骗人老妖婆。"值得一提的是在歌中并没有提到红爷,而是巧妙地以汉族的媒人来代替,可见羌族社会对于红爷还是比较尊敬的。当然随着时代的进步,羌族人民受教育程度的不断提高,现在羌族青年大都实行自由恋爱,"红爷"提亲渐渐仅仅成为一种形式在羌族婚姻礼仪中存在,其强行拉亲的行为已经很少了。

(4)羌族婚俗中的礼仪和礼物

1."挂红"习俗

在羌族婚礼中要给新郎"挂红",这是羌族的重要礼仪,主要对远方来的客人、本民族的英雄、受人尊敬的老人、遇到喜事的新人等进行挂红,以示尊敬和爱戴。现在,相对于其他的挂红对象,羌族给新郎挂的红是最多的,多挂红绸,由于给新郎挂红的人很多,往往一场婚礼下来,新郎就会被红布红绸裹得全身红色,显得格外喜庆、温暖、祥和。

2."尚双"习俗

羌族崇尚双数,认为"双则和,和则满"。这在羌族婚礼中礼物的挑选、礼物数目的计划、"红爷"的邀请、送亲迎亲人员的挑选等方面都考虑到了,送礼送双份有祝福美满、团圆、吉利之意,红爷要占"两双"即儿女双全、夫妻健在。这与羌族朴素的二元分立宗教观有重要关系,羌族把世界分为阴阳两极,天为阳、地为阴,男为阳、女为阴,南为阳、北为阴,生前为阳、死后为阴……新人结婚是人生大事,一定要占全阴阳两极,才能遇事呈祥,平安一生,参加婚礼的人也纷纷以"送双"的形式来把最美好的祝福献给新人。

羌族生活比较贫困,特别是居住在山区的人们由于交通不便,生活资料不足,受教育程度较低,大大限制了羌族的发展。这从羌族婚礼中所送的礼物和酒席的构成就可以看出来,从上文的论述中可以看到,羌族男方给女方送的礼物为猪肉、挂面、咂酒、点心、饼子、布匹等,这都是生活中最基本的生活资料,而川区羌族婚礼的礼钱最多不过 6000 元,山区则仅仅 600 元,酒席还以传统的"九大碗"为主,没有太大变化,"干盘子"仍以本地的土特产为主,没有引进外地的果品。笔者在这里并不是贬低本民族传统的生活习惯,只是以此为例说明羌族的生活现状,引起人们的关注。

综上所述,羌族婚俗在从古到今的传承过程中发生了一些变化,但并没有触及其根基。羌族婚俗中包含的原始宗教意识、民族精神、人文观念、道德观念等深层次的民族文化大都保留了下来。笔者认为,羌族的这些文化内涵将会随着羌族婚俗的延续而不断传承下去。

(四)羌族葬礼研究

历史上,羌族地区盛行火葬、土葬、岩葬、水葬等葬法,现在被人们普遍实行的是火葬和土葬。羌族各寨的葬俗基本相同,但因村寨大小和历史背景不一,其间也略有差异,为保证本立论的准确和坚实,以下仅以保留传统文化较完整的理县桃坪乡桃坪村葬俗为例对羌族的火葬和土葬分别展开论述。葬礼是羌族规范化的一种文化系统,限于本文篇幅,这里仅以男性家长的葬礼为例。历史上,羌族的土葬形式不同于汉族,《龙安府志》载:"番人死丧无孝,但穿破衣,埋葬无棺椁,死者亲子负尸往穴地,盘其足,坐如生时,用土掩覆安埋。"但是由于长期受汉文化的影响,现在羌族的土葬习俗已经和汉族土葬没有多大的差别了。笔者将在后文分别对羌族的火葬和土葬礼仪展开论述。

1. 羌族火葬习俗钩沉

在羌族主要的四种丧葬方式中,火葬是历史最为悠久的传统葬俗,至今仍为不少羌民所使用。《荀子·大略篇》卷十九载:"氐羌之民,其虏也,不忧其系累也,而忧其不焚也。"《墨子·节葬篇》卷六载:"秦之西有义渠之国者,其亲戚死,聚柴薪而焚之,熏则烟上,谓之登遐,然后成为孝子。"《太平御览·四夷部》卷九四引《庄子》文说:"羌人死,燔而扬其灰。"《后汉书·南蛮西南夷传》卷六十八载:"冉夷其山有六夷七羌九氐,各有部落……死则烧其尸。"《旧唐书·党项传》卷一九八载:党项羌人"死则焚尸,名为火葬"。《马可波罗行纪》中记述了西夏党项羌人的焚尸习俗:"焚前,死者之亲属在丧柩经过之道中,建一木屋,覆以金锦绸缎。柩过此屋时,屋中人呈献酒肉及其他食物于尸前,盖以死者在彼世享受如同生时。迨至焚尸之所,亲属等先行预备纸扎之人、马、骆驼、钱币与尸共焚。据云,死者在彼世因此得有奴婢、牲畜、钱财等,若所焚之数。柩行时,鸣一切乐器。"英国牧师托马斯·托伦士在《青衣羌——羌族的历史习俗和宗教》中说:"死人时,要供奉祭品,死者都火葬。"清代甘肃《文县志》记载:"文番,即氐羌遗种……葬礼,不知成服,惟聚柴薪焚之,延僧忏悔,谓之火葬。"清嘉庆《汶志纪略》有"殁而火化,捡骨掩之"。从笔者所搜集的以上历史记载中可以看出,羌族的火葬习俗由来已久,是有史可循的,而且是羌族的主要葬俗。

2.羌族火葬习俗的由来

羌族丧葬习俗的产生和发展是一个历史的过程,它的产生与当时羌族社会的文化背景有着十分密切的关系。火葬习俗能在羌族中代代相传,是有其深刻的历史原因的,与这个民族的生存环境、宗教观念、民族心理等民族文化有着千丝万缕的联系。

(1)与客观现实相适应的必然结果

a 自然环境

"远古时代,生产力极其低下,人的智力不很发达,不可能产生'灵魂'这种抽象的宗教意识,不可能对死后归宿这个问题发生兴趣,正如孟子所说:'上世尝有不葬其亲者,其亲死则举而委之于壑。'随着社会的发展,人的智力也得到了发展,并对自然界的存在产生了神秘的宗教意识,逐渐形成了'灵魂不灭'的观念。人们的脑海里开始臆造出一个虚幻的世界,认为人死了以后,灵魂不灭,在冥界仍和生前一样生活。在这种观念的支配下,出现了墓葬和丧葬礼俗。"[①]羌族的先民古羌人是游牧民族,主要活动在我国的西北部,火葬习俗是他们适应这种生产方式的结果。古羌人长年游牧,居无定所,对死者无法进行集中埋葬,即使埋葬也无法很好管理,在这种客观条件限制下,为了安慰死者的英灵,火葬便成为最适应游牧生活的丧葬方式。在羌族的宗教观念中"火被视为最圣洁的吉祥物,经过火化尸体化为骨灰,便于氏族迁移携带运走,或永远与本氏族族众在一起,又经过火的洗礼除秽,骨灰中的灵魂

---

① 《中国民间文化——民间文化研究》,上海民间文艺家协会,上海民俗协会编,学林出版社,1995.7第1版,第46页。

才是纯正的氏族祖先魂魄,才能荫庇本氏族族人安宁。"①为给这种现实生活促成的葬俗寻找存在的理由和感情寄托,古羌人就把这种葬俗顺理成章地与古老的尚火习俗结合起来,把主观精神外化为客观行为,扩充为死后火葬是神的恩赐的结果,所以产生了宗教意味极浓、仪式越来越完备而又使人执著追求的火葬习俗。最终使火葬成为羌族的人生第一大事,甚至不管受怎样的磨难困苦都不怕,而"只忧其死后不焚"。

b 战争因素的影响

羌族实行火葬的又一重要原因是战争。从商朝到清朝,历代封建王朝对羌人的镇压不断,武乙时的卜辞记载:"甲辰,贞,来甲寅,又伐上甲羌五,卯牛,甲辰,贞,又伐于上甲九羌,卯牛一。(均《后》上,二一、一三)"羌人的反抗也不断,连绵不断的战争使羌人颠沛流离,无安居之所,而羌族又是最顾群体的民族,战死的士兵决不会使之暴骨于野。在羌民眼中,火是光明的象征,具有辟邪禳解的魔力,所以在安葬这些战死的勇武之士时,就自然而然地采用了火葬的方式,一是使死者的灵魂得到安慰,二是使死者的灵魂回家,三是显示了羌族对战死者的尊重和敬意。在抵御外辱、保护民族基本生存权的历史背景下,羌族在不断的战斗中逐渐形成了"以战死为吉,病终为不祥"的尚武的民族观念,袁宏《后汉纪》谓西羌:"男子兵死有名,且以为吉;病终谓之劣,又以为不详。"因此火葬被外界长期客观存在的残酷战争赋予了神圣的光环,成为羌族的传统葬俗。

(2)羌族祖先崇拜的外化表现形式

a 与传说中羌族的祖先炎帝有关

晋代皇甫谧《帝王世纪》载:"神农氏,姜姓也。母曰任姒,有蟜氏女,登为少典妃,游华阳,有神龙首,感生炎帝。人身牛首,长于

---

① 富育光:《萨满教与神话》,辽宁大学出版社,1990.10 第 1 版,第 270 页。

姜水。有圣德,以火德王,故号炎帝。"《左传·哀公九年》载:"炎帝为火师,姜姓其后也。"《说文》云:"炎,火光也,从重火。"炎帝被说为是火的发明人。由此,可以清晰地知道炎帝的名号是因为他以火为德,尚火的缘故。其本身具有原始社会的遗风,是原始社会的人在自然条件极其恶劣,无力与之对抗的情况下,对火产生敬畏感,进而崇拜火的观念在古羌人中的反映和延续,而尚火情结又直接反映在古羌人的丧葬过程中,这就是羌族实行火葬的又一原因。因为炎帝被羌族尊称为始祖,其"以火德王"的尚火习俗势必要在羌族中世代传袭,以示不忘祖先之功德。

b 与始祖燃比娃有关

羌族传说,古时候人间本来没有火,是羌族的祖先燃比娃[①]从天上偷来的。这在羌族神话《燃比娃盗火》中有详细的讲述:天神蒙格西和羌女阿勿巴吉相爱,使阿勿巴吉受感怀孕。在临别前,蒙格西对阿勿巴吉说:"姑娘啊!我是天庭火神蒙格西,我们俩有缘分,以后你生了孩儿,叫他来找我吧!人间太冷了,叫他来为人类取火啊!"后来阿勿巴吉生下了毛猴人燃比娃,等他长大后就告诉了他实情,让他去天庭找阿爸蒙格西。燃比娃就去天庭找阿爸。找到阿爸后,阿爸让他把火种带回人间,但前两次都因为恶煞神喝都的无情打击而失败了。第三次,蒙格西把火藏匿在白石中交给燃比娃,这一次,燃比娃终于瞒过了恶煞神,把火带到了人间。两块白石相互碰撞,便冒出了火花,人间从此才有了火种,彻底改变了茹毛饮血的生活习惯和生活方式。燃比娃也由于在前两次盗火中被天火烧掉了猴毛,在最后一次盗火中被天门夹断了尾巴而成为了人。表面看,这个神话反映了火的来之不易——是与羌族有血缘关系的天神的恩赐和人类争取的结果,但另一方面,却是火由石生、人类进化的表现。燃比娃因为经过了火的洗礼才从毛猴变

---

① 是羌族的始祖神,又叫斗安珠。

成了真正意义上的人。在羌族的观念中,火不但来自天上,而且在燃比娃从猴到人的转变过程中起到了决定性的作用。因此,羌族死后都实行火葬,也有从天上来,回天上去的神圣含义。

c 与无弋爱剑的传说有关

宋·范晔的《后汉书·西羌传》载:"羌无弋爱剑者,秦厉公时为秦所拘执,以为奴隶。不知爱剑何戎之别也。后得亡归,而秦人追之急,藏于岩穴中得免。羌人云爱剑初藏穴中,秦人焚之,有景象如虎,为其蔽火,得以不死,既出,又与劓女遇于野,遂成夫妇。女耻其状,被发覆面,羌人因以为俗,遂俱亡入三河间。诸羌见爱剑被焚不死,怪其神,共畏事之,推以为豪。其后世世为豪。"无弋爱剑是羌族的一位著名首领,被羌族尊为祖先。该记载说的是无弋爱剑在逃亡途中受到"有景象如虎"的火神庇佑而得以生还的事,是羌人被火保佑与尚火习俗的宗教观念在羌人思想上的集中抽象反映。从中我们可以清楚地看到,羌人对火的崇尚和信仰是客观存在的。因而,人死后实行火葬是遵循祖先神恩嘱的表现。通过火,死去的人在另一个世界获得了再生,减轻了活人对死亡的一系列恐惧,将死亡变成了一种生的继续,从而获得了心理上的平衡。羌族认为凡人死后都要实行火葬,否则死者不能再生,是要被神抛弃的,也被视为是亲属不孝的表现。对祖先的纪念是中华民族的传统美德,在羌族火葬习俗中也毫无例外地与始祖神联系在了一起。

(3)羌族独特的民族心理积淀的结果

在原始时代,古羌人对火产生了神圣不可亵渎的敬畏感,把火作为"图腾"是因为火给古羌人带来极大的好处:防兽、取暖、熟食等。面对强大的大自然,火更使古羌人在心理上产生一种难能可贵的安全感,火也成为古羌人生存必不可少的东西,古羌人切身体会到了火那不可估量的巨大作用,加上对始祖神艰辛盗火的崇拜,在羌族的传统观念和民族心理中自然就把火看得比其他事物更高一等。连人死后都要实行火焚,若不火焚,死者就进不了历代祖先居住的"鬼寨"①,也见不到祖先神灵,势必会被神灵抛弃而成为孤魂野鬼,这是每一个羌族人最不愿遇到和最为惧怕的事。"只要社会迫使其成员对某一物体抱以某种态度,这就形成了一种仪式关系。这种态度涉及到对这种物体所怀抱的崇拜感。崇拜感是通过人们的统一行为方式表现出来的。"②正是羌族心理上的这种巨大的强制作用促成了火葬习俗的产生和延续。从上文"聚柴薪而焚之,熏则烟上,谓之登遐"的记载中可以知道,如果死后不焚,死者也就失去了随烟上升而成仙的可能。因此,贯穿在羌族传统思想中的成仙观念也对火葬习俗的形成和传承发挥了作用。

(4)羌族宗教观念的抽象反映

羌族对火甚为崇敬,认为火是一种不可战胜的力量,火给人带来了光明与文明。羌族信仰"万物有灵",认为世上万物都有神灵,火神(翁不士)就是其中必不可少的一位。以前,羌族每户都有火塘,叫作"永不熄灭的万年火",火塘中都放置有铁三角,铁三角的其中一角就是火神的象征,出于民族习俗,端公把它规范成一种宗教祭祀礼仪——火祭,列入羌族的祭祀活动之中。火祭时,端公要念解秽词、消灾经,请神灵莅临赐福,表演巫术巫技,以表示对火神的崇敬,届时端公要做过红锅、踩铧头、耍链子等法事并演唱经典《厄》。在羌族长期的民俗养成过程中,火已成为他们生活中不可缺少的一部分,伴随着羌族人的一生。最终,人死后也要由火来送他们归天。在羌族的宗教观念中,火塘→火祭→火葬是每一个羌人必须经历的宗教礼仪三部曲。

---

① 羌族认为,人死后,他的灵魂会和以前死去的亲属们居住在一起,还是一家人,这些灵魂所居住的地方就叫"鬼寨"。

② [英]A·R拉德克利夫—布朗:《原始社会的结构与功能》,潘蛟、王贤海、刘文远、知寒译,潘蛟校,中央民族大学出版社,1999.10 第1版,第136页。

由于羌族所处客观环境的限制,祖先崇拜、民族心理、宗教观念等众多因素的共同作用,使羌族选择了火葬并流传了下来。

据笔者调查,现在羌族火葬共有三种葬法,分别流行于不同地区。

a 流传于四川理县桃坪羌寨的葬法:把死者打扮好后,用布包裹,架在寨中火坟场中固定的石堆上,用柴架着烧,骨灰不拾。

b 流传于四川理县佳山寨的葬法:寨中火坟处筑有两堵约一米高的土墙,两墙间隔约一米,在土墙中间又筑有六堵60厘米高的小土墙,把两墙分隔开来,成格网状。把死者放在两墙之中,上、下置柴烧之。

c 流传于理县蒲溪的葬法:不同于上面两种软抬软烧的葬法,而是用木棺烧,把死者放入棺中,把棺材放在火坟上,头向棺头,脚向棺尾,在棺头顶部凿一个30厘米见方的小口,用散刀①把木块打入棺中,在棺尾底部开同样一个小口,再在棺尾口处架火烧之,火焰从棺尾入,从棺头出,等棺材烧完后,尸体也已烧化了,相比之下,这种烧法科学合理,运用了高温气流的对流原理,使尸体充分燃烧,因此无异味。②

3. 羌族的"火坟"

羌族独特的"火坟"在汶川县的羌寨可见遗址,有的保存得较完好。20世纪80年代以来,个别羌寨以宗族为单位维修的"火坟"已焕然一新。如雁门乡的索桥、通山、月里等寨,龙溪乡的阿尔、巴夺、垮坡等寨,绵池乡的和平、羌锋等寨。"火坟"的形状多为条形,而方形较少,上窄下宽,长约6~8米,宽4~6米,深约7~8米,内部用黄泥抹得相当平整。其边沿高出地面5~6寸,坑上架

---

① 羌族使用的一种刀,呈鹰嘴形状,木柄,一般刀宽10厘米,长30~40厘米,背厚刃薄,用于进山砍柴、劈柴用。

② 以理县桃坪羌寨王家俊的叙述为依据。

着能抬开的木屋,木屋的屋顶是用染黄或染黑的杉木制成,可以挡风遮雨。个别坟旁还立有石碑,详细记述了本宗族的来源。如雁门乡索桥袁姓宗族碑文记述道:"盖闻先祖语吾,当是时也,湖广填川,我先祖来川者,乃是弟兄八人也,系麻城孝感人氏。上川进灌分处插壤,憔祖袁文嘉来至古绵池上山到此,即今上水里也。草木畅茂,有方里而井,居房枋坏,建有一残枋,上书'乐善村'三字,今人呼为小寨子也。我祖欣然乐插此业,报粮入册,垦田园,创房宅。彼时此地泥水泛滥,安奉亡魂,犹恐肌肤进泥,故立此墓,号曰'火坟'。世代先祖,概葬于此墓,十代人丁兴发二十余家,以后各扦茔墓。近因年久日深,惧后人忘记本源而将族谱派行编刊于碑,以晓后人,是以为序。光绪二十年二月十二日耳孙袁朝辅奉书。"[①]现在,还并存几种火葬的"火坟"类别:一种是以宗族为单位修的"火坟","火坟"旁还立有家族碑,如上文,只有本族人才能进入。一种是一寨人集体修的"火坟",凡是本寨人火葬后都入此"火坟",即"寨寨都有火坟场"如龙溪乡垮坡寨,此种类型较少。一种是只有火葬坪,人死后抬到火葬坪焚化后,可以不捡骨灰。如龙溪乡直台寨,这也是极少的。不同于以前,现在进"火坟"的清规也多了,须本族辈分最高的长者死后先进了"火坟",其他人的骨灰才能放进"火坟"。这虽然是尊敬老辈的表现,但不利于火葬的推广,然而这个规矩又是族人共同定的,必须遵守。

4. 羌族火葬的变迁

据文献记载,羌族的火葬习俗于清朝"改土归流"后,有了较大改变,一般实行土葬。这在《石泉县志》和端公的丧葬词中均有反映。汶川县龙溪乡的端公所唱的丧葬经典中有:

"康熙四十二年前,羌人死后不用棺。

草帘软裹架柴烧,寨寨都有火坟场。

---

① 该材料为四川省汶川县余一农先生提供。

四十二年天下乱,乱后羌人归大朝,

人死须穿六件衣,装入棺材用土埋。

习俗改变行土葬,人畜兴旺万民安。"

羌族地区许多羌寨的土葬墓碑所记时间最早的是清朝乾、嘉时代,土葬是羌人"改土归流"后才兴起的。这与清王朝的强制推行土葬和本地土司顺应中央政令,带头实行土葬有着直接的关系。由于乾隆皇帝认为羌族火葬过于残忍,乱了人伦,有悖于封建礼教,所以下诏整饬,据《石泉县志》记载:"自乾隆三十年(1765)邑令姜炳璋祥加晓谕,茔域相望,火葬之弊渐息。""清嘉庆二十二年(1817)茂州属静州土司法从武母死,改火葬习俗,验周棺椁,筑坟以葬,悉如华制,人羡其善变。其后,羌族民间亦多用土葬。"①羌族人一般将土葬称为"血葬"。在清朝统治者的强制推行下,羌族的传统火葬习俗发生了根本变化,逐渐被统治者所倡导的土葬习俗所代替,火葬习俗所蕴涵的随烟登遐的成仙思想也被"全尸"安葬以超度亡魂的观念所取代。但是羌族的火葬习俗并没有彻底消失,它深深地隐藏在羌族人的内心深处,一旦时机成熟就会恢复。近代以来,羌族地区火葬和土葬并行,小孩夭折后实行岩葬,一般人实行土葬,高寿的老年人则希望火葬,子女一般都会遵循老人的意志,以火葬的形式安葬老人。一对老年夫妇中如有一人实行了火葬,那么另一人也要火葬,意为下一辈子继续做夫妻。可见,老一辈羌族人在民族心理上对火葬还是有着深深的依恋之情。

5. 羌族丧葬礼仪的过程及其变迁

"在民俗与宗教的关系中,与宗教融合的最紧密的就是葬俗了。在宗教认识中,死亡不是生命的终结,而是生命的转移。上天堂的诱惑与入地狱的威胁、灵魂不死的观念,作为一种超自然的力

---

① 冉光荣、李绍明、周锡银:《羌族史》,四川民族出版社,1985.1第1版,第264页。

量支配着一些人的观念,于是死亡既使他们感到恐惧,又使他们充满希望,在旧社会,痛苦的人生不堪回首,于是他们把全部的希望寄托于来世。这就是古今葬俗的精神支柱。"①"重死"是羌族的一种文化情结,在羌人看来"人有生错的,没有死错的"。死亡意味着人离开了现世世界进入了祖先居住的"鬼寨",因此死亡也有"回老家"的意思,说羌人的死具有"视死如归"的意味也不过分。羌族对死亡有着客观的认识,对年老死亡并不恐惧,而是认识到"死"是任何人不可逃避的自然法则。羌族以年满六十岁后死为喜事,有"白喜事"之说。正如将新生成员隆重迎入一样,也要将离世人隆重送走。灵魂不死的观念对于羌族的丧葬习俗起着至关重要的作用。羌族认为,人死了以后,灵魂是不会死的,它一分为三,一个留在阳间和子孙们生活在一起,一个和祖先们一起居住在"鬼寨"中,最后一个则返回甘肃武都老家了。这点将在后文中说明。

现行的丧葬过程

1. 处理遗体、搭设灵堂

羌族人死后,亲属立即找来专门负责收殓的人,趁尸体尚未僵硬,给死者净身,穿上早就准备好的"老衣"。从头到脚,一应俱全,一般为6件衣,穿双不穿单,衣服的质地视家庭条件而定。死者嘴内放玉石和银子,然后将尸体停放在棺材中。棺底铺上纸钱,尸体旁殉以死者生前喜爱之物,如拐杖、烟袋、银掏耳子等。盖棺时不扣严,一般留有缝隙,又要将死者生前使用过的铁锹放在火中烧烤,据说是为死者改罪。在房子的堂屋中搭设好停灵的灵床,灵床是用两个木凳搭成的,上面铺一块床板,板上铺有毛毯或毛毡,把棺材放在上面,在棺材旁放置死者灵牌,用红纸写灵牌,上写死者姓名、性别、享年等,在棺材前放上祭桌,摆上酒肉,点上清油长明

---

① 周锐、张琳:《中国民间婚丧礼俗通书》,三环出版社,1991.9 第1版,第192页。

灯,开始停丧。接着将死者睡过的床铺草褥搬出房门焚烧,鸣枪三响或放大火炮三个,以示礼送死者的灵魂,同时也是给村中邻里报丧。听到响声,全村人都会赶来帮助死者家属办理丧事,这里面含有深刻的宗教原因。因为人们相信,人死后的鬼魂具有非凡的能力,谁如果得罪了鬼魂就会大难临头,村寨中就会不得安宁,所以一旦有乡亲死了人,全村人都会带上礼物去帮忙。到现在就演变成联系乡情的一种方式。接着竖起扎有白色仙鹤的杉杆,仙鹤的头要朝向西方,一般高 3～9 米不等,有"驾鹤西游"之意,因为羌族认为自己的祖先是从甘肃武都迁徙而来的,武都是羌族人的老家,羌族人死后都要沿着祖先来时的路回老家向老先人报到,然后再回到活着时生活过的地方。为了让死者的灵魂能早去早回,就以仙鹤为坐骑,而且它起到了防止迷路的路标的作用。从地理位置上讲,武都正处于羌族地区的西北方,所以鹤头要朝西。

2. 择葬期、停灵、报丧、奔丧

一切全部安排妥当后,由死者的儿子,一般为长子带 1 瓶酒、2 把挂面、2 盒点心去请端公,端公来后,先掐算一番,看亡人死得是否干净,有没有犯煞,葬期挑选在何日,葬期如何,好不好,端公一般都会选出两个吉日让主家选择。丧家按照端公的测算结果,召开家族会议,各家家长和寨中老人都会主动来丧家帮忙,一致商定葬期,并对具体事务进行安排,落实到人。大概有总管、外管、内管、炊事、香灯、支客司、书记等执事人员。夏天一般停灵 3 天、冬天停灵 7 天,头夜一般由长子、长孙守灵,以后守灵的人员安排是根据奔丧者到来的先后顺序决定的,当然最亲近的亲属的守灵时间相对要长些。同时通知远方子弟奔丧,死者儿女开始到亲戚家报丧,其中最重要的是到母舅家报丧。接着向晚辈发放孝帕①,如果要对死者进行土葬就要请人在早已看好的地方打坟,羌族讲究

---

① 死者亲属为死者戴孝时所披的白色麻布头帕。

不能提前给老人把坟打好,这是不孝的表现,预示着诅咒老人早死,而如果是一对夫妻中的一个老人刚去世,还有一个老人健在,就可以为活着的老人把坟打好,这叫做"套坟",是福气和满的象征。火葬的话则不需要打坟,使用本族的火坟就行了。村中众人帮忙赶制花圈,丧家开始接待邻居访问,组织相帮弟兄,安排各自执事,商借家什,全村人都自发地以丧事为工作中心。

在以后的几天中,远地孝子陆续赶到,一到村头就放声大哭,手执花圈,祭帐布,丧家立刻派人到村头迎接。孝子到家后,戴上孝帕,跪在棺材前放声大哭,丧家陪哭,焚烧纸钱,中老年人按传统哭调,抑扬顿挫,感人肺腑,青年人则只会干嚎。如理县桃坪乡桃坪村蒲姓老人的弟媳哭道:

"您的灵魂如在灵堂,请您听听我的悲伤;
您不幸离我们远去,将进入陈家的祖坟,
在见到陈家的祖先时,请转告我们的思念。
我拿来的酒肉供品,
您若在高处请往低处来,您若在低处请往高处来,
您若在明处请往暗处来,您若在暗处请往明处来,
您大大方方地来享用吧!并将供品带到阴间和祖宗共享。
您高龄仙逝,去到阴曹地府,请您保佑晚辈后代。
大哥,您安心地离去吧,
您的孩子会全心全意地办好后事,
您要保佑儿孙后代荣华富贵。
大哥啊大哥,现在看您还睡在棺木里,
明天太阳出来,您就要离我们远去,
怎不叫我悲伤!"

就这样,丧家里里外外挤满了人,哭声、叫声、鞭炮声、锣鼓声、唢呐声夹杂在一起。妇女们哭作一团,场面十分感人。

3. 母舅①诘责,盖棺

母舅一般都是傍晚时到,已成陈规。母舅带上香蜡纸钱、一坛咂酒、一只活羊、一只活鸡来到丧家,支司客组织众人到大门口迎接母舅,给众母舅发放孝帕。丧家和众孝子跪在最前面,端一个装有酒肉的大盘,为母舅洗尘,支司客开始领唱,众人帮腔,高唱迎接母舅的歌:

"众母舅,请过来!
你们不是太阳,但已把温暖传过来!"
众母舅回答:"我要来,我要来!
我们虽不是太阳,但要把温暖送过来!"
支司客再唱:"众母舅,请过来!
你们不是月亮,但已把清光洒过来!"
众母舅回答:"我要来,我要来!
我们虽不是月亮,但要把清光洒过来!"
众人唱:"众母舅,请过来!
你们不是星星,却要像星星一样闪烁发光!"
众母舅答:"我要来,我要来!
我们虽不是星星,却要像星星一样放出光彩!"

母舅队伍边唱边走,在众人的簇拥下进入丧家。众母舅要按照长幼次序依次祭祀死者英灵。到了晚上支司客须和母舅对唱《迎接舅舅》:

丧家唱:"舅舅,舅舅! 哪里来?"
舅家:"翻山越岭来!"
丧家:"为父亲(或母亲),舅舅一路来,辛苦了!"
舅家:"只要儿孙孝且贤,舅舅辛苦算什么!"

---

① 羌族的母舅有大、小之分,大母舅是我奶奶的兄弟,小母舅是我母亲的兄弟。

丧家:"为父亲(或母亲),舅舅远天远地来,我们很感激!"
舅家:"只要你们把父亲(或母亲)安埋好,
爬九坡九坎,过九条河,我们也不怕!"……

桃坪村村民的媳妇绝大多数是从临近的佳山村、曾头寨、通化乡等地娶来的,这几个地方的人的羌语很好,演唱的羌族古歌很中听,使桃坪村的葬礼显得格外隆重。唱完休息,待众母舅在尊位上坐定后,一般按辈分坐在棺材左前方的座位上,中间摆一张木凳子与孝子分开,孝子们按辈分大小依次跪在木凳前面,众母舅开始询问死者是如何死的,是否正常死亡。孝子向众母舅禀报,他们深受亡者恩泽,应永记亡者大恩,亡者在世时,他的儿孙都很孝顺,尽了孝心,亡者如何患病,患何病,病中是如何照顾的,病危时如何抢救,亡者死后,子女和家人如何悲伤,如何安排丧事乃至亡者的装殓情况,均需一一禀明。待众母舅验尸后,作出裁决,认定众儿孙确实尽孝,亡者确系正常死亡,同意安排后事。接着母舅、孝子按辈分高低依次瞻仰死者的遗容,意示让死者的容貌永留活人心间,然后由端公往死者口里放入饭团(大户人家放入珍珠),并大声念咒、纵法,①意为把死者的灵魂赶进棺材,不让他再滞留阳间,最后盖棺。这时,端公要唱《中坛经》"格嘎日克":

"不到别时竟永诀,别后众人长悲戚。
老人去世如此快,原是无可奈何事。
离别村寨与家族,离开长辈和亲戚。
抛弃儿女和子孙,孑然一人离去了。
家门愿你久团聚,亲戚愿你长寿考。
儿女孙子依恋你,生离死别肝胆裂。
疾病使你离人世,请你心里别难过!"

就母舅的权力而论,一般来说,若死者为老人则大母舅权大,

---

① 羌族端公在做法时要配合具有特定含义的手势,叫做执法。

死者是中年人,则小母舅权大。盖棺后众孝子才松了口气,若过不了这一关,按规矩死者是不能被安葬的。接着丧家、舅家对唱《修房子》,大意为:父母生前修房很辛苦,如何请端公择吉日,如何挖沟打地基砌墙,怎样伐木做梁盖房。父母一旦去世了,房屋留给子孙住,子孙应当继承父母家业,勤劳生产和睦相处,使家庭兴旺发达。端公要唱《中坛经》"莫打阿白":

  "这位老人去世了,主家遭逢大灾难。
  须知世人皆有死,未闻有谁可豁免。
  世间生死本相连,有生必定也有死。
  据说生就欠死债,死债到头总要还。
  此债不比平常债,金钱财物不可偿。
  纵有金山和银山,清偿死债哪可期。
  须知生死皆天降,不可改变不可免!"

还要唱"孤士",赞颂死者的穿戴。

4. 出丧

次日凌晨出丧,鞭炮声大作,唢呐齐鸣,锣鼓喧天,端公前导,敲羊皮鼓驱鬼,大户人家格外隆重,长子抱着孝盆子走在最前面,长孙手举引魂鹤跟在后面,雇有十六抬大轿,用龙形丝绸棺套罩住棺材,龙头上系有长30米的两条白色丝绸,众孝子拽住丝绸,跟在后面徐徐而行,雇的唢呐手和鼓手随后,侄孙、外孙等旁系亲戚手持花圈跟在后面,最后是邻居和朋友。一切按亲疏远近排序。路经的各家各户都要在家门口点上一堆麦草,并用白石灰把房子圈起来,以防止鬼魂进屋,骚扰家人。

就羌族丧葬形式来说,不管是火葬还是土葬,以上的基本过程都一样,只是到最后才有了分别。火葬者要去羌族传统的火坟场火化,土葬者则去土葬的祖坟地,两者的埋葬形式和埋葬地不同。

火葬者的棺材被抬到火坟场后,要绕着火坟坑走3圈,在端公的指挥下,众人将棺木放在柴堆上,用斧头分别在棺头上部和棺尾下部劈一个3寸见方的小孔,端公念"超度经"并点火,此时,晚辈纷纷痛哭,火化完毕后,由孝子,一般是长子捡起骨灰,放在红布内,再由族内辈分最高的男性老人把骨灰放进火坟坑并烧掉红布,还要将死者生前的常用器具、衣物一并焚烧,然后众人返回。

土葬者的棺材被抬到祖坟地后,也要绕坟坑3圈,然后下葬,将棺材放在坟龛中,再用青石板做成的"篷条"把坟龛盖住,由端公铲第一铲土入内,再由众亲属添土,一会工夫就堆起了一个坟包,端公杀死一只鸡,将鸡血淋坟堆一圈,意为给死人买地。然后所有人马上离开坟地,一个不留。

接着丧家大宴宾客,从母舅开始,按辈分的高低远近一轮一轮坐席,完毕后葬礼结束。"俗话说'人死饭甑开'。凡来参加丧事活动的人、远亲近邻、宾朋好友都要被一一请上座位,并按身份地位上座,未参加葬礼的邻里也要一家请来一个代表,不能有所遗漏。这种宴席对前来吊唁和帮忙的众人是一种报答和酬谢,同时对被请者来说,入席吃饭是给丧家面子,一般不能拒绝这种宴会,加强了村人邻里的感情,使他们相处得更加和睦。"①

民国时期的丧葬过程

邵云亭先生撰写的《附萝卜寨之民俗》(民国三十三年,1945年)中关于丧葬的论述为:"他们对死人安葬的办法,是分怎么死的,有木葬火葬的不同。正常死的,普通木葬,棺木半入土,半用石头丘起,如年过花甲而死,要给死人装殓白衣、白帕子、白绑腿、跳锅装,停凼到儿期,作道场、发引、入葬、忌老等等,人致与汉人同。如果死的不正常,如妇人因难产而死,男人坠坡溜崖绊倒而死,都要端公打鼓鼓念咒举行火葬。据一般老人说,以前全行火葬,近年一才效法汉人的办法,所以本寨张王马三姓人都有火坝,开火坟的

---

① 《中国民间文化——民间文化研究》,上海民间文艺家协会,上海民俗学会编,学林出版社,1995.7,第58页。

规矩是先用几只羊子几十只鸡还愿,才能够开。所以近年来有火葬的,却莫有人敢开祖传的火坟,多是择一葬地,中掘一深约二尺直径约一尺五寸之深坑,把棺木两端略为架起,放在坑上。坑在棺材中间,用斧子把棺木后挡板靠下方砍去六寸,以棺木后挡板的宽作洞口的宽,再把棺木向挡板上方四寸余砍落,由后洞用柴一束燃起,放入棺中尸上,就燃起来。燃完以后,把骨灰拾起,放入坑中,再用泥石丘起完事,丧仪与普通一样。把人葬完以后,有的请端公打鼓鼓、念咒、驱邪,怕的是死鬼闹宅,或是危害寨子上的人,或是有害天年。端公作了法事,就不怕了。有的全家人都搬出,把门锁起,屋内设酒席一桌,烧纸钱,地上用筛子一层灶灰,说是亡魂要回宅,请阴差吃饭,用钱打点,灰上留有足迹,第五天或第七天就走了,合家再迁入。不然鬼就要闹宅,使你人口不安,或者叫你再死一个。前者端公静宅,是一九四一年九月张树森为人修房子摔死时那么做过的。后者是一九四二年六月,王全邦病死火化后,他的父母王五粗那样做过的。"①(祝世德 1945)

钱安靖先生在《中国原始宗教资料丛编·羌族卷》中对羌族的丧葬礼仪进行了一番综合评述:

丧葬礼仪之一:"杀引路羊"。胡鉴民先生在《羌族的信仰与习为》一文中对羌族丧葬礼仪中的"杀引路羊"进行了论述:"羌人的丧葬习俗也很复杂,我们此处仅记其最特殊的一幕——羌人死后,常杀一羊为死人引路,称为引路羊子:La-par-sar-ma-tehi("拉拔萨马其")。杀羊者须为死者之长辈,死者为男性,杀牡羊;如系女性,则杀牝羊。杀羊地点在死尸之前面。当时须先祝告说:"羊为你引路,你是何种病死的,可在羊子身上表现出来。"言毕杀羊,接首先流出之血于碗,以麦草浸入血中;将羊血洒入尸之手掌

---

① 祝世德:《汶川县县志》,阿坝州地方志编撰委员会出版,1997.10 第 1 版,第 313 页。

(男左女右),使死者知道有羊可以带路。然后将羊体解剖,在羊身上寻觅致死的原因。羊体内何处有病就以为死者是何种病死的。疾病证实后,亲人又悲哭起来,怨恨未能先知病因及医治失当。此羊之肉亲人不准吃。"(胡鉴民《羌族的信仰与习为》,《边疆研究论丛》1941年本)①

丧葬礼仪之二:讣告入殓。人死后,丧家随即遣人带酒二斤到舅舅和近亲家报丧。舅舅约齐近亲,带着香烛纸钱、一罐咂酒、一只山羊,请端公一、二人,一路上男男女女哀哭而来。远亲则在进丧家门时方始哭泣。这时,死者家属已请端工来家念经,给死者净身、穿戴,由亲人将死者背下楼,合衣坐椅上,手中握一杆。若死者是女性,则脚下踩猪膘,杆上插猪油(表示养猪一辈子)。若死者为男性,则足下踩筛子,筛内装粮食,杆上插猪膘。这些粮食、猪肉、猪油一半入棺,一半送母舅。将死者直立于"方子"(似棺材,一般长四尺多、宽二尺左右的木匣)中。"方子"内放入一把五寸小刀,一小瓦罐酒(四至五两),一个铁烟袋(铜的不行)。死者肩上挂一杂粮口袋,内装五谷、烧纸灰、念经的路条。"方子"停在厩内或经堂内。老死者哭的人多,久病死去者少有人哭。亲友来到,孝子到村外迎接,向母舅敬酒,到家门口时又敬一次。众人口嚼花椒,一边鸣枪,一边吆吼"啊!呦!"入内(据说这样可免传染病和避邪)。然后孝子跪在地上向母舅禀告入殓经过。不论满意与否,母舅照例要责怪一番,如"为什么不早通知"、"衣服质料不好"……等等。然后众人饮酒,由端公带头敲鼓,在"方子"前面跳"鬼伞"、"马马灯"、"兰干寿"(是专门在丧事时跳的舞蹈),唱丧歌,向死者送别。丧期中,邻居亲友都来帮助料理丧事、家务。每户至少要送一个大馍馍、一对烛、三炷香,送馍馍意即陪死者吃饭。也有送酒和白布的。在芦花县,每户至少要送一筒粮食。(《羌(尔玛)族情况》,西

---

① 原文如此,下同。

南民族学院研究室,1954年)

丧葬礼仪之三:火葬及其他。一姓人或一寨人有一共用的火坟。有的地方在火坟处有类似小屋子的建筑,分为两间,内装骨灰,女左男右,在火坟房子旁边有一石碓,上为一块大石板,尸体置于上面火化。人死三天即行火化。吃早饭后由丧家送每人一块八两重的馍,然后由年轻人将"方子"抬到火坟处。每家送来一捆柴(二十多斤),将母舅家送来的羊宰杀了,每人将馍搁上一齐祭奠。然后由母舅砍去"方子"的两头木板(据说别人砍的烧不着),倒入清油,用纸钱点火焚灰投入火坟小屋内。有的地区众亲守着火化,有的地区则仅留三、五人守候烧化。没有火坟房子的地方,骨灰任其飞散。晚上端公将秤、斗、砍柴刀等用具搬到屋顶上,死者家属跪于屋前,由端公念诵"死者并未用大斗小秤……"等语,并代表死者向母舅众人致谢和告别。火葬烧剩的柴不能另作他用。土葬礼仪同汉族。保存民族形式的方面,是以羊一只在家祭死者,一些地区在埋葬时众人边吃酒边跳丧舞。一岁以下的孩子死后,丢在水里或放山洞内。三岁以上的孩子死后,挖一个土坑掩埋,或装入箩筛内投水。十五六岁的少年死后,以坏木板做"方子",埋葬在要道上,或火化,火化后将骨灰盛入小木匣内,也埋在十字路口,不然会成精灵害人。"(《羌(尔玛)族情况》,西南民族学院研究室,1954年)

丧葬礼仪之四:回煞除灵。据说人死后阴魂不散,要回家,称为回煞气。请端公推算出死人回煞时间。届时死者家属将死者衣服搁椅上,鞋子放椅子前面。杀一只小公鸡,鸡血抹在门槛上。桌上摆吃食、馍馍,家人避开,由亲属祭奠。几小时后鸣枪,死者魂魄闻枪声即离去,家属始返家。回家后又带着纸钱、吃食到坟上去祭奠。在死后一年或三年后要请端公念经,办丧酒招待亲友,将死者灵牌拿到坟前烧化。众亲友围坟而坐,由丧家给每人一个馍、一片肉、一块香肠和一碗酒,就地吃喝或各带回家,是为报死者恩。

(《羌(尔玛)族情况》,西南民族学院研究室,1954年)

丧葬礼仪之五:大葬礼。有钱人为了炫耀自己和悼念祖先,在父母死后几年的一个冬季,择期举行"大葬",历时三至九天。先由巫师"许"做几天法事,最后一天客人才参加。由一名有威望的"许",身披牛皮铠甲,右手执刀,左肩挎枪,枪头挂一牛舌,带头歌舞,歌词内容是赞颂祖先功绩,紧跟八名"许",头戴面具,右手摇羊皮鼓,左手摆铜铃;跟着还有八名较亲的家族成员,也都戴面具敲羊皮鼓;后面有一百余人右手执刀,左肩挎枪,枪缠彩色飘带,排成一字长蛇阵,边唱边舞。先到火坟场转三圈,将飘带撒于坟地敬献祖先。然后到坝子转圈歌舞,有时扮演对阵战斗。这种丧事舞蹈称为"木九赫"。参加大葬礼的其他人也要到火坟绕场三圈,以示悼念。歌舞毕,大家就地欢宴,酒肉放在石头、木块上,颇似野餐。《茂汶羌族自治县概况》,四川民族出版社1985年版①

20世纪八九十年代的丧葬情况

下面是笔者在四川理县桃坪乡桃坪羌寨调查所得的关于羌族葬礼的情况:

序号	姓名	性别	民族	年龄	已故亲友的葬礼姓名						寿数	举办时间
					姓名	性别	民族	丧葬形式	端公主持	丧葬样式	与被调查者的关系		
1	杨步姚	女	羌	40	杨先文	男	羌	羌式	无	土葬	祖孙	78	1007
2	周莉瑛	女	羌	29	周礼贤	男	羌	羌式	无	土葬	祖孙	65	1997
3	龙云凯	男	羌	46	杨步忠	男	羌	羌式	无	土葬	叔侄	82	1996
4	周礼鹏	男	羌	31	龙兴发	男	羌	羌式	无	土葬	祖孙	68	1993

① 钱安靖:《中国原始宗教资料丛编·羌族卷》,上海人民出版社,1993.10第1版,第562页。

序号	姓名	性别	民族	年龄	已故亲友的葬礼姓名							寿数	举办时间
^	^	^	^	^	姓名	性别	民族	丧葬形式	端公主持	丧葬样式	与被调查者的关系	^	^
5	王毅	男	羌	39	蒲洁玉	女	羌	羌式	无	土葬	祖孙	90	2002
6	杨步兵	男	羌	29	杨先文	男	羌	羌式	无	土葬	祖孙	77	1994
7	周宇	男	羌	18	周明忠	男	羌	羌式	无	土葬	祖孙	65	1983
8	余旭蓝	女	羌	42	余永成	男	羌	羌式	无	土葬	父女	55	1989

6.羌族葬俗中表现出的民族文化

(1)羌族人对棺材、坟地的挑选

羌族人一般是在老人的年龄达到60岁时就由孩子们准备棺木,请端公掐算好动工时间后请木匠来做活,如果老人对孩子们挑选的棺木不满意的话还可以提出置换要求或自己来挑选棺木,孩子们要尽量满足老人的要求,不能有怨言。棺材做好后就放置在阴凉的地方,用凉席遮盖住,避免因阳光照射而出现裂缝,棺材做好后每年要用黑色土漆刷一遍,直至老人归天时才停下来,一般而言,棺材是越刷越亮,显得既大方又能防止棺材的变形。羌族如此重视棺材的原因是:羌族认为,棺材是人死后阴宅的重要组成部分,它的质地好坏不但决定着死者在阴间生活的好坏,更决定着后代子孙们的阴功大小,所以羌族人格外重视棺材的质地,认为棺材刷的次数越多,老人的福气越大。德高望重者的棺材自然要讲究一点,笔者记得爷爷的棺木就挑选了当地最好的柏木做棺材,棺木底板上绘有日月星辰、山川湖海、百鸟百兽,用五谷杂粮撒成八卦形状,而且在棺材中设有木床。木床与棺材的底板连为一体,形状如一个倒置的梯形,高出棺底5厘米,朝上的四个犄角雕成龙形,顶在棺材的四面缝子上,对尸体起到了固定作用,将尸体放在棺材里面后不会出现移动的情况。

(2)羌族停灵的讲究

如上所述,羌族人死后都要停灵,一般是夏季停3天,冬季停7天,停灵一方面是为了给丧家争取时间,以便尽可能地把丧事办好,避免由于时间仓促、准备不足而给活人心中留下遗憾。另一方面也与气候条件有关,夏季酷热,尸体容易腐烂、变臭,好在羌族村寨都建在半山腰,风力强劲,比较凉快,3天也是尸体不腐化的极限了;冬季时气候寒冷,尸体停放的时间相对可以长些,也为孝子的奔丧赢得了时间,可谓一举两得。也有因为死者的死法、死亡时间不好,和活人的属相、生辰八字相冲,为避免给活人造成不好的影响而停灵半年以至数年的,这种停灵方式的时间长短、地点一般由端公占卜来做决定。这在《马可波罗行纪》中就有论述:"其焚尸也,必须请星者选择吉日。未至其日,停尸于家,有时停至六月之久。"①丧家将死者与家中活人的属相、生辰八字等信息一并交给端公,端公经过排算后确定死者的停灵时间和地点,然后将盛有尸体的棺材放在距离村子较远、而且比较偏僻的某处石崖下,棺材上贴有符,用凉席盖住棺材,上面压有白石头②,再用白灰把这块地方圈住,避免鬼魂出来勾人,等停灵期满后再正式进行安葬。放在石崖下的尸体是没有人破坏的,因为羌族流传着"千年的老崖等宿客"的俗语,意思是石崖是有生命的,和山神有着某种联系,他的年代非常久远,而且风化很严重,谁的运气不好的话就会被石崖砸死、砸伤。如果不是万不得已,羌族人是不会去石崖下的,就是在抬棺材的时候都要先对石崖进行一番祭祀才敢行动,不然随时有被砸死的可能性。这种禁忌也避免了活人夫骚扰死人的灵魂,给双方造成伤害。

---

① 马可波罗:《马可波罗行纪》,中华书局,1954.10 第1版,第191页。
② 羌族用当地白色的石英石指代所有的神灵,在棺材上放白石意为请神灵镇压住死者的鬼魂,起到驱邪的作用。

(3)母舅对羌族社会的监督、调控作用

母舅在羌族的葬礼中发挥着独特的重要作用。以大、小母舅为代表的母系宗族力量要来对整个丧葬过程进行监督,提出一些相对苛刻的要求,检验死者是否属于正常死亡,随时指正葬礼中不合规矩的行为,然后对死者家属进行抚慰,表彰孝道,通过对死者的悼念,达到整合社会的现实目的。羌族丧葬过程中所唱的《迎舅歌》是母舅权力的最好体现。"《迎舅歌》揭示出羌族社会控制上的特征,虽然羌族的乡土社会是在父系血缘关系上建立起来的,但很需要母系血缘关系加以平衡和制约,通过母舅的社会控制功能使得社会得以正常协调运转。从母系血缘中引申出来的母舅,是血缘亲戚的代表,社会从地位和礼遇上抬举母舅,正如羌族谚语所说'天上的雷公,地上的母舅','亲不过小母舅,大不过大母舅'。羌族利用人们的先天血缘关系建立起来的社会规范和通过大、小母舅为代表的血缘亲戚构成了对社会结构的监控系统。"①(李明1992)以母舅为代表的母系宗族力量是对羌族社会父系宗族的限制。

葬礼中的各种礼仪和丧歌的内容,起到了示范、教育、勉励各社会成员要赡养老人,树立孝道的作用。以前还流行看死者的"后世象"的行为。根据笔者的祖父母所说,羌族人死后都要在安埋后回家去向灶王爷告别,感谢他多年来给自己供给吃食,并请求他继续供给后人的生活。家人要提前用灶灰在灶房的地上撒一层灰,晚上家人绝对不能去灶房,而要聚在一起早些入睡,第二天清晨到灶房内查看灶灰上的足迹,如果是人的足迹,那死者下一辈子就是人,如果是羊,那死者下一辈子就是羊,看到人的足迹,家人就要为他庆贺一番,而如果是动物,就要为他祷告一番。从此,开始为死者戴孝,一般是 100~120 天,孝期满后要烧孝,主人再请亲戚们简

---

① 李明:《论羌族习俗歌的社会内含》,《民俗研究》,1992.3,第 28 页。

单吃一顿。

人的死亡，特别是一位家长的死亡，既打破了羌族家庭的平衡，也使羌寨的社会分层失去了平衡。如何通过一种传统的文化安顿死者，恢复失去的家庭和社区平衡就成为羌族葬俗的主要社会功能。羌族葬俗的许多程序属于社会性的宗教体验，而这种宗教体验只是针对成年人的，即满16岁的青年。却把小孩子排除在外，起到了保护下一代，使之不受惊吓，不被鬼魂抓去的作用。届时要把电灯关掉，用火把、松明照亮，使鬼魂看不清生人的面孔，不能带走活人，而活人却能把死人看个一清二楚，使他的鬼魂不能乱跑。

人死以后还要吹唢呐，表示转忧为喜。唢呐在羌族人的人生礼仪中起着很重要的作用，羌族人叫做"打响器"。羌族结婚时用唢呐，死人时也要用唢呐，这表示了羌族人对汉文化的吸收和发扬。

通过以上的论述，我们可以看出羌族的丧葬礼仪发生了一些变化，羌族的主要丧葬形式经历了如下过程：火葬→火葬为主、夹杂土葬→土葬为主、伴有零星火葬。"杀引路羊"的仪式出现了一些变通，既有杀羊的，也有杀鸡的，还有使用纸扎鸡羊作代替品的，具体情况视各地而定。"请母舅"的礼仪则没有多大变化，只是在经济较发达的川区，母舅的权力有衰退的迹象，火葬在羌族的丧葬形式中所占的比例越来越少，土葬已经成为羌族最主要的丧葬形式。据笔者调查，从20世纪80年代到现在，桃坪村没有一个人进行火葬，全都进行了土葬，据村民讲，20世纪70年代有一个姓余的男性老人死后，按照他的遗愿是火葬的，从那以后就再也没有人采用火葬的丧葬方式了。现在村民死后所请的端公都来自于和桃坪村同属于一个行政村的增头寨，从桃坪村到增头寨没有车路，只能步行，要走3~4个小时才能到，而且往往由于端公的法事太多而请不到端公。无奈之下就只好请懂得规矩的老年人代替了，给死者家属心灵上留下了阴影。"看后世相"的仪式也变的可有可无了,完全由死者亲属的喜好决定,再也不是丧葬礼仪的重要组成部分了。"大葬礼"也演变为给死者立碑了,带有浓厚的汉文化的味道。因为现存的端公很少且年事已高,其主持葬礼的特殊活动也被懂羌族古规的老人所代替。

这种变化不是孤立的,而是与羌族的原始宗教、价值观念、审美文化的变化有着密切的关系。随着我国九年义务教育制度的逐步推广,羌族人民的文化水平不断提高,整个民族的文化素质发生了翻天覆地的巨大变化,而羌族的民族文化也受到了前所未有的冲击,羌族传统的原始宗教被年轻的一代很轻易地与封建迷信等同起来而加以排斥,造成羌文化传播的断层,端公这一羌族原始宗教的承载者的后继乏人已经成为羌文化传播的痼疾。这也是上表中8例羌族葬礼中无一例外地都缺少端公主持仪式的原因所在。

自成一格的羌族丧葬习俗具有鲜明的规范性,构成了一个约定俗成的风俗系统,也相应地折射出了羌族的社会文化形态。丧葬礼仪和与之相应的各种民间习俗,作为一种文化现象,是一种沿袭已久的历史产物,是羌族民众在不同的社会历史时期特有的生活形态、知识水平、哲学思想、宗教信仰和思维能力等诸种文化因素复合而成的精神结晶。又具有亲族、家族、乡里、民俗等特色,从宗教体验和葬俗的神圣化的文化内涵而言,它又具有信仰或精神民俗特色。与此同时,它也潜移默化地塑造着羌族民众深层的文化心态和精神人格,羌族人对死的投入不是对生命期望的延伸,而是对幸福期待的延伸。另外,在国家推行火葬,提出"死人不与活人争地"的口号,倡导火葬的前提下,羌族的火葬习俗也具有很强的现实意义。

(五)羌族人生礼仪中的特殊要素分析

1. 端公的作用

"古羌人是原始拜物教的缔造者和崇尚者……认为无论什么

东西都有鬼神依附寄托,产生了对万物诸神顶礼膜拜的行为,产生了一种强烈的寄希望于诸神万物的精神寄托感,并把这种感情渗进了本民族的传统文化。"[1]如上所述,羌族是一个信奉"万物有灵"原始多神崇拜的民族,相信世间一切事物都有灵魂,视天神木比塔为最大神,其余各神一律平等,没有大小之分,他们共同治理人间,人们的一切活动都在诸神的监视之下,羌族崇拜的众多神灵几乎都没有偶像,而全以白石为象征物,敬供在各家各户的房屋最高处,所以羌族人不论干啥都要先敬神,以寻求心理上的平衡。受这种信仰的支配,羌族以崇尚祭祀、祈福迎祥、驱疫解厄著称,并发展出一整套涉及婚丧嫁娶的礼仪,端公这一人物便应运而生了。端公,羌语称为"释比",他不是专职巫师,而是不脱离生产的业余宗教职业者,平时也参加农业劳动,只是在别人有需要时才穿着专门的法衣去做法。关于端公的来历,羌族传说他来自天上,这在羌族古老神话《木姐珠与斗安珠》中有详细的叙述,天神木比塔的三女儿木姐珠在放羊时邂逅了身为凡人的羌族祖先斗安珠(又称燃比娃),经过长时间的来往,两人产生了爱情,木姐珠带斗安珠上天求婚,遭到了天神木比塔的竭力反对,认为天女不能和凡人成亲,但木姐珠执意要嫁给斗安珠。无奈之下,木比塔先后出了三道难题来考验斗安珠,但都被木姐珠和斗安珠协力攻克,木比塔只好答应婚事。但是当时的人间到处是妖魔鬼怪、恶禽猛兽,并且寒暑不分、瘟疫流行,木比塔为了让女儿和女婿过上幸福的生活,就让手下的天神阿爸木纳随女儿一起下凡,为羌族人占卜吉凶、治病禳灾、解秽驱邪,这就是人间的第一个端公,所以,羌族端公敬奉阿爸木纳为祖帅爷。长期以来,端公在羌族人的生产和生活中扮演了极其重要的作用,他是作为羌族的知识分子的角色出现的,是羌族原始宗教文化的集大成者、他们被广大羌族人民认为是上通天神、

---

[1] 王开友:《巴蜀民族风情》,四川民族出版社,1993.2第1版,第228页。

下达人意的巫师,他们主持一切祭祀礼仪,为羌民求吉纳福,降魔驱疫,成为神人相通、神力无穷的圣人,受到羌民的尊重与信任。羌族的宗教祭祀节日很多,大型节日主要有:正月初三祭天神木比塔,二月初三文昌会、祭文昌菩萨,二月十五老君会、祭祀太上老君,四月二十为药王会、祭药王,六月二十三为龙王会,六月二十四川主会、祭二王,八月初三祭歧山大王,八月十五庆祝大禹王诞辰,十月初一祭山会祭祀众神等等。无论是在这些大型的宗教祭祀活动中,还是婚丧嫁娶,宗族的日常祭祀等活动中,端公都扮演了相当重要的主持作用。除此之外,端公还上知天文,下知地理,懂得一些医术,确实能够为羌民做一些实事,而且不以此为谋生手段,有人请则成行,无人请就农耕,不计报酬,给多给少全以主家的能力和意愿而定,带有行善和服务性质,因此得到了羌族的认可和信赖。可以毫不夸张地说,羌族端公就是羌族传统社会文化的维护者,是端公维持和推动着羌族社会沿着规范、合理、平稳的方向发展。

2. 羌族人生礼仪中的舅权分析

从羌族人生礼仪的论述中我们可以看出,以大、小母舅为代表的母系家族势力发挥着举足轻重的作用。这就涉及到了舅权这个概念。舅权这个术语源自拉丁文"avun-culus",原义为"母亲的兄弟"。它经常用于描述母系社会中的兄弟对他姐妹的孩子的权威。有时用于描述在许多社会中舅舅与外甥之间存在的溺爱关系,其中包括开玩笑的特权和戏谑关系等等。[①] 虽然羌族乡土社会是在父系血缘关系上建立起来的,但很需要母舅血缘关系加以平衡和制约,通过母舅的社会控制功能使社会得以正常协调运转。羌族人一出生就要受到舅舅的呵护,在婴儿的满月酒宴上,舅舅扮演着最重要和最活跃的角色,通过舅舅对外甥的认定,寄托了舅舅

---

① 参见彭兆荣:《西南舅权论》,云南教育出版社,1997.11 第 1 版,第 21 页。

对外甥的希望,是舅家对已为人母的姐妹的最大的支持,他显示了舅舅的权利,告诫姐夫(或妹夫)要尽到作丈夫和父亲的义务,舅家的姐妹给姐夫(或妹夫)家生下了孩子,使得香火有继,她为这个家受了罪,立了功,丈夫对她要更加体贴。外甥也是舅家的血脉,舅舅有照看外甥的权利,今天是一个宣言,如果今后姐夫(或妹夫)对母子不好的话,舅家就会站出来维护他们,向姐夫(或妹夫)家讨个说法,当然,作为舅家,他也希望自己的姐妹母子幸福,并不想看到不好的结果,说这个话的意思只是起警示作用。羌族人认为,一旦出嫁的女儿给男方生下了孩子,她就是有功业的人,在她生前死后,婆家人都要尊重她,不能虐待,娘家人在给她说话时就很硬气,如果出嫁的女儿没有子嗣,那娘家人就会觉得理亏,说话也没有底气。

　　羌族人的婚礼和包含在婚礼中的成年礼也离不开舅舅,给新郎升冠是舅舅的特权,别人是绝对不能代替的,在给新郎挂红时,舅舅也要先挂第一道红,然后才轮得到别人。在外甥的成长道路上,舅舅是新郎从少年到成人的见证人,舅舅是外甥的监督者和保护者,外甥在受到父母的打骂时,可以向舅舅求救,舅舅总是出来护短。而羌族俗语:"老虎怕背篓,外甥怕舅舅。"则又是羌族甥舅关系的另一面的说明,外甥总是很怕舅舅,当外甥犯了错后,舅舅有教育他的义务,甚至可以打骂外甥。说到底,外甥所怕的不是舅舅这个活人,而是舅舅在各种仪式中的"化身",舅舅在各种仪式中总是身不由己地扮演着他独特的角色。[1] 就是在外甥死后也要经过舅家的同意后才能下葬,按规矩,没有舅家人出面,丧事就无法进行,更深一层讲,因为舅舅的神圣身份,没有舅家的首肯,外甥的灵魂就不能回到祖宗那儿去,舅家还有指引外甥的灵魂升天的巨大法力。在羌族看来,缺少舅舅参加的所有人生礼仪都是不被羌

---

[1] 参见彭兆荣:《西南舅权论》,云南教育出版社,1997.11 第1版,第118页。

族社会所认可的,可以说,舅权是对羌族这个以父系血缘继承的社会的有力的监督和制衡力量。舅家势力的大小决定女方在男方家的地位,保证她不会受到男方家的欺负,是女方所依靠的主要对象,同时舅家也是外甥在遇事时能得到帮助的主要力量。当羌族家庭出现矛盾时,舅舅总是适时出来调解,利用他的特权来化解矛盾,维护家庭的团结、和睦,减少了社会上的不稳定因素。正因为如此,舅权便被羌族人推至一个崇高的地位,舅舅的权利被每一个羌族人所承认和维护。

在羌族人的生活中,每遇大事,都要请舅舅。舅舅是以女方家族代表的身份出现的。在羌族人的观念中,舅舅被认定为和祖先、宗族有着直接的脉络联系,因此,尊重舅权也就被赋予了尊敬祖先、尊重族权的意味。在羌族的神话《木姐珠与斗安珠》中,羌族的男始祖斗安珠以凡人之躯娶了身为天仙女的女始祖木姐珠为妻,两人共同繁衍了羌族。既然木姐珠是天仙女,那么她的娘家就是天上的天神木比塔一家,她的兄弟就是羌族人的舅家,对于羌族人来说,天神木比塔是天地之间的最高统治者,是万万不敢得罪的,这样,舅权就与神权紧密地结合在一起,尊重舅权就又有了一层神圣的外衣,在现实生活中,羌族人尊重舅权就显得天经地义了。

总之,舅权制度对于羌族地区的社会稳定、文化的传递都曾起着不可小视的历史作用。对于羌族的社会结构、民族凝聚力都具有一种加固稳定的社会功能。

(六)羌族人生礼仪的功能

在羌族漫长的发展过程中,羌族作为一个弱小民族,处在周围强势民族的包围中,不断地受到强大的外族文化的冲击,但在客观上也有利于民族交流和融合,在这一过程中,羌文化不可避免地遗失了一些滞后于时代发展的部分,吸收了其他民族的优秀文化。而像羌族的人生礼仪这样的民族精粹却伴随着羌族的发展而保留了下来,这充分说明了羌族人生礼仪的生命力之强和对于羌民族的重要性。那么人生礼仪在羌族社会中到底发挥了怎样的功能，具有怎样的意义呢？

1. 教育和传承作用

羌族的人生礼仪对于羌族而言是一种非常重要的社会活动，它不仅和经历者本人有关，和经历者的家庭有关，而且和整个家族、村寨乃至社会生活文化都有直接的关系。参加人生礼仪的人除了一部分老人以外，更多的是年轻人和孩子，通过上文的论述，我们可以看出，羌族的年轻人在各种人生礼仪中担任重要的角色，请客、接亲、送亲、对歌、跳舞等等活动中都少不了年轻人的参与，对他们而言，这是学习本民族传统文化的最好时机，他们往往跟着年长的人一起边学边干，慢慢地变成了可以独当一面的熟手，对于本民族的传统文化有了更深入、更透彻的理解，成为羌族传统文化传承中的有生力量。小孩子们作为受教育的对象、被爱护的群体、热闹气氛的点缀者，被大人们带入到一次又一次的人生礼仪中，用他们童稚的眼神好奇地注视着人生礼仪的过程，去接受其连续不断的熏陶和练习，在自己的观察和大人的讲解中了解着本民族的文化，从而成为一名长期耳濡目染以致深信不疑的认同者，完成民俗养成的过程。[①] 正是在不经意之中，羌族的民族传统一代一代传了下来，他们在或欢乐喜庆或悲伤痛苦的氛围中接触了本民族的历史和传统，留下了深刻的印象。对于羌族这个没有文字的民族来说，自己的传统只有靠语言和行为来传承，人生礼仪作为一种全方位展示各种仪式习惯和行为规范的活动，在其不同的气氛的烘托下，其感染力是其他活动所无法相比的，因此就成为年轻一代学习本民族传统文化的最好机会。羌族正是通过这些人生礼仪将本民族最本质、最突出的特征展示出来，增加了本民族的认同感，

[①] 参见赵东玉：《中华传统节庆文化研究》，人民出版社，2002.10 第 1 版，第 140 页。

在客观上也提供了使别的民族了解本民族文化的平台。

2.调控人际关系的作用

"民间传统民俗礼仪就是个体劳动者在自然经济条件下,在物质财富极为匮乏的生存、生产条件下,人们为了力量办好个人无法办到的事情而指定出来的合作共事的游戏规则。这种游戏规则,保证了个体在传统生活条件下盖房、结婚、丧葬等重大事项上的人力支持。民俗礼仪所建立起来的人与人之间的道德约束关系,减轻了个体在重大事项上的后顾之忧,满足了个体获得群体帮助的客观需要,同时加强了人与人之间的感情联系。"[①]由于平时各家都在忙各家的事,因此,相互之间来往不太方便,更缺乏大规模的聚会,而羌族人生礼仪的举行则给人们提供了相聚的机会,成为人们聚会的场合。每当有人生礼仪举行时,沾亲带故的人们纷纷放下手边的活,从四面八方赶来聚在一起,男女老少互相问候,嘘寒问暖,然后在支司客的安排下忙活开来,相互之间配合得相当默契,在不知不觉中进行着人际关系的调控。往往一次人生礼仪下来,使得亲戚之间、乡亲之间、朋友之间、不同辈分的人们之间的联系更加紧密,感情更加亲密。更把有血缘关系的人紧紧地扭在一起,使他们有了困难时有人帮助,有了喜悦时有人分享,有了悲痛时有人分担,对于羌族互助友爱、团结协作的民族道德的形成和传承起到了促进作用。另一方面,人们对于人生礼仪中的人和事的评价也在同时进行,各人的表现怎么样,谁好谁坏,其行为应该不应该,合不合规矩等都会有一个社会舆论的评判,对于参加人生礼仪的人产生了无形的精神压力,因此他的所作所为必须合乎羌族的道德规范,得到人们的认可,对于人们的行为又产生了约束和规范作用。使羌族社会保持了良好的人际关系。

---

① 曹斌:《论民间风俗礼仪对人际关系的调控》,载《陕西广播电视大学学报》,2000.4,第15页。

3. 增强民族凝聚力和推动民族发展的作用

"世界上没有任何一个社会不认为需要定期地维护和加强那些使它得以统一并且产生个性的集体感情和集体观念……在这种活动中,人们之间的关系极为密切,以重新证实他们共同的感情。"①羌族的人生礼仪给羌族提供了定期维护和加强民族凝聚力的时间和空间。在人生礼仪中自觉或不自觉的向参加者强调了作为羌族的民族族别,并通过祭祀祖先、念诵与人生礼仪有关的神话和传说、表演羌族特有的宗教仪式等活动来激发羌族的民族自豪感,使他们以羌族的族别身份而骄傲,从而产生对本民族的热爱之情,增强了羌族的民族凝聚力。例如在婚礼中有这样的祝词:

"世间万事有来由,羌人婚配从头说。
理不讲来人不知,须将此事晓众人。
自古男女皆婚配,此制本是木姐兴,
所有规矩她制定,后人不敢有增减。
一代一代传下来,羌人古规须遵守……"

在这段祝词中,将羌人婚配说成是羌族女始祖神木姐珠的意思,是她制定了这个规矩,企图用她那羌族女始祖神的崇高身份来强调羌族婚礼的合理性和合法性,羌族是一个崇宗敬祖的民族,对于自己的祖先是特别敬重的,既然羌人婚配的规矩是女始祖神木姐珠定下的,那就更不能有所改变了。在前文已经谈到,羌族是木姐珠的后代,也就是天神木比塔的外孙,羌族通过木姐珠而成为了天的外孙,这是何等高贵的地位,谁又会冒着得罪天神的危险而对婚礼作出改变哩?更何况改变者还会受到来自民间的唾骂,于情于理都是不划算的。这样以来,羌族人就借托木姐珠之名将婚俗神圣化了,增强了羌族人生礼仪传承的稳定性,对于羌族的发展产

---

① [法]E。杜尔干著,林宗锦、彭守义译,林耀华校:《宗教生活的初级形式》,1999.12 第 1 版,第 475 页。

生了积极的影响。

4. 保存和发展羌族优秀的传统文化的历史作用

古羌人作为一个曾经叱咤风云的民族已经逝去了,作为他的后代,羌族这个现代民族不但保留了古羌人的族称,而且承载着古羌人的民族文化,虽然在历史的演进过程中,羌族文化由于内部和外部的原因而发生了一定的变化,但是人生礼仪作为羌族文化中生命力最强、保留历史原形最完整的文化因子之一而流传了下来,在这些人生礼仪上可以看到古羌人文化的影子。这样,羌族的人生礼仪对于研究我国古羌人的文化发挥着"活化石"的借鉴作用,对于复原古羌人的文化生活发挥着不可替代的作用。同时,羌族人生礼仪作为羌族文化中最鲜活的部分,与其他少数民族文化一起共同构成我国民族文化的风景线,丰富着中华民族的文化宝库。

5. 明确和巩固正确的道德观念的作用

羌族在人生礼仪中通过各种神话传说和歌谣向人们宣讲羌族的道德观念,通过老人们的现场表演和年轻人的效仿达到了明确民族道德、警示世人的作用。例如用歌谣的形式来表彰孝道,鞭挞丑恶的行为,劝戒人们要做善事,使人们明白"善有善报,恶有恶报,不是不报,时候未到"的羌谚的真正含义。在人生礼仪中还表现出了严格的长幼次序,强调了辈分,虽然年龄相仿的两辈人在幼时可以随意玩耍,但是一旦成人,就有了辈分的高低,不能再胡玩了,否则会遭到大人的训斥,使得辈分高者洋洋得意,处处向辈分低者充老大,辈分低者无精打采,不断地向辈分高者妥协。与此同时,他们之间又形成了一种新的权利和义务关系,辈分高者在大人的教导下处处关心辈分低者,体现了羌族关心弱小的传统美德,使辈分低者感觉到长辈的温暖,从而最终在心理上接受辈分高低的事实,完成了社会角色的转变过程,渐渐形成了尊老爱幼的道德习惯。另外,在各种人生礼仪中,羌族都要彻底打扫房屋,保持了房屋的干净、整洁,避免了人多事杂而引发疾病的可能。这些对于羌族地区社会秩序的稳定和良好风气的形成起着积极的促进作用。

　　羌族的人生礼仪有他自己独特的形式和内容，是与农业生产紧密结合的产物，也是羌族的精神产物。仪式在羌族的人生礼仪中占有相当的比重。羌族人生礼仪是对本民族传统文化的展示，其中蕴涵的本民族传统文化的内容是极为丰富的，通过各种仪式，将本民族最本质、最突出的特征展示出来，使本民族中的年轻一代接触了本民族的历史和传统，是进行传统教育的最好的场合。羌族的老规矩、古歌、仪式由端公和老人一遍一遍地演示，其中融入了羌族的历史、文学、宗教、人类的由来等内容，羌族人从小起就在老人的带领和教导下对本民族文化进行着民俗养成的过程，等到长大后，他就会很熟悉本民族的礼仪，进而了解本民族的文化，对于没有本民族文字的羌族，自己的传统文化只有靠语言和行为来传承，因此，羌族的人生礼仪是年轻一辈学习本民族传统文化的最好机会。在羌族传统中，一家人的事就是全村人的大事，一般大家都会主动前来帮忙。这又会折射出羌族的伦理观：是否被人邀请参加直接反映了本人在当地是不是被人看得起。以前大家都看重女方的手艺、男方的劳动能力等方面，现在则多考虑经济因素。反映了羌族人对羌族社会人际关系的协调功能，生产技能和生活技能的相互交流功能。羌族人在他一生中的四大礼仪上的的行为和态度都会受到社会道德的约束和评价。这种评价不仅是舆论的力量，而且伴有行动上的支持和反对。

　　综上所述，羌族人生礼仪具有本民族文化传统的展示、教育和传承功能，人际关系的协调功能，生产和生活技能的交流功能等等，在他们的社会生活中起着非常重要的作用。羌族人生礼仪是与羌族人民的生存需求相适应的产物，羌族人民在发展的过程中不断地对他们的心理需求进行着必要的调整，促成了羌族人生礼仪的变化。

四、羌族在现代化进程中所面临的问题分析

"现代化是指人类由传统向现代转变,它是一个长期、渐进的永无止境的过程,是一个全面、系统、综合的概念。"[1]现代化的基本含义是从传统社会向现代社会的转型。现代化是羌族走向兴旺发达的必由之路。随着我国现代化进程的加快,羌族的传统文化已经不能适应新时代社会的发展要求,出现了诸多的不确定因素,羌族社会进入了新旧交替的转型期。

(一)羌族社会变迁的具体表现

社会存在决定社会意识,"人是自然界长期发展的产物"[2]。人的行为意识要受到所处客观环境的限制。羌族世代居住在岷江上游的山区中,其意识形态必然要受到当地自然环境的影响,具有其合理性。在这种特定环境的基础上产生的羌族的经济形态"属于山地耕牧型经济文化类型,多在山区经营旱作、种植小麦、荞麦、青稞、玉米、马铃薯等耐旱耐寒作物,同时拥有牛、羊、猪、鸡等家禽"[3]。在历史上,羌族一直以村寨为中心,在村寨周围的土地上耕作,对外面的事物漠不关心,是典型的小农意识,以经商为耻。在国家的计划经济体制下,羌族的小农经济得以维持,传统文化得以保留。

自从我国实行改革开放和鼓励市场经济的政策以来,羌族市场经济观念的严重缺乏表现得十分突出。现在,在国家实施"西部大开发"战略的前提下,羌族的社会经济发生了翻天覆地的巨大变

---

① 邓达:《跨文化伦理冲突与适应——以彝族的现代化嬗变为例》,载《西南民族大学学报》,2005.1 第 16 页。

② 陈先达:《马克思主义基本原理教程》,中国人民大学出版社,1988.3 第 1 版,第 107 页。

③ 林耀华:《民族学概论》,中央民族大学出版社,1997.12 第 1 版,第 93 页。

化,引起了意识形态等上层建筑领域的变化。经济体制的变化打破了羌族社会原有的运行规律,旧的社会秩序被打破,新的社会秩序还没有形成。羌族的小农经济与市场经济追求利益的原则相违背,旧有的文化形态在现代化的生产生活方式影响下表现出了语言和行为方式的趋同,桃坪羌寨的青年人和儿童已经不会说羌语了,汉语已经成为该村羌族人日常交流的主要语言。该村除了中老年的家庭主妇外的其他人在平时都穿汉装,年轻人的婚礼也表现出羌汉文化的结合。这种趋同也从一定程度上反映出现代文化对羌族传统文化的替代,羌族引以为荣的村寨观念、家族观念不复存在,人们更多的是关心小家庭的利益。羌族人的宗教意识也日趋淡薄,端公的数量持续减少,端公在笔者所划定的第一地段上消失,在第二地段上衰落,第三地段就成为了羌族端公的最后一块"自留地",这既与羌族社会外部环境的刺激作用有关,也是端公本身的局限性所致。由于过分追求经济效益,致使邻里关系不睦,出现纠纷,给原本平静和谐的村寨增添了许多不稳定因素。羌族地区以前那种路不拾遗、夜不闭户的良好的社会环境也不复存在了。在开发旅游的过程中,一些急功近利、尔虞我诈、坑蒙拐骗等不良行为又导致了村寨周边的治安状况不断恶化,这又严重阻碍了当地的经济发展和社会进步。

现代化也给羌族人民带来了很多好处,使羌族人民的生活得到了很大的改善。在全国旅游业持续升温的大前提下,落后的羌族地区由于其古老的生活方式,受到了旅游者们的青睐,过惯了城市生活的都市人怀着一颗颗猎奇的心和一双双好奇的眼睛把目光投向了这个古老的小民族,旅游业开始在羌族地区兴起,桃坪羌寨中从事旅游业的人占到全村总人口的 3/4,村民们把全部的精力都投入到了旅游业中,表现出了急于改变贫困面貌的迫切心情。这表明羌族人的思想观念已经发生了很大的变化,表露出了投入现代化的热情,他们对现代化的欢迎程度要远远大于排斥。

(二)思考

羌族的现代化几乎完全是被动的,不论他们是否选择现代化,他们都会被动地卷入现代化的潮流。表现出极大的波动性、偶然性和随意性。但是羌族传统文化中的精华不能消失,这就出现了一个文化抢救的问题。笔者认为,只有坚定不移地贯彻党和政府的民族政策,发挥县、乡两级政府的作用,对当地村民的生产生活进行合理的引导,让他们认识到自己传统文化的优秀之处,树立民族自信心,摆正对待传统和现代、本族文化和外来文化的心态,既不故步自封,也不盲目崇外,在接受外界大量的新事物的同时,自觉地维护和发扬羌族优秀的传统文化,从而调动村民的积极性,使他们认识到本民族文化的重要性,有组织地学习本民族的优秀文化,用民族责任感来填补传统社会转型过程中的文化裂缝,只有这样,才能从根本上遏制羌族文化的衰败和羌族社会的混乱局面。好在当地政府和羌族人民已经认识到了这一点,正在桃坪村的公堂里开展关于羌族文化和羌语的学习活动,村民们也积极地参加了这些活动,把自己的孩子送到了公堂里,希望后代不要忘记自己是一个羌族人,更不要忘记本民族的民族文化。笔者有幸参加了一次活动,看着孩子们认真的样子我看到了羌族文化传承下去的希望。曾经身为全国人大代表的龙小琼女士利用自己结婚的机会,花了很多钱给人们呈现了一场羌族的传统婚礼,吸引了包括中央电视台在内的各媒体的广泛关注,周边市、县的群众也前来观看,对羌族传统文化的保护起到了很好的宣传和引导作用。在她的带领下,羌族地区正刮起了一场恢复古俗的新风,我衷心地希望他们能坚持下来,不要让羌族的下一代成为只保留了族称而没有了本族文化的"假"少数民族。羌族只有保持自己的传统文化,才能在现代化的进程中保持清醒的头脑,不至于迷失自我。

当然,笔者并不主张全盘保留羌族传统文化,文化不但具有鲜明的民族性,还具有时代性,羌族只有在保留其优秀文化的基础上不断发展,勇于创新本民族的文化,才能永久地保持自己的特色。"文化的真正要素有它相当的永久性、普遍性及独立性,是人类活动有组织的体系。"①羌族的人生礼仪正是作为羌族文化的重要要素而存在的,它通过延续羌族的种族而保证羌族文化的连续性,为处于现代化进程中的羌族人民提供文化调适的精神依托,有利于缓解急剧的社会变革带给人们心灵的冲击。这也是笔者一再强调人生礼仪对于羌族的重要性所在。

有的学者认为,"随着商品经济的发展,与其相适应的各种新思想、新观念逐渐形成、确立,有力地冲击着依附于自然经济而存在的陈旧观念,中国少数民族地区已进入了移风易俗的历史新阶段。在改革开放的形势下,每一个民族的传统文化中所隐含的褊狭性、排他性、封闭性和落后性都是本民族自身发展的羁绊,不符合时代潮流,也违背本民族的根本利益。开阔视野、包容兼收、取长补短、奋发图强是迈向现代化的时代要求。"②随着羌族固有的小农经济的崩溃,依附其上的羌族的意识形态和社会行为不能与新的经济形态相适应,发生了巨大的变化,呈现出多元化的特点。羌族要适应新的社会环境,就必须对原有的行为意识进行调试,以顺应历史潮流。但是,笔者认为,这需要一个相对较长的时间,存在一个自然嬗变的过程,不能强制执行,而要在羌族人民自觉自愿的基础上进行,对本民族的文化做出清醒、客观的认识,改变与现代化不相符合的意识形态和社会行为,使羌族人民能早日实现现代化。"在现代化过程中,传统文化变迁乃至传统文化局部消失是不可避免的,也是不可抗拒的……任何民族的现代化,都不可能割

---

① [英]马林诺夫斯基著,费孝通译:《文化论》,华夏出版社,2002.1 北京第 1 版,第 19 页。

② 宋蜀华、陈克进:《中国民族概论》,中央民族大学出版社,2001.2 第 1 版,第 221 页。

断历史、割断传统、割断文化。在文化转型过程中,那些适应现代化的传统文化的优秀部分,不会被摒弃,也不会消失,而会以一种新的形式,成为新文化的组成部分。"[1]现在,羌族传统文化中的人生礼仪正在发生变化,有的部分消失了,有的部分保留了下来,这是羌族人民做出的选择,它符合进化论的观点,从对羌族人生礼仪的论述中可以看出,羌族传统文化的精华还是保留了下来。

笔者同时认为,在羌族人民的物质生活相对富足了以后,羌族开始追求精神领域的回归时,羌族的人生礼仪很可能会重新被羌族人民所倡导和实行,羌族的端公也会"死而复生",羌族的传统文化很可能会出现回潮,在被羌族人民普遍遵循的同时引发羌族文化研究的新高潮。笔者相信,随着时代的发展,羌族人民一定能适应新的时代要求,其优秀的传统文化一定能继续传承下去。现在,桃坪羌寨正在申请"世界文化遗产",我希望这篇论文能给它的申报提供人文方面的帮助。感谢桃坪人对我的帮助,在此我预祝他们成功。

五、研究小结

(一)本研究的主要贡献

通过以上论述,笔者已经将羌族人生礼仪的发展、变迁过程完整地呈现在了世人面前,现在可以对本研究作一个总结了。在整篇论文中,笔者将笔墨重点放在了羌族的婚礼和葬礼上,这是与羌族人生礼仪发展的现状相符合的,对于诞生礼只论及了它的现状,在某些重点部分作了历史性的比较,舍弃了历史上诞生礼的原始宗教部分,没有面面俱到。对羌族的成年礼作了历史性的复原,因为这对于论述羌族婚礼功能的膨胀和对成年礼的吞并是非常必要

---

[1] 宋蜀华、陈克进:《中国民族概论》,中央民族大学出版社,2001.2第1版,第224页。

的。而对于羌族的葬礼则分别从火葬和土葬两个方面进行较为详细的论述,体现了葬礼的延续性和流变性,使人们对羌族葬礼的发展过程有一个全面的了解。在行文过程中,笔者借用了人类学舒缓的笔调和文学优美的辞藻。正因为笔者对本研究作了以上的处理,所以使本研究显得详略得当,条理清晰,具备了较强的可读性。笔者相信,通过对本研究的研读,不但可以使人们对羌族的人生礼仪有一个详细的认识,而且可以对羌族的原始宗教、神话传说、民族习惯、思想道德、社会发展等知识有一个粗略的了解。正因为经过了这些处理,才使本研究显得饱满、丰腴,具备综合性研究这一学术定位。

无论从民俗学的学科意义上还是从羌族研究的意义上来说,本研究都可以说填补了一项空白,那就是首次运用民俗学的理论知识系统地研究了羌族的人生礼仪,具有一定的理论和实践的意义。本研究对于笔者来说是一次考验和锻炼,田野作业中的喜悦与痛苦,收获与挫折,论文构思和写作过程中跟导师和同学们的请教与讨论,在大量的文献中与作者的对话和交流,都给笔者留下了无法忘却的深刻印象。因此,本研究在培养笔者对理论的把握能力和现实问题的研究能力方面都具有重要意义。

(二)研究中存在的问题

1. 研究范围广,跨度大,但深度相对不足

本研究所涉及的许多方面都可以成为一项独立的专题型研究课题,如:羌族的出生礼、成年礼、婚礼、葬礼,羌族的宗教信仰、端公、道德观念、民族文化等等,这些方面都能写出很深入的论文。不过,笔者认为,对羌族的人生礼仪进行多方面、多学科的综合性研究是可能的,也是非常必要的,因此笔者就做了大胆的尝试,由于研究范围广,跨度大,在研究的深度上可能存在不足,笔者在今后的研究中会尽力克服。

2. 只有一个个案,缺乏横向的比较研究

费孝通先生曾积极倡导社区研究中的比较研究,认为:"社区分析的第二步是比较研究,在比较不同社区的社会结构时,常会发现每个社会结构都有它配合的原则,原则不同,表现出来的形式也不一样。"①羌族社会正处于转型期,羌族聚居的四川省汶川县、理县、茂县、北川县等地的社会发展都存在差异。因此,横向的地区性比较研究在羌族人生礼仪的研究中是非常必要的,如果能选择几个羌族聚居的不同地区的不同社区进行比较研究,就可以更好地把握羌族人生礼仪运作的情况和羌族社会的运行规律,为羌族社会的发展提供导向。但由于笔者个人的精力、财力有限,未能做到这一点,笔者将在后续研究中逐步完成。

3. 资料未能得到充分的利用

由于调查访谈的经验和技巧不足,加上个人力量有限,在收集第一手资料,特别是发放问卷的过程中遇到许多困难,所以,本研究在资料的收集上没有达到预期的效果,与最初的研究设想有一定的差距。另外,由于笔者欠缺社会学资料统计分析方面的知识和能力,调查资料未能得到充分的利用,笔者将在以后的研究中加以改善。

4. 研究的主观性过强,客观性相对不足

本研究是笔者对本民族文化进行的"自观"研究,出于民族感情,在行文的过程中可能存在片面夸大本民族文化的方面,缺乏从"他观"角度研究的客观性。但客观上也使本研究显得生机勃勃,充满了感情,具有较强的可读性。

以上就是笔者对本研究的小结,鉴于本人知识有限,很可能存在遗漏之处,敬请各位导师、方家指正。

---

① 费孝通:《乡土中国 生育制度》,北京大学出版社,1998.6第1版,第92页。

〔参考文献〕

1. 钟敬文:《民俗学概论》,上海文艺出版社,1998.12。
2. 宋蜀华、陈克进:《中国民族概论》,中央民族大学出版社,2001.2。
3. 乔继堂:《中国人生礼俗大全》,天津人民出版社,1990.3。
4. 卢丁、工藤元男:《羌族社会历史文化研究》,四川人民出版社,2000.5。
5. 钟敬文:《民俗文化学·梗概与兴起》,中华书局,1996.11。
6. 埃德蒙·利奇:《文化与交流》,郭凡、邹和译,上海人民出版社,2000.9。
7. 王开友:《巴蜀民族风情》,四川民族出版社,1993.2。
8. 祝世德:《汶川县县志》,阿坝州地方志编撰委员会出版,1997.10。
9. 张知勇:《云南少数民族婚俗志》,云南民族出版社,1983.12。
10.《中国民间文化——民间文化研究》,上海民间文艺家协会,上海民俗协会编,学林出版社,1995.7。
11. 富育光:《萨满教与神话》,辽宁大学出版社,1990.10。
12. [英] A·R 拉德克利夫—布朗:《原始社会的结构与功能》,潘蛟、王贤海、刘文远、知寒译,潘蛟校,中央民族大学出版社,1999.10。
13. 冉光荣、李绍明、周锡银:《羌族史》,四川民族出版社,1985.1。
14. 周锐、张琳:《中国民间婚丧礼俗通书》,三环出版社,1991.9。
15. 钱安靖:《中国原始宗教资料丛编·羌族卷》,上海人民出版社,1993.10。

16. 马可波罗:《马可波罗行纪》,中华书局,1954.10。
17. 彭兆荣:《西南舅权论》,云南教育出版社,1997.11。
18. 赵东玉:《中华传统节庆文化研究》,人民出版社,2002.10。
19. [法]E·杜尔干著,林宗锦、彭守义译,林耀华校:《宗教生活的初级形式》,1999.12。
20. 乌丙安:《民俗学原理》,辽宁教育出版社,2001.1。
21. [英]马林诺夫斯基、费孝通译:《文化论》,华夏出版社,2002.1。
22. 何光岳:《氐羌源流史》,江西教育出版社,2000.12。
23. 郑晓江:《中国死亡文化大观》,百花洲文艺出版社,1999.11。
24. 于一:《羌族释比文化探秘》,中国戏曲出版社,2003.12。
25. 王康、李鉴踪等:《神秘的白石崇拜——羌族的信仰和礼俗》,四川民族出版社,1992.8。
26. 四川民族出版社编:《中国少数民族民间长诗选》,四川民族出版社出版。
27. 罗晓林:《大禹志(校译本)》,汶川县旅游局、汶川县史志办出版,1999.8。
28. 《羌年礼花》编辑部编:《羌族历史文化文集》,第五辑:《羌年礼花》,编辑部出版,1994.10。
29. 费孝通:《乡土中国生育制度》,北京大学出版社,1998.6。
30. 高丙中:《现代化与民族生活方式的变迁》,天津人民出版社,1997.11。

附录
田野调查主要访谈对象一览表

序号	访谈人	姓名	性别民族	年龄	文化程度	职业	访谈地点	访谈时间
1	陈硕	男	羌	45	初中	农民兼个体户	四川省理县桃坪乡桃坪村	2003.7.15 2004.7.30
2	杨凤云	女	羌	40	初中	同上	同上	2003.7.15 2004.7.30
3	王维忠	男	羌	50	小学	同上	同上	2004.7.31
4	苟淑兰	女	羌	45	小学	同上	同上	2004.7.31
5	杨军	男	羌	36	初中	同上	同上	2004.7.29
6	杨天容	女	羌	28	初中	同上	同上	2004.7.29
7	李天清	男	羌	52	小学	同上	同上	2004.7.29
8	刘发秀	女	羌	48	小学	同上	同上	2004.7.29
9	王毅	男	羌	39	高中	同上	同上	2004.7.29
10	李自花	女	藏	35	小学	同上	同上	2004.7.29
11	杨梳明	男	羌	44	小学	同上	同上	2004.7.29
12	杨小丽	女	羌	36	初中	同上	同上	2004.7.31
13	周永	男	羌	38	初中	同上	同上	2004.7.31
14	龙云凯	男	羌	46	初中	同上	同上	2004.7.30
15	杨登富	男	羌	47	初中	同上	同上	2004.7.29
16	龙树兰	女	羌	48	小学	同上	同上	2003.7.14 2004.7.29

序号	访谈人	姓名	性别民族	年龄	文化程度	职业	访谈地点	访谈时间
17	龙小琼	女	羌	29	大专	干部	同上	2004.7.30
18	李兴燕	女	羌	17	初中	学生	同上	2004.7.30
19	周礼鹏	男	羌	31	初中	农民兼个体户	同上	2004.7.30
20	周固根	男	羌	48	初中	同上	同上	2004.7.31
21	赵代兰	女	羌	45	小学	同上	同上	2004.7.31
22	周礼文	男	羌	44	小学	同上	同上	2004.7.31
23	周宇	男	羌	18	初中	同上	同上	2004.7.31
24	王友诚	男	羌	52	初中	同上	同上	2004.7.31
25	周月明	女	羌	48	小学	同上	同上	2004.7.31
26	周育强	男	羌	20	大学	学生	同上	2004.7.31
27	杨步兵	男	羌	29	初中	农民兼个体户	同上	2004.7.31
28	杨凤静	女	羌	25	初中	同上	同上	2004.7.31
29	杨登贵	男	羌	58	初中	同上	同上	2004.7.31
30	周莉瑛	女	羌	29	大学	干部	同上	2004.7.30
31	杨步桃	女	羌	40	高中	农民兼个体户	同上	2004.7.30
32	余旭蓝	女	羌	42	初中	同上	同上	2004.7.30
33	王嘉俊	男	羌	60	小学	同上	同上	2004.7.30
34	王维涛	女	羌	31	高中	同上	同上	2004.7.30

序号	访谈人	姓名	性别民族	年龄	文化程度	职业	访谈地点	访谈时间
35	龙升玉		女 羌	57	小学	同上	同上	2004.7.30
36	陈朝芙		女 羌	53	小学	同上	同上	2004.7.30
37	王云芳		女 羌	58	小学	同上	同上	2004.7.30
38	陈朝焕		男 羌	74	中专	干部	同上	2003.7.17
39	陶领凤		女 羌	67	小学	农民兼个体户	同上	2003.7.18
40	贾学友		男 羌	54	中专	干部	四川省茂县县城	2004.7.30
41	吴天德		男 藏	48	大学	干部	四川省汶川县县城	2004.8.3
42	王萍花		女 羌	34	中专	干部	四川省茂县县城	2003.7.21 2004.8.7
43	李家骥		男 藏	54	中专	干部	四川省茂县县城	2003.7.20 2004.8.7
44	余一农		男 羌	60	中专	干部	四川省汶川县县城	2003.7.19 2004.8.5

拉萨市穆斯林的生活习俗现状调查

张春秀

一、前言

（一）选题及选点的依据

几乎在全国各地，都有穆斯林民族的足迹，甚至在西藏这块神秘的地方，也有穆斯林民族生活着。西藏是一个藏传佛教信仰非常浓厚的特殊区域，信仰伊斯兰教的民族如何在强大的佛教文化下生活呢？这不仅是广大穆斯林同胞所渴望了解的，也是我们每一个人都热切关注的。有关专家学者也把目光投向生活在西藏的穆斯林。薛文波执笔的《拉萨的回族》（载于《甘肃民族研究》1986年第2期）介绍了50年代拉萨回族的情况，内容涉及到拉萨回族的来源、新中国成立前后拉萨回族的社会政治地位、经济生活、宗教信仰、文化教育及一些特异风俗。房建昌撰写的《历史上穆斯林在西藏的活动》（载于《思想战线》1987年第4期）和《西藏回族与清真寺的若干问题》（载于《回族研究》1992年第2期），从历史的角度考证了穆斯林在拉萨的活动情况，同时涉及周边藏区的相关史料，考证了穆斯林迁居西藏和伊斯兰教传入西藏的过程。陈波撰写的《西藏穆斯林群体调查》（载于《西北民族研究》2000年第1期），主要从宗教信仰方面介绍了西藏穆斯林的情况。周传斌、陈波合著的《西藏回族人物志略》（载于《回族研究》1998年第3期），主要介绍了西藏历史上的宗教人物、政界人物、文化艺术及科技界的人物。通过对前人研究成果的分析可以看出，对西藏穆斯林的研究还有待进一步的深入，较为欠缺的是对西藏穆斯林的实地调查。由于西藏位于祖国的西南边陲，距离内地路途遥远，而且地势高，空气稀薄，所以在内地穆斯林研究日益深入的情况下，西藏穆斯林的许多方面至今仍鲜为人知。我之所以选定"拉萨穆斯林的生活民俗现状调查"这一题目，一则希望在前人研究成果的基础上能有所深入，力图通过这次调查，对拉萨城市穆斯林的生活民俗有一个全面真实的了解，再者是积累原始资料，为今后作进一步研究打基础。拉萨是西藏自治区的首府，是西藏的政治、经济、文化及交通中心，更是藏传佛教文化中心。因为西藏穆斯林有80%分布在拉萨市，所以选择拉萨市穆斯林作为调查对象可较为全面地反映西藏穆斯林的情况。

（二）课题设计

根据前期调查情况，按照穆斯林在拉萨居住时间的不同，我把他们分为两部分：

一部分为世居穆斯林。根据前人的研究成果可知这部分穆斯林又分为克什米尔、印度、尼泊尔等地穆斯林的后裔两个系统。这两个系统的穆斯林很早就在拉萨世代居住，受藏文化影响较大，所以我把调查的重点放在这部分人身上。根据钟敬文先生主编的《民俗学概论》，我把其生活民俗分为四大部分，从物质民俗、社会民俗、精神民俗、语言民俗四个方面进行调查。另一部分是流动穆斯林。他们是改革开放后到拉萨的甘、青穆斯林商人，在拉萨一般没有长住户口，因其在拉萨居住时间短，我把这部分穆斯林不作调查重点，只涉及他们在拉萨从事的商业活动。

在调查中将采用参与观察法与深度访谈法，并运用录音机、照相机等辅助工具。为了使调查结果更真实有效，访谈人员涉及各个层面。如民族宗教局的工作人员、拉萨市现有清真寺的阿訇、寺管会主任以及穆斯林机关干部、教师、商人、市民等都要包括到。其中民族成分应包括回、撒拉、维吾尔及尼泊尔、印度籍的外国穆斯林等。因为30岁以上的人生活经历相对丰富，文化习俗在其身上已经稳定，所以访谈对象侧重于这部分人。

二、拉萨世居穆斯林的历史来源

据拉萨市民族宗教局提供的数据,现拉萨市回族人口为两千多人。因为拉萨穆斯林在民族成分的认定上只有回族,所以这个数字也包括一部分外国穆斯林后裔,另外有50多位持有尼泊尔、印度护照的外国穆斯林后裔和少数户口上登记为"藏族"的穆斯林不包括在这一数字内。按照他们来源和居住地的不同,习惯分为两部分。

一部分是来自克什米尔地区、尼泊尔王国和印度的穆斯林后裔,多居于"拉萨清真寺"附近和"卡基林卡"(藏语,即"克什米尔人的园林"之意)内。因其清真寺较小,当地人习惯上称其为小寺穆斯林,他们有316人,拥有三座清真寺及一处墓地。小寺穆斯林现有52户中,有16户居住在"拉萨清真寺"周围,36户居住在西郊的"卡基林卡"内。15户为尼泊尔、印度国籍,教长阿不都·哈立木及其母亲和一个弟弟都持有尼泊尔护照。"拉萨清真寺"坐北面南,位于大昭寺东南的绕赛巷内,主体建筑为两层混凝土框架结构,实用面积200平方米,可容纳600到700人礼拜。"卡基林卡"位于拉萨市北京西路西藏宾馆北面,占地面积64289平方米,内有两座礼拜殿和一处墓地。

另一部分来自内地,包括四川、陕西、云南等地的穆斯林后裔。因其清真寺较大,当地人习惯上称之为大寺穆斯林,是拉萨世居穆斯林的主体,有2000余人。他们80%的人围绕"西藏清真大寺"而居,少数人住在离大寺较远的纳金路、夺底路,由于现在交通方便,这并不影响他们来大寺做礼拜。

大寺穆斯林拥有一座清真寺和一处墓地。即"西藏清真大寺"和"格格霞"(经查语言来源不详)墓园。大寺位于江苏路北侧河坝林商业区内,礼拜殿在原址上于2001年重建,重建后的礼拜殿坐西向东,为两层钢筋、水泥的柜架结构。占地面积为480平方米。

"格格霞"墓园离大寺约6公里,位于拉萨北效一片稀疏的树林中。

通过对前人的研究成果及方志资料、口碑资料的梳理,下面对拉萨世居穆斯林的历史来源作一简明叙述。

(一)小寺穆斯林的历史来源

自吐蕃时期,克什米尔与卫藏地区贸易关系已经确立。拉萨在赤松德赞(775—797在位)时已成为重要的商品集散地之一,位于大小昭寺之间有来自迦湿弥罗(克什米尔)的商人在此经营的绸布市场。① 藏语中对藏红花的称呼之一是"克什米尔红花",也反映出西藏与克什米尔的联系紧密。现在藏语中对穆斯林的称呼"卡基",即是从对克什米尔人的称呼中转化而来的,卫藏地区现在最早的清真寺也与克什米尔穆斯林商人有关。意大利藏学家杜齐根据其自传列举了五世达赖(1617—1682)时期从不同地方来访问和游历西藏的人,其中有政治使节、印度学者以及商人;印度人、汉人、蒙古人、克什米尔的穆斯林们都在拉萨集市上见面,交换货物。② 在五世达赖去世以后约三十年,即1716年,欧洲人德西德里来到拉萨时,他看到拉萨有一个"海关",来自汉地或西方的商人在这里交税,穆斯林在拉萨已拥有一块墓地。在约雍正五年(1727),汉文史料也记载道:"商亦有本地人,西则大洋各处人,北则缠头鄂罗厄勒素回回各色目人。"③所谓"缠头"即指克什米尔穆斯林,清代文献一直沿用这一称呼。除了克什米尔穆斯林外,在拉萨经商的还有尼泊尔人。据清代《西藏志》记载,乾隆五十年

---

① 《中国国情丛书—百县市经济社会调查:拉萨卷》中国大百科全书出版社,1995年版,第29页。

② 《中国国情丛书—百县市经济社会调查:拉萨卷》中国大百科全书出版社,1995年版,第47页。

③ [清]李凤彩撰《藏纪要》,中央民族学院图书馆,1978年(油印本)。

(1792)福康安等奏:"向来贸易商民,全系马勒布、克什米尔二种。"①"巴勒布"即指尼泊尔。尼泊尔商人中也有一部分穆斯林。总之,这一系统的穆斯林除以克什米尔人为主外,还包括少量的尼泊尔、印度等地的穆斯林,他们构成了拉萨穆斯林的来源之一。

拉萨市现在最早的清真寺是西郊的"卡基林卡"。据当地穆斯林传说,"卡基林卡"是五世达赖赐与一位从克什米尔来到拉萨的阿訇辟尔·亚古博的。"卡基林卡"最早见于汉文记载是在乾隆六年(1741)官修《西藏志·卫藏通志》:"卡基园,在布达拉宫西五里许,劳湖柳林内。乃缠头回民礼拜之所,有鱼池、经堂、礼拜台、花草芳菲可人。"②此时在拉萨的穆斯林商人也明确见于记载,"有缠头回民贩卖珠宝","有白布回民贩卖氆氇、藏锦、卡基缎、布等类,皆贩自布鲁克、巴勒布、天竺等处。"③清代以来,来自克什米尔、拉达克、印度、尼泊尔的穆斯林一直在"卡基林卡"内举行聚礼,直到"拉萨清真寺"建立。

现小寺穆斯林即是这些境外穆斯林的后裔。在20世纪50年代大约有170余户。1960年时西藏工委对这些穆斯林进行国籍认定,结果小寺穆斯林大多选择了外国籍。其中回克什米尔的有140户,回尼泊尔的有15户左右,余18户。

(二)大寺穆斯林的历史来源

从1718年(康熙五十七年)到1909年(宣统元年),清政府先后六次大规模用兵西藏。1727年(雍正五年)始设驻藏大臣二人,同时在西藏留驻川陕兵两千人,归驻藏大臣指挥。④ 1733年(雍正十一年)"特命于色拉、召之间扎溪地方另建城垣,留兵五百名,其

---

① 《西藏志·卫藏通志》,西藏人民出版社,1982年版,第330页。
② 《西藏志·卫藏通志》,西藏人民出版社,1982年版,第16页。
③ 《西藏志·卫藏通志》,西藏人民出版社,1982年版,第32页。
④ 《达赖喇嘛传》,牙含章著,人民出版社,1984年版,第224页。

余撤回。"①所留五百人规定三年一换,由川兵来顶替。此驻兵轮换制度一直保持到清末。在清军中,回族官兵占有重要地位。据考清代四川回族从军者很多,"武功素称极盛"②;民谣也谓回族职业"不宰牛便宰羊,不卖粑粑便吃粮"③,所谓"吃粮"即从军。至今四川回族谈到过去,仍自称"吃粮"是回回的行业之一。

史料表明,1733年始建的拉萨清军驻地扎什城(今拉萨北效)内建有汉族的关帝庙和回族的清真寺各一座。据房建昌文,今天拉萨北效万寿寺展有乾隆五十九年(1794)驻藏大臣和琳与成德发给该寺主持一块令牌,其中写到:"据扎什城万寿寺中喇嘛呈称情缘,扎什城万寿寺从前原系内地回民清真寺","于乾隆二十六年(1761)内,蒙费口二位大人口毁,改修万寿寺。"④

在"西藏清真大寺"的匾额中,许多悬挂匾额人都有清代军人的官衔。如乾隆三十一年(1766)"咸尊正教"匾,立匾人有守备哈国祥,把总单应举、马国隆、虎文斌等;乾隆四十六年(1781)千总马大雄,把总虎文林等所立之匾;另一匾额是道光十五年(1835)悬挂的,匾上人物有建武营外委密万秀、赛长清等。⑤ 他们显然都是驻藏清军。可见,内地回族在拉萨的定居,是和清代驻兵西藏联系在一起的。

"西藏清真大寺"是拉萨现存最大的清真寺。据《拉萨文物志》称,大清真寺创建于康熙五十五年(1716),大清真寺内一块约于乾隆年间立的匾中,有"贸易客民马如龙、何文才、马明远"等人名⑥;

---

① 《西藏志·卫藏通志》,西藏人民出版社,1982年版,第6页。
② 同治十二年《重修成都县志·卷首例言》。
③ 《四川少数民族》,四川民族出版社,1982年版。
④ 《西藏回族和清真寺的若干问题》,房建昌著,载于《回族研究》,1992年第2期。
⑤ 《拉萨的回族》,薛文波著,载于《甘肃民族研究》,1986年第2期。
⑥ 《拉萨的回族》,薛文波著,载于《甘肃民族研究》,1986年第2期。

乾隆四十八年(1783)马明远经手之大清真寺购买店铺的契约,盖有"四川西藏卫藏关防"印[1]。可见大清寺在乾隆年间已具相当规模了。这说明内地回族商人在拉萨的活动也是确实的。

大寺系统的穆斯林在拉萨北效多底村北拥有一块墓地,称为"格格霞"。此墓园的建成大约与大寺同时,墓园中现存的清代墓碑中有四川、陕西、山西、云南等地的军人或商人。现存最早的墓碑是乾隆年间所立。

三、拉萨世居穆斯林的生活民俗

（一）物质民俗

"物质民俗,指人民在创造和消费过程中所不断重复的、带有模式性的活动,以及由这种活动所产生的带有类型性的产品形式。它主要包括生产民俗、商贸民俗、居住民俗、饮食民俗、交通民俗、医药民俗、保健民俗等等。"[2]在这里,我从饮食民俗、服饰民俗、居住民俗、商业民俗来重点描述拉萨世居穆斯林的物质民俗。

1. 饮食习俗

穆斯林的饮食主要受伊斯兰教规定和某些禁忌的影响,是穆斯林注重的一面。穆斯林的饮食禁忌是穆斯林宗教义务与宗教善功内容的一部分。《古兰经》(7:157)规定:"准许他们吃佳美的食物,禁止他们吃污秽的食物。""禁止你们吃自死的动物、血液、猪肉、以及颂非真主之名而宰杀的、勒死的、捶死的、跌死的、触死的、野兽吃剩的东西。"(5:3)。拉萨世居穆斯林严格遵守饮食禁忌,肉以牦牛肉为主,也食用羊肉及鸡、鸭、鱼肉等。当地习惯吃的肉食最好是由阿訇所宰,会念经的人自己也可以宰。肉食的主要消费

---

[1] 《拉萨文物志》,西藏自治区文物管理委员会编,1985年年版,第55页

[2] 《民俗学概论》,钟敬文主编,上海文艺出版社,1998年12月第1版,第5页。

渠道是日常食用、婚礼、节日(斋月及开斋尤其是古尔邦节,大小寺的穆斯林都要在寺里宰牲,一部分给穆斯林邻居、亲戚及穷人,一部分留给自己)。

和当地藏族一样,拉萨世居穆斯林爱喝甜茶、酥油茶。甜茶是由红茶、糖、牛奶和酥油熬成,喝起来香甜可口。酥油茶是用酥油、茶叶和盐煮成。制作酥油茶时,先将茶叶熬成浓汁,再把茶水倒入"董莫"(藏语,酥油茶的意思),再放入酥油和食盐,用力将"甲洛"(藏语,即带活塞的木柄)上下来回抽几十下,搅得油茶交融,然后放在锅里加热,便成了喷香可口的酥油茶了。这些穆斯林平时家里都用保温瓶盛放着煮好的酥油茶或甜茶。有客人到家时,首先捧出的是一碗香喷喷的酥油茶。这些习俗和当地藏族基本相同。此外,他们也喜欢喝酸牛奶、可口可乐、雪碧等。

和当地藏族一样,糌粑是拉萨世居穆斯林的主食,几乎每天都吃。糌粑是青稞炒熟后磨的面。吃糌粑时,碗里放一些酥油,冲入茶水,加上炒面,用手搅拌,把炒面、茶水和酥油拌匀捏成团,就可食用。他们也喜欢食用风干肉。风干肉一般在冬天,往往是十一月底做。这时气温都在零度以下,把牛、羊肉割下来挂在阴凉处,让其冷冻风干,既去水分,又保持鲜味。到了第二年三月以后拿下来烤食或生食。此外,拉萨世居穆斯林也和当地藏族一样尤其偏爱奶制品。最普通的是酸奶子和奶渣。酸奶子有两种,一种是奶酪,藏语叫"达雪"。是用提炼过酥油的奶制作的;另一种是未提炼过酥油的奶制作的,藏语叫"俄雪"。酸奶子是牛奶经过糖化作用以后的食品,营养更为丰富,且易消化,适合老人和小孩食用。奶渣是牛奶提炼酥油后剩下的物质,经烧煮,水分蒸发后剩下的是奶渣。奶渣可以做成奶饼、奶块。在煮牛奶的过程中,还可以揭起奶皮,藏语叫"比玛"。奶皮像豆腐皮一样,好吃又富有营养。糖是拉萨世居穆斯林非常喜爱的食品,喝的茶里要放糖,酸牛奶里要放糖,吃的点心里几乎都放糖。

和当地藏族相比,拉萨穆斯林在饮食上还有其特有品种。如"甜稀饭,""甜稀饭"由红萝卜、白萝卜、黑豆、绿豆、黄豆、豌豆、葡萄干、人参果、牛肉等放在一起煮成,吃时还要放糖。拉萨的世居穆斯林也爱食用"抓饭"等。"抓饭"有甜的和咸的两种。"甜抓饭"由大米、红糖、葡萄干、红枣、酥油等做成,与新疆的"甜抓饭"相比,在用料上多了酥油和咖喱粉。拉萨世居穆斯林也食用手抓肉,肉一般为牦牛肉,而西北地区的手抓肉多为羊肉。西北地区的手抓肉是带骨头大块煮,吃时切成长条状;而拉萨世居穆斯林的手抓肉多切成6厘米见方的块,在煮肉时要放咖喱粉。拉萨穆斯林在做菜时,除了其他调味品外,每次必放的是咖喱粉。

2. 服饰民俗

服饰文化是伴随着人类文明的发展而出现的物质文化与精神文化的结晶。穆斯林的服饰基本上是"入乡随俗",和居住地的主体民族服饰大致相同。

拉萨男性穆斯林在重大节日时穿藏袍,平时多穿西装、茄克,不留胡须。穆斯林女性约35岁以上的平时穿藏袍。藏袍通常是左襟大,右襟小,右腋下钉有一个纽扣,或缝上布带代替扣子,穿时系上带子就可以了。以氆氇、毛料、呢子作为料子,夏秋穿的无袖,冬天穿的有袖,腰间束有带子。衬衫穿在袍子内,多用印花绸布做成。已婚的女性还要在腰间系一块红绿条格相间五彩斑斓的毛织"帮典"(藏语,即围裙)。其藏袍和当地藏族人的完全相同,年轻人都有两件以上,在过节时穿。拉萨男性穆斯林在寺里做礼拜或过节时戴白号帽。日常戴的多是有檐遮阳的帽子,或是内戴白号帽,外面在戴一顶遮阳帽。据当地穆斯林称,不戴号帽,从外表看和藏族几乎没有区别,这样做是为了便于和藏族更好地交往。在平时,50岁以上的女性戴盖头,长到腰际,盖住了头发和耳朵,只露出脸部。盖头的式样和内地的不同,是克什米尔地区穆斯林盖头的风格。年轻女性平时大多不戴盖头,但在过节或做礼拜时必戴。另一种盖头的式样是长方形的,质地很轻软,有两米多宽、三米多长,颜色多种多样,有红、黄、绿、白、黑等。佩戴时或披在肩上或裹在头上,很像印度的纱丽。老年人一般戴黑色盖头,年轻人戴的颜色比较鲜艳。除上面提到的盖头式样外,现在也有西北地区的直接套头式样、阿拉伯式的带头箍的三角形盖头。在佩带饰物上,穆斯林男女决不像当地藏族男女一样,胸前佩戴佛珠和"嘎乌"(藏族,即佛盒)。多数穆斯林男子不戴装饰品,穆斯林妇女一般戴金银耳环、戒指、项链等,不戴珊瑚、绿松石等色彩比较鲜艳明亮的首饰。此外,小寺男性穆斯林也戴印度、尼泊尔式的黑帽,女性还穿印度装。

拉萨世居穆斯林服饰图片见图八。

3. 居住习俗

拉萨世居穆斯林民居多为庭院结构。院内多种植花草,传统房屋多为木石结构的平顶房。现在也有钢筋、水泥建筑的楼房。平顶房一般都有院子。房屋的朝向一般由房主自己决定,没有固定的方位。一般为客厅、卧室、厨房和厕所组成。客厅和卧室是其主体建筑。客厅的门、窗、柱、梁等部位上都有绘画,绘画的原料一般是油漆和彩色涂料,内容多是花草图案。客厅中央多有一个红漆上色的圆形木柱支撑首横梁和椽子。客厅内多放有藏式床,床非常简单,全木制成,床一铺有草垫,草垫上铺着藏式卡垫,白天当座位,晚上有客人住宿时,也可做床位。床前一般都有一张藏式矮桌。客厅内多放有藏柜,有藏族传统式样的全木柜,也有现在用木材和玻璃做的新式藏柜。藏柜上多绘有彩色的工艺制镜和"克尔白"(阿拉伯语音译,即"天房",是穆斯林朝觐的中心)挂图等。挂历一般是伊斯兰教历和公历对照的。图案多为著名的清真寺或天房、花草等。与当地藏族相比,拉萨世居穆斯林的房顶四角不筑垛台(插经幡的地方),不插经幡,不放白石;房顶山墙中间的墙垛上不放煨桑炉;院门上方不置牛头、不挂哈达;窗户上不挂窗幔。

4.商业习俗

现小寺穆斯林有的在政府部门工作,也有少数人从事商业活动。有的从事宾馆、饮食业、贩卖珠宝等生意。如在河坝林大清真寺附近就有一个小寺穆斯林开的"花神旅社",一般从印度、尼泊尔来到拉萨的客人都在这里居住。

大寺穆斯林从事的传统的卖牛肉、裁缝生意渐渐退出了市场。现河坝林商业区从事卖牛肉生意的都是改革开放后从甘肃临夏来的穆斯林。有几家老裁缝店新近也关了门。他们以前以做藏袍、藏帽为主。有一种藏帽,用的皮子是从新疆运过来的,质地很好,做成后要卖200元左右。现在由于内地浙江、上海等地的汉族裁缝在改革开放后来到西藏,因其服装式样新、技术好且价格便宜,所以他们包揽了大部分生意。现在机器加工的衣服、帽子也很多,所以老裁缝店只能退出市场。大寺穆斯林现多经营茶馆、饭馆和皮鞋生意因大寺附近有几家本地穆斯林开的老甜茶馆,内设几条简陋的长桌长凳,有的还放有电视机、录像机等,客人可在这里边喝茶边悠闲地看着电视。这里的甜茶馆没有招牌,也没有清真标志。因为喝茶的大多数人是藏族,而且当地的穆斯林也都知道哪几家是清真的,哪些不是清真的。大多数的甜茶馆还兼营食业。另外也有几家做点心、馒头的。其中大寺穆斯林益达家做的"河州馍馍"在全拉萨市都很有名,益达的妻子在家做,女儿在自家门口摆上一个极其简陋的小摊。有人直接到家里买,有的甚至打电话到他家订购,女儿负责送货上门。买主主要是当地藏族。"河州馍馍"外型像临夏的一种厚饼,但原料、制作过程不同。把面粉、水、鸡蛋、白糖、葡萄干按一定比例和好,发酵后揉成圆饼,把每一个圆饼都放入一个事先都装好了少许酥油的小圆铁盒内,再放入烤箱,约40分钟后,"河州馍馍"就做成了。吃起来酥香,甜而不腻。

从拉萨世居穆斯林的物质民俗可以看出,他们在饮食上严格遵循伊斯兰教经典中规定的食物禁忌。由于地处青藏高原这块特殊的区域,拉萨世居穆斯林和当地的藏族一样,糌粑、酥油茶、风干肉也是饮食中的必备之物。"抓饭"是拉萨世居穆斯林独特的食品。清乾隆年间的《西藏志》记载,西藏贵族宴会上,有"奶茶、抓饭,乃缠头回民所作,有黄白二种"①。"缠头"即克什米尔等外国穆斯林的统称。现在的印度、克什米尔地区也有吃"抓饭"的传统,而且也放酥油和咖喱粉。所以拉萨世居穆斯林的"抓饭",很可能是受穆斯林先人的影响。这里的穆斯林还对咖喱情有独钟,他们在做菜时,咖喱粉是必放的调味品。印度、克什米尔地区就有每菜必放咖喱的习惯,这不能不说明拉萨穆斯林在饮食习惯上还保持着先人的传统。他们把藏袍作为自己的盛装,只是少了佛珠和"噶乌"。因为佛珠和"噶乌"都与佛教信仰有关,手捻佛珠,口中念着六字真言主,"噶乌"内装护身符与子母药(是活佛给的药)。他们在把藏装作为自己节日盛装的同时,过节时还要戴号帽或盖头。穆斯林民族大多入乡随俗,从一定程度上可以说号帽或盖头已经成为从外观上判断他们是否是穆斯林的标志。在居住习俗中,建筑风格和当地藏族群众的民居一样。只是除去了与伊斯兰教信仰相违背的地方。如在房屋装饰中决无动物造型和图案,房顶不插经幡,不置牛头,院门口不挂哈达等,总之一切代表佛教信仰的东西都不会在穆斯林的房屋中出现。

总之,拉萨世居穆斯林的物质民俗既有自己的传统部分,又大量吸收了藏文化中的优秀成分,同时又成功地保持与伊斯兰信仰的符合。

(二)社会民俗

"社会民俗,亦称社会组织民俗,指人们在特定的条件下所结成的社会关系的惯例,它所关涉的是从个人到家庭、乡里、民族、国家乃到国际社会在结合、交往过程中使用并传承的集体行为方式。

---

① 《西藏志·卫藏通志》,西藏人民出版社,1982年版,第39页。

它主要包括社会组织民俗(血缘组织、地缘组织、业缘组织等)、社会制度民俗(如习惯法、人生礼仪等)、岁时节日民俗以及民间娱乐。"①

1.拉萨世居穆斯林的清真寺及其内部组织

小寺穆斯林的清真寺

小寺穆斯林拥有三座清真寺和一处墓地。"卡基林卡"同建有两座礼拜殿和一处墓地。目前这块园林有64,289平方米,园林的大门是尖塔,园拱形的阿拉伯式建筑,在尖塔下有一排文字:中间为藏文,意思是"江达岗"(藏语,一箭之遥之意);东边和西边的分别是藏文和乌尔都文,意思是"两个清真寺、墓地"。园林内树林茂密,草地丰美,是拉萨小寺穆斯林纪念先人、节日聚会的场所。小寺穆斯林早在17世纪中叶辟尔·亚古博受封于五世达赖喇嘛时,就于拉萨西郊修建了礼拜堂和墓地。历史上,来自克什米尔、拉达克、尼泊尔、印度的穆斯林就在这里聚会礼拜。

卡基林卡大门及礼拜殿见图六、七。

20世纪初期,在拉萨旧城中心建起了小寺穆斯林的第三座清真寺,坐落在大昭寺东南的绕赛巷内,称其为"拉萨清真寺"。于1999年在旧址上重建,并在占地面积上稍有扩大。重建后的清真寺大门为铁门。铁门上方用汉文和藏文写着:"拉萨清真寺"。建筑群占地面积500多平方米,完全是现代钢筋水泥建筑。入口处的左侧为寺管会办公室,再往里是水房,正对着大门的是礼拜殿,殿顶上有一个圆顶及两座尖顶的塔楼。礼拜殿分两层,从进殿到礼拜殿的第二层均铺着红色的地毯。两层的布局大体相同。祈祷室坐东向西,两排洁白的水泥方柱代替了原来刻满藏式花纹的木柽。天花板上正中悬挂着精美的吊灯。地板上铺着地毯,并整齐

---

① 《民俗学概论》,钟敬文主编,上海文艺出版社,1998年12月第1版,第5页。

地铺着藏族卡垫式的拜毡。壁龛建在西墙上（朝着麦加的方向），旁边有克尔白图案的挂毯。在克尔白图案的两旁分别放着临潭穆斯林、临夏办事处、大寺穆斯林祝贺清真寺重建的匾额。

据《拉萨文物志》记载："拉萨小清真寺是本世纪（20 世纪）20 年代专门为在拉萨做买卖、短住或长住的克什米尔、拉达克、不丹、尼泊尔、英国等信奉伊斯兰教的人做礼拜而筹资、捐款修建的。"①

小寺系统的阿訇情况

1959 年以前，小寺系统拥有阿訇多达 30 名。他们多是拉萨土生土长，也多是受学于拉萨。他们的师承有国外的，如木比，他曾于 40 年代受学拉萨，后与小寺系统发生严重的纠纷；也有内地的，如尤素（马子良），来自宁夏，和平解放前在拉萨执教约三年，后移居沙特阿拉伯。他培养弟子十多人。这十多人中，有大寺阿訇，如小牙牙，他曾受学现在小寺的阿訇哈立木；也有小寺阿訇。

1959 年，西藏发生叛乱，小寺系统基本没有受到冲击。1960 年上半年，小寺系统穆斯林多认定外国籍。小寺系统 30 名阿訇尽数离开拉萨。为了维持宗教活动，河坝林阿訇沃沮和小牙牙兼任小寺阿訇。阿不都·哈立木一家回克什米尔后，其父哈比希由于在 1959 年前曾在拉萨政府担任过职务，被怀疑为中共特务，不得已于 1961 年返拉萨。哈立木就学于牙牙阿訇。1966 年文革开始，沃沮和牙牙不再主持小寺宗教活动，哈立木接手主持，时年 15 岁。

小寺系统现任阿訇为：哈立木、哈米都、赛福鼎（两人系哈立木弟弟）和叶巴尔。教长哈立木今年 50 出头，8 岁以前曾从小寺阿訇学习，后在印度学经一年多。从小寺到小牙牙学习约有五年时间，学阿文《古兰经》约有两年，乌尔都文有七年，自学藏文时间更长。没有系统学过班牙尼（阿拉伯修辞学）、算勒夫（词法）、奈最

---

① 西藏自治区文物管理委员会：《拉萨文物志》，1985 年版，第 141 页。

(古兰经注)等课程。教长以外的三名阿訇,都是先在哈立木手下学习四年,打好基础后去印度的伊斯兰大学学经八年。

小寺系统的俗务管理

小寺系统俗务的管理,有"板吉"。1959年,小寺系统选出"穆民头人"一人,送达赖喇嘛批准后,再由他组织四人,成立"板吉"。波斯语"板吉"是五人的意思。这个五人团下面,又有六小,其中两人负责房屋管理,两人负责寺庙管理,另两人为会计和出纳,总计11人。头人三年一换。1959年前,小寺系统穆民头人是哈比布和各朗玛生。现在的组织是民管会(相当于内地的寺管会),民管会共有11人,有正负主任、出纳、会计等组成。这11人统管伙食、房屋维修、林卡等事务。现在主任由教长哈立木担任,副主任由马伊比担任。主任、副主任由穆民民主选举,每三年一换,由市民宗局批准。

小寺系统的宗教教育情况

1980年时,小寺系统办有业余学校,有50多名学生。一般晚上7至9点学习,教授宗教常识和阿拉伯文、乌尔都文知识,多为阿訇任教。这所夜校设在"拉萨清真寺"内,自开办以来,两个系统的穆斯林青年都来这里学习宗教知识,取得了良好的效果。1998年由于缺乏师资力量,夜校停办。在近些年,小寺的阿訇自己编写了藏文伊斯兰教材。这些教材具有藏语译文拉萨口语化,在藏语译文中大量使用了阿拉伯、波斯语的直接音译等特点。

大寺系统的清真寺

"西藏清真大寺"于2001年6月15号重建,在2002年3月份完工。大寺占地面积2600平方米,建筑面积1300平方米,整个院落东西长,南北短,平面布局不规则。由大门、二门、礼拜堂、浴室、水房、学校、仓库等几部分组成。礼拜堂分两层,占地面积480平方米,是现代的钢筋、水泥结构。式样与原寺建筑风格不同,是尖塔、圆拱的阿拉伯式建筑风格,礼拜殿以绿色为主。

据《拉萨文物志》记载,"西藏清真大寺"创建年代为1716年,而且在清代时,清真大寺屡有修缮的记录。1959年,西藏发生叛乱,大寺被叛匪烧毁。有关清真寺及当地穆斯林的许多资料都毁于这场大火中。1960年重建后的清真寺,大门为汉式的牌坊式建筑,雕刻着精美的藏式花纹,并分别用汉、藏、阿拉伯三种文字书写着"西藏清真大寺"几个字。布局为三进院落,礼拜堂分为内殿、敞厅两部分。厅内高悬着"清真古寺"匾额。礼拜堂为木石结构,共计18间,面积275平方米,殿内有木桎10根,堂内铺有华贵的地毯。木桎及四壁均刻有精美的花纹,风格均为藏式。礼拜堂有轻质的,帷幔隔断,作为穆斯林妇女斋月期间的礼拜之用。

"西藏清真大寺"大门图片见图一。

大寺系统的阿訇情况

大清真的组织,是教长制。本世纪中,大寺系统的掌教大致为:撒康教长;马良俊教长(1907—1966);沃沮教长(1966—1978);哈比布教长(1978—1981);海桑教长(1981—1987);亚古教长(1997—)。① 马良俊阿訇任教长后期,教内既有老教(格底目)色彩,也有新教(依黑瓦尼)色彩。与马良俊同属一代的阿訇,还有胡祖、特保、哈比布、奥里(比马良俊归真早)。他们大都是在拉萨受学而成的。

现在的大寺共有五位在职阿訇,教长亚古,副教长阿里,另外还有伊斯哈格、奴哈、撒那乌拉,他们都是从内地或印度、巴基斯坦学经归来的阿訇。亚古教长只有30多岁,很受穆民的尊重,他曾到宁夏和印度学经。他和上任阿訇海桑在任期间,革掉了许多不合伊斯兰教的礼仪,带有比较浓厚的"凭经行教"、"遵经革俗"色彩。如在1999年就把刚结婚时一天请客三次变为只请客一次,避

---

① 《拉萨穆斯林群体调查》,陈波著,载于《西北民族研究》,2001年第1期,第90页。

免了铺张浪费。

大寺系统的俗务管理

大寺系统的俗务,民主改革前由乡老组织负责。乡老组织设总乡约(相似于乡长)一人,"保正"两人,都是大寺穆民选举或前任乡约先推荐再选举产生后,报噶厦政府的农牧厅批准,三年一换。下面有八人,分工负责具体俗务。两人管库,两人管钱,两人管尾。尾,指杀牛宰羊要向噶厦政府交的税。乡老组织的变化,是现在的民管会(相当于内地的寺管会)。民管会于1982年成立,设主任一人,副主任一人,由民主改革推选,市民宗局批准,三年一选。除正副主任外,下面有七人,一人负责管理屠宰,两人管财务,两人管伙食,两人负责房屋维修和管理。第一任民管会主任是哈比布担任教长时期,由另一名同名为哈比布的人担任。当时民管会共有五人,教长为其中之一。现任民管会正副主任为马文忠、伊素。

大寺系统的穆日地和女友组织

大寺系统中有穆日地(经查语言来源不详)组织和女友组织,宗旨都是为了:"把帮助穷困的人家作为自己的应尽义务。"穆日地由穆民男子自发组成,成员每月交10元钱,作为开斋、圣纪时请客及穷人无常(死亡)的丧葬开支。大寺有穆民无常后,立刻通知穆日地成员。把埋体(阿拉伯语音译,即遗体)投入寺中,在为亡人做完"占那则"(举行葬礼)后,也是由穆日地成员送往北郊墓地。在寺里有客人时,女友组织在寺内做饭、招待客人,圣纪时节时在寺里请穆民吃甜抓饭,有女性无常时给亡人洗"埋体"穿"开凡"(包尸体用的白布)等。

大寺系统的宗教教育情况

民主改革前,大寺设有回民学校。分小学班、中学班和大学班。小学班以学古兰经选段为主;中学班以30卷阿文《古兰经》为主课;大学班的主旨在于培养阿訇。三学都兼学藏、汉文,大学还学乌尔都文。现在的回族学前班,主要学藏文、汉文、阿文《古兰经》和数学。经文只是一些宗教常识,用藏文拼音,所以学生只知音而不知其字义。学生有 60 人左右,每月交学费 10 元,家里贫穷的也可免除,寺里每天该给学生发一元零花钱。学生们的课程都由寺里阿訇来教。现在大寺也派人到巴基斯坦学经,主要是培养教长接班人。

2.人生礼仪

人生礼仪是指人一生中几个重要环节上所经过的具有一定仪式的行为过程。它主要包括诞生礼、成年礼、婚礼和葬丧礼等。

诞生及命名礼

拉萨世居穆斯林的妇女怀孕时,一般没有什么禁忌,听医生说的就可以。妇女分娩到医院里,没有坐月子习俗。穆斯林在小孩七天时,如果是男孩就宰两只羊,是女孩宰一只羊。宰的羊一部分给自己和客人吃,其余部分分散给穷人。亲戚朋友多带酥油、鸡蛋来祝贺。这天要请阿訇来到家里念经,感谢真主"赐予",并为婴儿取一"经名"。阿訇取名时,先问父母要给孩子起什么名字。然后对着婴儿的右耳低念"邦克"(即在清真寺宣礼塔上召唤教民上寺礼拜的宣礼词),再对着其左耳念"乃麦体"(即教民汇集到清真寺后准备礼拜的招呼词)。据说,念宣礼词意思是将婴儿由清真寺外唤到清真寺内,成为一个当然的穆斯林。仪式结束后,阿訇为婴儿取一"经名"。男孩的经名多用伊斯兰教圣人、哲贤的名字,如:哈桑、伊素(尤素夫)、亚古等,女孩一般起名为阿米娜、海底切、法图麦等。阿訇不要的(自愿的施舍),也不在穆民家吃饭,大多只喝个酥油茶。一般不给小孩另起汉名和藏文名字。

成年礼仪

按照伊斯兰教规定,女子 9 岁,男子 12 岁,即为"出幼",即进入成年,开始承担宗教义务和履行宗教功课。女子要戴盖头做礼拜,男子要行割礼,进礼拜殿做礼拜。拉萨世居穆斯林不要求女孩戴盖头,但要做礼拜,家长往往敦促孩子做礼拜,必要时对其进行体罚。拉萨世居穆斯林称割礼为"克的那"（阿拉伯语音译），一般在男孩10岁左右施行。以前由小寺教长哈比布来做。哈比布教长无常后，现由小寺阿不都，哈立木教长施行，并无庆祝活动。

婚礼

婚姻是维系人类自身繁衍和社会延续的最基本的制度和活动。婚姻作为民俗现象，它的内容主要包括婚姻形态和婚姻礼仪两个方面。拉萨穆斯林是一夫一妻的婚姻形式，婚后一般住在夫家。入住在拉萨穆斯林中很普遍，如果家里弟兄多，对方经济条件还好，通常就入住女家，婚后也就住在女家。

小寺系统中没有媒人。如果一方父母看中别家孩子，就带上茶和装有食物的礼盒去那一家。双方父母谈得差不多后，看子女是否同意，如果子女不同意，父母也决不勉强。如果是男娶女，在定婚这天，男方派姨、姑等人带上酥油、牛肉、鸡蛋等简单礼品到女方家，并在这天与女家共同商量结婚的大约时间，结婚时间一般在定婚后不超过半年。如果是入住，则女方派舅、叔等人到男方家商量结婚的大概日子，无聘礼，无嫁妆。

拉萨世居穆斯林举行婚礼一般在9月底到第二年的3、4月份。主要是因为这时天气较凉，菜不易坏。婚礼举行四天，男女各两天。在哪家入洞房，要看婚后在哪家生活。在举行婚礼前，男女双方要由人陪伴去寺中大净。新娘穿新藏袍，藏袍多用红色绸缎做成。戴上大红盖头，盖头是长方形的，约有3尺宽、6尺长，上面往往镶有金光闪闪的丝线。新郎穿西装，戴号帽。而且新郎新娘脖子上戴一红色的大花环。婚礼第一天和第二天，男方请客，在自己家里招待穆斯林客人，客人包括男方亲戚、女方亲戚和新娘的伴娘。以前一天中要请客人吃三次饭，在1999年时，大寺的阿訇讲这样太浪费，也太麻烦。家里富有的还可以承受，家里贫穷的就承担不起。而且《古兰经》上也主张节俭，所以现改为一天请一次客，受到穆民们的称赞。第二天下午约三点钟左右，在寺里由阿訇念

"尼卡哈"(阿拉伯音译,意为证婚词)。参加人有自己系统的所有阿訇、新娘新郎、新郎的所有男朋友及亲戚,女方多由叔、舅参加。阿訇问三次愿不愿意,得到肯定回答后,阿訇念"尼卡哈",并说明双方所要担负的责任、义务等。接着是女方请客两天,来宾包括男女双方的亲戚、朋友。如果客人多,请客时间也可推迟。藏族朋友赠送的哈达等礼品也接受,与穆斯林客人分开请客。七天后新人要回娘家,晚上仍要回夫家。如果离婚,先要为男女双方各找两人,由他们分别劝导,如果劝导无效,六人齐集于阿訇面前,阿訇问三次后,几可以分手。涉及到财产纠纷,则去法院,一般是平分。

新娘与伴娘图片见图九。

大寺系统的穆斯林一般为自由恋爱,或由双方父母、家人介绍,交往一段时间,如果双方都同意,就举行订婚仪式。聘礼一般不强求,看经济情况而定。嫁妆极其简单,一般为被褥、衣服、酥油等。

大寺系统举行婚礼的仪式和小寺一样,只是请客在大清真寺,往往事先买好菜,大清真寺做。请非穆斯林朋友时,则多是到饭店。

大小寺系统的穆斯林多年来交往密切,通婚较为普遍。大小寺系统的穆斯林虽然不赞成与当地不信仰伊斯兰教的居民结婚,但如果对方入伊斯兰教,也可接受。

个案:西藏自治区政协委员马玉贵是拉萨大寺系统的穆斯林,他的奶奶和母亲都是当地的藏族,在嫁入穆斯林家庭后,奶奶和母亲都成了伊斯兰教的虔诚信仰者,并受到了当地穆斯林的尊敬。马于贵说:"拉萨当地回族(穆斯林)中,藏族人的血统占80%,那些最初来到拉萨的回族(穆斯林)或者因为经商或是因为战争,多是青壮年男子,他们在拉萨定居后必然要与当地的藏族女性结婚,使她们改信奉伊斯兰教。"

丧葬礼

死亡是人生的重点。人类处理死者的方式基于一定的物质基础，也由一定的主导思想所支配。这种主导思想决定了奉行者的人生态度，亦即对待死亡的观点。伊斯兰赋予穆斯林的人生信条是"死亡为正命"。所以穆斯林认为生死乃为定然，能坦然地面对死亡。拉萨世居穆斯林实行土葬，主张薄殓速葬。

小寺系统有穆斯林在垂危之际，要请阿訇为临终者念"朵白"（阿拉伯语音译，忏悔词），到"真主独一"时，临终者可举右食指，也可以用眼睛表示，做到让人明白。如果人是男性，由阿訇及男性穆民洗"埋体"穿"开凡"，"开凡"为36尺白布。给亡人穿好"开凡"后，要在亡人的七窍中塞上藏红花、麝香等。阿訇给亡人站"者那则"（即举行殡礼）后，将"埋体"移入清真寺功用的"经匣"内，有穆日地成员送往墓地。送墓时不穿白戴孝，家属在家中哭，到坟上不能哭，女家属不能在坟上。在坟上念经，不点香，念经是一人念，不许围坐，也不为亡人宵夜。不崇拜圣墓，主张不写碑文，只有贵人才立碑，不设坟丘。除在节日里为亡人祈祷外，没有别的纪念活动。

坟坑为直坑，长六尺，宽三尺，深五尺左右，南北向。

墓地位于"卡基林卡"内。墓地有围墙，但有两座墓碑在围墙外，其中一座在礼拜殿之后，用矮墙围起。据传，此即辟尔·亚古博之墓，碑上的乌尔都文的石刻已模糊难辨。另一座在礼拜殿前，年代是伊历1221年（1860）。现存年代最早的一块刻于希吉拉历1133年（1720，清康熙五十九年）。现存的墓碑中，有两种形制。

旧式形制：完全不同于大寺穆斯林的墓碑形制，是用石头、水泥砌成的三层方形的墓顶盖，其侧面用乌尔都文刻写亡人的名字及其无常的年代。墓碑顶部为凹陷的水槽，据阿訇讲这是用来盛雨水，让年有水喝，这样也是为亡人做了"索瓦扑"（即善行）。

此墓碑图片见图五。

新式形制：近几年立的碑，出现了类似于大寺墓地形制的方碑。碑首刻写阿文清真言，碑心为汉文或藏文刻写，内容为墓主的姓名，籍贯及生卒年月。

此墓碑图片见图四。

大寺系统为临终者念"朵白"（忏悔词），并不要求临终者举右手指。阿訇为亡人占完"者那则"后，由穆日地成员抬到北郊墓地，现在寺里有专车送到墓地。送葬时不穿白戴孝，家属在家中哭，到坟上不能哭。在坟上念经，不点香；念经是一人念，众人听；之后做都哇（阿拉伯语音译，意为祈祷），面向坟墓围成一圈。不为亡人祈祷。坟坑为长方形的直坑。长六尺以上，宽三尺左右，深六到七尺，南北向。以前有偏堂，现在的坟坑为直坑。把"埋体"放入坟坑后，上面要盖一塑料布，再盖一木板，现在盖水泥板。

大寺墓地在北郊"格格霞"墓园。墓园离大清真寺约6公里，面积为64000平方米，四面依山，墓地分布在一片稀疏的树林之中。墓地有围墙，大门东向，大门是富有阿拉伯特色的绿色尖塔式建筑。进门是守墓人住所和一个简易的礼拜殿。据调查，墓园内现存墓碑30通，现有清代墓碑16通保存完好。

(1) 内地形制（汉式）的方碑或圆碣。碑为整块石头刻成，中有汉字碑文，一般介绍亡人生平、籍贯，两侧是汉文的对联，上为横批。中：清咸丰七年碑，碑心为"皇清诰赠显妣马母氏老宜人之墓"，两侧为："风清瑞照牛眠地，山岚祥微马邋村"，横批是：万古佳城。

此墓碑图片见图二。

(2) 吐蕃形制的四楞柱形碑。用藏文刻写墓主姓名、籍贯及生卒年月。

此墓碑图片见图三。

(3) 新式的阿文，汉文或者藏文刻写。碑首为阿文清真言，碑心为汉文或藏文刻写的墓主姓名、籍贯及生卒年月。

3. 岁时节庆

岁时节庆"主要是与天时物候的周转性转换相适应,在人们的社会生活中约定俗成的,具有某种风俗活动内容的特定的时日"[1],可以说是民族文化生活直接的表现形式。凡是作为一个宗教,大都保留下自己的传统节日,从属于信仰体系的一个组成部分,也是现实生活的表现形式。

开斋节

拉萨世居穆斯林最重视、最盛大的节日是开斋节,开斋节是在斋月结束时,望见新月的次日,即伊斯兰教历十月一日,庆祝胜利完成斋功的节日。在斋月期间,每天下午,大清真寺内有各种各样的小食品出售。其中有"布鲁"(经查语言来源不详,很可能为乌尔都语):用面粉、牛奶、粮和成糊状在特制的袋子里挤出来,然后放在盘中,做成各种花样,经油炸成。

"小油香":面不经发酵,用牛肉汤和出来,揉成小面饼,在油里炸好后颜色发黑,但味道酥香。

"比里里"(经查语言来源不详,很可能为乌尔都语):用牛奶、糯米粉和糖熬出后放在碗里,撒上葡萄干做点缀。

"恰不拉"(经查语言来源不详,很可能为乌尔都语):以前用荞麦面粉,现多用小麦面粉。面粉发酵后,弄成浆糊状,然后放在锅里烤,并趁热撒上白糖。

"曲热包子":"曲热"(藏语)即酸奶渣。"曲热"放上白糖、酥油做成馅就可做成酸甜可口的"曲热"包子。

"土豆芡":用土豆、咖喱粉、辣椒面等熬成。

许多藏民在穆斯林斋月期间也常常来大清真寺买这些富有特色的小点心,有些单位还专门开车买大寺做的抓饭,给职工食用。

---

[1] 《民俗学概论》,钟敬文主编,上海文艺出版社,1998年12月第1版,第131页。

在斋月期间,晚上开斋时间一到,800多穆民从四面八方聚集到清真寺里一起开斋,场面十分壮观。每晚开斋经费多由穆民的经济情况而定,凡富裕户均争先恐后交纳,以获得负担斋饭费用的荣耀。

在开斋节这天,拉萨世居穆民全都沐浴更衣,穿戴一新,老年男子头戴号帽,身穿新藏袍。年轻男子则多穿西装,戴号帽;妇女们头戴各色盖头,着各色新藏袍或印度服装。两系统的男性穆斯林分别前往各自的清真寺参加会礼(开斋节、古尔邦节所举行的集体礼拜)。会礼开始时,先由阿訇诵《古兰经》,接着再由教长讲"瓦尔兹"(教义宣讲),最后集体礼拜。会礼的仪式一般进行1个小时。之后,穆民乘车到西郊墓地或北郊"格格霞"墓地给亡人祈祷。向长辈和街坊邻舍致"色俩目"(阿拉伯语音译,穆斯林见面时的问候语,意为求土给您降福),祝节日愉快。

古尔邦节

第二大节日为古尔邦节,即宰牲节,伊斯兰教历十二月十日。这一天拉萨的世居穆民都要沐浴、着盛装,两系统的穆斯林在各自的清真寺举行"会礼"。寺里散"索得哥"(施舍)。在做礼拜的同时,一部分人宰牛羊,切肉,炒肉。寺里散结束后食用。古尔邦节中,人们还要去墓地游坟,以缅怀先人。二天过后,到亲戚朋友家串串门,到林卡中与亲戚朋友聚聚,互相请客吃饭。

圣纪节及阿舒拉节

圣纪是伊斯兰教创立者穆罕默德诞辰纪念日。届时,小寺穆民前往"卡基林卡"举行纪念活动。早上,在园林的草地上搭起白色的帐篷,铺上藏式坐垫。先由阿訇诵经,集体做都哇,然后用餐,食品多是内地没有见过的,具有克什米尔地区的风格。下午,穆民不分男女都进入礼拜殿,听阿訇讲"瓦尔兹",之后大家在教长带领下集体赞圣,赞圣完毕,男性穆民纷纷进入墓地为亡人祈祷。大寺系统的穆斯林,在"西藏清真大寺"内举行纪念活动。三点钟做完礼拜后,由寺里女友组织请客,在寺里吃甜抓饭。晚上听阿訇讲经。在过阿舒拉节时,两系统的穆民都要举行纪念活动。下午三点钟做完礼拜后大家在一起吃甜稀饭。此外讲述圣人事迹、多念经。

抓饭节

在每年八月的一天,大寺穆民和西藏昌都地区的穆民还欢度特有的抓饭节。西藏穆斯林人数甚少,而且有的经商,有的在单位上班,在一起相聚的机会不多,为加强穆斯林内部团结,丰富宗教知识和纪念先辈,形成了西藏特有的"抓饭节"。在抓饭节中,大寺穆民不分男女老幼纷纷集中到北效墓地的林卡中,首先是教长讲经,小孩坐前排,后面坐大人,几百人全都聚精会神地听讲。然后在教长带领下集体赞圣,赞圣完毕共进抓饭,穆民们保持了用右手抓着吃的习惯。吃完抓饭后男性穆民到自己已故长辈坟前走坟念经,缅怀先人。之后穆民们在林卡内搭起帐篷,玩乐几日,少则二、三天,多则半月不等。

从拉萨世居穆斯林的社会民俗看,小孩子出生后要请阿訇起经名,男孩子长大后要行割礼,结婚时要请阿訇念"尼卡哈",要为亡人穿"开凡"占"者那则"等。他们非常重视伊斯兰的传统节日,如开斋节、古尔邦节等。这都和我国其他地区的穆斯林相差不大。

在拉萨地区,节日比较多,不仅过圣纪节、阿舒拉节,而且大寺穆斯林还过抓饭节。在过节时,小寺穆斯林一般都聚集在"卡基林卡",大寺穆斯林则聚于"格格霞"。在夏日周未,拉萨穆斯林和当地藏族一样,常和亲朋好友或家人一起,带上酥油茶和点心在林卡中尽情地玩乐半日。这是因为处于高寒地区的西藏冬长夏短,长时间的室内生活,使人们感到闷气,一到春暖花开,人们便纷纷投身到大自然中去,来到拉萨城外的林卡野宴,这一现象与拉萨的自然环境有着密切的关系。

举行婚礼时,阿訇要为新郎、新娘念"尼卡哈";新郎戴号帽,新娘穿藏袍、戴盖头；新郎、新娘在脖子上挂一个大花环。"尼卡哈"、号帽和盖头为伊斯兰文化，藏袍是藏族的传统服饰，而花环是印度、克什米尔人表达自己美好意愿的常用方式。不难看出，这一习俗不仅包含伊斯兰文化、藏文化，也包含有印度、克什米尔文化。

与内地坟坑不同的是，拉萨世居穆斯林坟坑都是直坑，没有偏堂，这种现象在内地穆斯林中不多见。小寺穆斯林墓碑中的三层墓顶盖式碑，没有坟墓丘，也是拉萨世居穆斯林所特有。小寺系统近年来的新式碑与大寺的新式碑形制相同，也说明了这两系统的穆斯林的生活习俗上的相互渗透。

(三) 精神民俗

念、礼、斋、课、朝为伊斯兰教的"天命五功"，是信仰的实践。先知曾申明："伊斯兰教建筑于五项基础之上：除安拉之外，别无他主，穆罕默德是真主的使者，力行拜功，出纳天课、朝觐、封莱麦丹月之斋。因此穆斯林把伊斯兰教这五项基本宗教功课视为天道。"是穆斯林承担的神圣职责和根本义务。

拉萨世居穆斯林一般都会念清真言、作证词。清真言的意思为：万物非主，唯有安拉；穆罕默德是安拉的使者。凡是当众念了清真言，即"作证"自己的信仰，归信了伊斯兰教。学龄前儿童多到寺里学经。主要学习清真言、作证词及礼拜的一般常识，也有跟随阿訇和父母学习的。

平时两系统的穆斯林都在各自的清真寺礼拜。清真寺内不用喇叭宣礼，礼拜时间到时，穆民从各方面涌入。在"拉萨清真寺"中，平时礼拜的人不多，在30人左右。在主麻日（主麻日即星期五，主麻为阿拉伯语"聚礼"的音译）时，人数有400多人，有时清真寺的院子内都是做礼拜的。在礼拜人数上，外地穆斯林远远超过当地穆斯林。到"西藏清真大寺"礼拜的除了大寺穆斯林外，还有甘肃临夏、青海循化等地离大寺居住较近的穆民。外地穆斯林在人数上也超过了大寺穆民。在大清真寺重修期间，一部分在寺里的临时地点做,一部分也到小寺礼拜。小寺穆斯林在礼拜时,男性和女性可同在一个礼拜殿。大寺女性穆民平时在自己家里礼拜,在斋月期间也可和男穆民一样到寺里礼拜,有一个轻质帷幔把男女穆民隔开。

拉萨世居穆斯林对斋月很重视,女子年龄9岁,男子12岁,理智健全,身体健康,不患疾病,不出门在外,或无其他理由者,必须在伊斯兰教历的第九月开始,封斋一个月。他们确定斋月的起止日期的基本方法是看新月,农历月初,望见月牙开始封斋,下月初见月牙开斋。若逢阴雨,起止不见新月,斋戒起止时间顺延三日,但一般不得超过农历初五。在斋月中,从拂晓到日落前,不得饮食,也不能行房事,要做到清心寡欲,表里一致。

拉萨世居穆民以家庭为单位交纳天课,只要条件允许,必交天课。有的交纳钱,有的交纳物,依自己情况而定。天课主要用于清真寺的维修。在一些特殊场合,如斋月、开斋节、古尔邦节、婚丧等穆民都尽量施济穷人,施济的对象不分穆斯林或非穆斯林。当地穆民认为这样是做了善事,会顺利平安。在其他时间,也可施舍穷人。

两系统穆斯林2400多人中,去麦加朝觐的约为120人。小寺哈立木教长朝觐路线是先到尼泊尔,从尼泊尔坐飞机到巴基斯坦的卡拉奇,再飞往沙特阿拉伯。来回约需人民币2万元,时间约需45天。民主改革前,大寺系统去麦加朝觐的不多,去的路线大致是从拉萨去亚东,骑马或坐车。从亚东出境到锡金,再转印度的加尔各答去孟买,之后,可以坐飞机或乘船去沙特。来回约需6个月,大约2000元左右。从1984年开始,每年大寺和小寺的穆斯林中共7人,按报名先后定人,先到北京,由全国伊协组织统一去。需时两个月,人民币3—4万元。对去麦加朝觐的人,当地穆斯林很尊重,称其为"哈只"(阿拉伯语音译,是对到过麦加朝觐的伊斯兰教徒的一种荣誉称号)。亲朋好友在欢送和欢迎他们时,往往给他们脖子上挂一个大花环。

伊斯兰信仰是穆斯林民族精神民俗的主体。拉萨世居穆斯林多能奉行"五功",会念清真言、坚持礼拜、封斋、把朝觐视为一世的荣耀。拉萨世居穆斯林在服饰、饮食等物质民俗发生重大改变的情况下,其精神民俗依然保持得比较完整。

(四)语言、口承民俗

两系统的穆民都说一口流利的藏语,多数男性也会说汉语,女性除了进过汉语学校的外,大多不会说汉语。大、小寺系统相比,大寺系统的汉语普遍比小寺系统的流利得多。而且小寺系统穆斯林年纪约35岁以上的还会说乌尔都语。两系统的阿訇讲"瓦尔兹"时,一般用藏语。在重大节日,如开斋节、古尔邦节中,由于内地穆斯林的增多,也用汉语讲"瓦尔兹"。

关于"江达岗"的传说

"江达岗"即西郊"卡基林卡"。据拉萨世居穆斯林传说,一位叫辟尔－亚古博的阿訇从克什米尔来到拉萨。五世达赖在布达拉宫上望见辟尔－亚古博在拉萨北面的根培乌孜山上做礼拜,遂派人询问,后来便在拉萨西郊射箭赐地,以五个射程方圆的面积赐给他,称为"箭达林卡",后来称为"江达岗林卡"。另一种说法是辟尔－亚古博因尤洛脚之地而向五世达赖辞行,达赖喇嘛遂在西郊射箭场地。今天的拉萨穆斯林,甚至甘青回商都到根培乌孜山上的一块岩石边诵经祈祷,把那里视为辟尔·亚古博的礼拜地和穆斯林在拉萨的最早遗迹。

"卡基"姑娘和阿坝青年僧人的爱情故事

故事发生在本世纪初期,有几个"卡基"姑娘去色拉寺卖牛肉。她们一早便出门,带点干粮,赶着由公黄牛和母牦牛杂交生下扁牛,驮上几条牛腿。扁牛力气大,走得快,自己认识去寺院的路,带着姑娘们前走。"卡基"姑娘的漂亮是出了名的,又大又黑的眼睛,很有点异国风情。色拉寺山脚有个棚子,是寺院雇工的住处,"卡基"姑娘们把卖牛肉用的木桌和案板都存放在那里。取出桌案,摆好牛腿,姑娘们等着山上寺里的人来买。

为寺里买牛肉是一位年轻喇嘛,长得英俊高大。他和最漂亮的一个"卡基"姑娘一见钟情,私定了终身。姑娘的姐妹们都替他们隐藏着秘密。青年喇嘛回到寺里,向师傅献上哈达,再三请求还俗为民。寺里不知道原因劝说无效就答应了,将其逐出寺院,此生再不许为僧。阿坝青年与"卡基"姑娘结了婚,并为此改信了伊斯兰教,受到小清真寺阿訇的赞许。拉萨人得知此事也并未责怪那个来自阿坝的藏族青年,只是开玩笑说:"小喇嘛出家念经书,谁知读的是'女儿经'。"

关于大清真寺的传说

青海或者四川的穆民军队进攻拉萨,却被藏王的军队俘虏了。这些穆民们就在河坝林一带住了下来,当时河坝林很荒凉,穆民们要求藏王让他们在这里建一座清真寺,藏王不乐意,就推脱说只给他们一张牛皮大的地方。穆民们找了一张全拉萨最大的牛皮,并把牛皮割成细条,围成一个圈。藏王一看,也不好再说什么,于是穆民们就在河坝林建了一座清真寺。据说现在的寺址看起来不规整,有点圆形,就因为是用牛皮圈起来的缘故。

两系统穆斯林的祖先最初的语言就不是藏语,但是现在,藏语已经是他们的日常用语,做为他们祖先的语言——乌尔都语和汉语已渐渐屈居次要地位,甚至于许多人已经全然不会。"在一般情况下,凡二种文化发生接触,彼此很快地会互相模仿,有意无意间,就产生选择作用。"那些最初来到西藏经商或在西藏留下的驻军,他们如果想在西藏有所发展或者是长期定居下来,面对藏族的汪洋大海,他们唯有学习藏语作为交流工具而别无选择。

随着改革开放的到来,那些甘、青等地的穆斯林以及其他地方的汉族为了经商而涌入西藏,使这里改变了藏语的绝对地位。所以在现在的拉萨,不论是世居的穆斯林还是当地土生土长的藏族,都会说一些汉语。也因为在西藏双语（汉语、藏语）教学的开展，入学的孩子也就会说汉语，而且说得更流利。

四、改革开放后来拉萨的穆斯林

改革开放后来拉萨的穆斯林主要来自甘肃和青海，他们以经商为主，流动性比较大。早在80年代初，内地流动的回族就已开始在拉萨活动。

（一）临夏驻拉萨办事处的穆斯林

约在1981年，临夏回族自治州驻拉萨办事处就有回族聚集礼拜。礼拜时没有礼堂，约20人聚集于小屋中进行。80年代末，在办事处内修了一座两层楼的礼拜殿，底层住人，上层礼拜。后受河坝林的干预，礼拜殿被拆除。后复置一平房礼拜殿。1990年时，办事处有一年轻阿訇，不常居住。1991年时，广河县阿訇卡福寿担任开学阿訇。卡福寿是第一位专职阿訇。现在的阿訇也是广河县人，只有30岁，于1999年在这里担任开学阿訇。现在办事处院内有一间临时礼拜堂，里面设施非常简陋，可容纳100多人礼拜。平时礼拜约60多人，这当中又多是老年人。主麻日约300—400人，由于礼拜殿容纳不下，常常在办事处院内都是做礼拜的人。来办事处礼拜有临夏州广河县的300多人，住在夺底路的青海西宁、循化的穆斯林、在拉萨的维族，在"尔德节"期间，也有来礼拜的。

现临夏办事处住的都是临夏州广河县人，有400多人。多做建筑材料生意，如钢筋、水泥、木材等，此外也有的开饭馆、做大饼、小杂货牛意等。

（二）八廓街的流动穆斯林

在拉萨的商业重地八廓街上，有60来户穆斯林，有200人左右。他们多来自甘肃临潭县，有的在改革开放之初就来到拉萨，有的是近几年才来。他们多从事珠宝生意，红珊瑚、绿松石、天眼石、印度铜器、尼泊尔古玩等，也有少数做经营、军被等军用品生意。

这些临潭穆斯林,虽然分属不同的教派和门宦,但他们都多在离八廓街较近的"拉萨清真寺"做礼拜,过开斋节、古尔邦节等也多在这里。他们说,在拉萨没有教派,都是一个穆斯林,礼拜殿都一样,只要有一个礼拜的地方就可以了。

在八廓街的流动穆斯林中,还有西道堂教民,其中的"天兴隆"商行在拉萨设点是从1994年开始的。主要经营江苏绸缎、印度丝绸,资产300万,年利润可达27万元以上,他们从浙江发货到拉萨,并以浙江货在樟木口岸与印度货交换。

西道堂与其他教派明显不同,它赞颂、纪念自己的教祖和教中圣人。目前主要有四个纪念日(农历),除了遵从伊斯兰教规上的节日外,西道堂还纪念这四个祭日。在拉萨纪念祭日是在教徒住处进行的。西道堂教民在拉萨做礼拜,也多到拉萨清真寺。在西藏,西道堂与其他教派、门宦之间,谨守着互不揭短攻击、互不干涉的例规。而且,其他教派、门宦有开店,结婚,逢年过节,还要互相庆贺、请客。西道堂纪念、圣人祭日,还可请世居回族和其他教派、门宦参加。

(三)其他的流动穆斯林

拉萨中和国际城是近年来兴起的商业区。这里有服装、鞋帽、日用品、小百货、饮食业,此外还有"拉萨市金属加工市场"。在小百货、饮食业中,有来自临夏的一些穆斯林。在金属加工市场中,则大多数都是来自甘肃康乐的穆斯林,他们收购废铁,并进行门窗、太阳灶等金属加工业。来自康乐的穆斯林约有200人左右,由于这里离大寺和小寺都比较远,所以他们在金属加工市场院内租了一间房子,做为礼拜的临时处所。这里也没有阿訇,在过节时,多到"西藏清真大寺"。

在拉萨,临夏市的穆斯林流动性最大,不像广河、临潭、康乐的穆斯林多集中于一个地方,从事一种行业。临夏穆斯林除了一部分在河坝林一带从事卖牛肉、茶叶、收购皮毛、藏药等生意外,还有在宇拓路上做电器生意、在天海夜市的杂货生意,经营遍布拉萨市的小饭馆、小百货。他们其中也有不同教派门宦,但在做礼拜时,主要考虑到是否方便,或去小寺、或去大寺。

青海到拉萨的穆斯林,以循化人为多。有回族,也有撒拉族,他们多在"西藏清真大寺"做礼拜。他们在纳金路上较为集中,少部分居于多底路、河坝林一带。他们有的从事杂货、服装、饮食业等生意。一部分循化和一部分临夏穆斯林也从事资金占有量大、风险高的商业活动。其中以购销皮毛为主,西藏腹地的毛皮基本上被回商控制。他们涉足较多的另一项商业是购销当地的药材,且以珍稀药材为主。而且这些回商一般是有组织的规模经营,基本上形成了一条龙的组织化商业团体,他们在藏地以三、五人为单位负责收购,另几个负责运出藏地出售,贵重药材一般销往东南沿海一带。青海的撒拉族多承包了从拉萨到青海的长途汽车客货运输。

除甘肃、青海的穆斯林外,还有在每年冬季来到拉萨的少数新疆维族,他们多做葡萄干等生意。届时,多推着小推车在布达拉宫、河坝林等地方卖。

西藏地区的农牧民群体大部分信仰藏传佛教,而藏传佛教提倡"四大皆空"、"万物知足"等说教。由于受到这一传统宗教文化的影响,农牧民群众一般视屠宰、经商等为"不洁"行业,因而,藏民经商观念极其淡薄。在这种"重精神文化、轻经济文化"的影响下,西藏的市场长期以来一直是一个尚待开拓的市场,而穆斯林所信奉的伊斯兰教,则肯定商业,鼓励经商,把商业视为真主所喜爱的事业,认为只要勤奋地从事商业活动就能得到真主的喜悦。所以穆斯林大多具有善于经商、开拓市场的本领。当市场经济的春风吹向神州大地时,穆斯林民族如鱼得水,纷纷下海从商。甘、青的穆斯林则似潮水一样涌向西藏这块未开发的市场,凭自己"重商文化"的优势,或从事饮食商品的营销,或从事农牧土特产品的营销,或从事民族用品的营销等,去开发这个等待开拓的市场。他们不仅改善了藏族群众的生活,带动了藏区的经济,而且逐步改变了藏族人轻商的观念。

五、对拉萨穆斯林生活民俗现状的分析

拉萨的世居穆斯林,或来源于克什米尔地区、印度、尼泊尔,或来源于祖国的陕西、四川、云南等地,在清代有了可考的历史。西藏是汉地穆斯林和克什米尔地区、印度、尼泊尔等外国穆斯林的会合点,这两系统的穆斯林在相互影响相互认同的过程中,他们各自富有特色的习俗也在相互渗透。如大寺穆斯林也喜欢做"抓饭",喜欢吃咖喱菜,在喜庆的日子里,常常戴花环来表达他们的美好祝愿。小寺系统的墓碑在近几年中也出现了和大寺墓碑相同的形制等。这两系统的穆斯林长期交往密切,往来通婚,并互相培养和聘请阿訇。他们强调,在拉萨没有教派,两系统的穆斯林没有分歧。也正因为如此,拉萨的穆斯林才能够作为一个人口不多的少数民族在藏传佛教的汪洋大海中不断发展。

任何人或任何民族都具有天然的适应文化的本能,这种适应包括自然环境和社会环境的适应。大凡一个民族,只要迁移散布后,为了适应自然环境,一部分的生活习惯不得不有所改变。穆斯林先民迁入西藏后,他们原有的饮食习俗发生变化,和居住地的主体民族渐趋相同。因为青藏高原气候酷寒,唯有大量摄取高脂肪、高蛋白的肉类、奶类,才能保证身体高消耗后的热量补充,才能维持生命。糌粑、奶酪、酥油茶等都属于高热量食品,所以穆斯林也就自然地把这些藏式饮食纳入自己的饮食结构中。他们袭用藏式饮食,是出于适应高原生活的需求,这也是他们适应自然环境的结果。

长期处在藏文化的包围之中,社会环境的客观现实,使得西藏的穆斯林群体具有超乎寻常的适应环境的能力。他们主动适应、顺从藏文化势在必然。最初到达西藏,多是因为经商,面对藏语的

世界,作为需要广泛地与藏族消费者接触的穆斯林商人,他们唯有学习藏语言作为交流工具而别无选择。他们在经商中恪守信誉,在当地藏族群众中口碑甚佳。作为一个客居群体,在藏区生活了300多年之久,他们仍把与藏族的关系看得十分重要。为了不影响当地藏族群众,礼拜时清真寺内不使用喇叭宣礼(召唤穆斯林作礼拜)。平时不戴号帽。甜茶馆、饭馆不挂清真标志。与藏族邻居、同事也互相往来。"在第一种文化中,人的确倾向于遵循一种一贯的生活方式,他并未被限制在这些行为方式中的任何一种,像他自己设计了这些行为方式一样,他也能重新设计它们。"[1]两系统的穆斯林在坚决捍卫穆斯林信仰的同时,与广大信奉佛教的藏族在长期的相互交往、冲突与影响中,彼此相互依存共生,文化上相互借鉴与渗透,各种文化不断整合。他们合理吸收藏民族的文化,将外在的东西(饮食、语言、服饰等)加以改变,而把内在的信仰——伊斯兰教却完好地保留下来,逐步形成今日西藏穆斯林独特的生活民俗。

西藏世居穆斯林作为一个相对弱小的群体,能够在强大的藏传佛教氛围下得以长期生存发展,几百年来,没有和当地藏族群众发生过大的宗教冲突,这不能不说是一个奇迹。在当前世界范围内的民族和宗教纷争不断的形势下,两个不同宗教信仰的民族在西藏友好共存具有深远的意义,这不仅为探讨我国边疆民族地区的稳定提供了样板,同时也为解决当今世界上存在的民族与宗教冲突提供了借鉴。

---

[1] 《哲学人类学讲演稿》,[德]M·兰德曼著,贵州人民出版社,1980年版,第201页参考文献:

参考书目及论文：

1. 傅崇兰主编：《拉萨史》，1994年9月第1版。
2. 徐华鑫著：《西藏自治区地理》，西藏人民出版社。
3. 杨惠云主编：《中国回族大辞典》，上海辞书出版社会，1993年1月第一版。
4. 周传斌、陈波：《伊斯兰传入西藏考》，载《青海民族研究》（社会科学版），2000年第2期。

附录一
主要访谈人员

大寺系统：
马文忠、伊素（大寺民管会正、副主任）。
马玉贵（79岁，西藏自治区政协委员）。
亚古柏（55岁）。
益达（50岁）。
小寺系统：

阿不都·哈立木教长（50岁）	哈米都阿訇及其妻子
赛福鼎	阿米娜（饶赛巷居委会出纳）

流动穆斯林：

马哈里亥（青海撒拉族）	马文忠（甘肃广河）
马光义（甘肃临夏）	马文耀（西道堂）
杨志中（甘肃康乐）	马明义（青海西宁）

拉萨市穆斯林的生活习俗现状调查 · 117 ·

附录二

田野作业图片:

图片一:西藏清真大寺大门

图片二:大寺墓碑中的内地行制之一

图片三：大寺墓碑中的吐蕃形制 　　图片四：大寺墓碑中的新式形制

图片五：小寺穆斯林墓碑中的旧式形制

图片六：卡基林卡大门 　　图片七：卡基林卡礼拜殿

图片八：拉萨市老年女穆斯林一般服饰　　图片九：新娘与伴娘

河湟筏子客生活世界的民俗内涵

刘目斌

前　言

一、研究缘起及过程

关注筏子这一民俗事象,缘起于 2002 年冬天在循化与一位撒拉族中年筏子客无意间的攀谈。返兰后,笔者便着手于相关文献的搜集,当时所见到的仅是些散布于地方文献中的零星记载,专业论文寥寥无几,筏子研究还是一个空白点。但是,从资料中看,筏子是已经消失了的纯历史民俗事象,这无疑增加了研究的难度。然而,2003 年 3 月份,在兰州市区的黄河上,笔者见到了民俗旅游中的羊皮筏子,这激发了我作进一步研究和调查的兴致,因为筏子是仍在现实生活中发挥一定作用的"活态"事象。于是,笔者想以田野调查之所得来弥补文献之不足。

2003 年上学期,我便对兰州羊皮筏子旅游进行了追踪式调查,并通过对老筏客的数次访谈,了解了昔日长途航运中的有关习俗。2003 年暑假,在积石山、民和两县交界的沿河乡村,笔者进一步了解了过去渡运中的习俗概况。今年五一期间,我再次前往该地,对流传于这一地区的"钻牛皮胎驱鬼巫术"作了追踪补查,并获得了较为详实的口承材料。自 2003 年 12 月份至 4 月份,笔者还在徐家湾社区对羊皮筏子的整个制作工序进行了多次参与性观察与访谈。在先前的基础之上,今年暑假,笔者将继续深入多民族杂居的中国西北地区,就与筏子客相关的各类民俗事象及多元性地方文化进行调查。为此,选定了永靖、东乡、榆中、白银、靖远、景泰、中卫等沿河县市作为调查地点。

二、研究意义

筏子是人类在特定地域环境影响下发明的一种用以满足乡村社会生产和生活需要的民间传统水上交通运输工具,属物质民俗的范畴。它是人类实践活动的宝贵经验总结,在过去西北传统乡村社会结构体系中,尤其是经济生活中,曾发挥过不可替代的积极作用,由此,在世代传承的发展过程中,筏子积淀起了深厚的历史文化底蕴和民俗内涵。从某种意义上说,筏子已成为西北各民族水上交通文化的历史表征,成为黄河古老水文化的一个不可或缺的组成部分,从而,也成为当代人了解西北各族人昔日社会生活状貌的一个独特视角和窗口。

过去,中国西北地区使用筏子的民族众多,有回、撒拉、东乡、保安、汉、土、藏等兄弟民族。通过深入的田野调查,笔者发现,在历史传承的过程中,这些民族的民众创造出了异彩纷呈的民俗文化。无论是筏子的制作、保修工艺习俗的传承,或者是扳筏过程中"花儿"的漫唱、"射头"的命名、组织制度的约定俗成,亦或是日常生活中与筏子相关的谚语、俗话、禁忌和信仰习俗的传播,等等。因此,本文将立足于民俗学的学科本位,并借助于社会学、人类学、心理学、语言学等学科的相关理论和方法,对上述与筏子相关的各类习俗事象,进行多视角的综合性整体研究,这对于民族民间文化的保存和发展自当有其一定的价值和意义。

民俗事象是人的行为惯习化的结果,人是事象的创造者、承袭者、实践者,是民俗事象的主体。本文欲以筏子客这一事象主体为主线,将与筏子相关的各类习俗事象贯穿起来,从中透视出筏子客这一社会群体生活世界的民俗价值与内涵——亦即他们在与当时特定的外部环境互动过程中,所体现出的生存意识、生活理念与法则以及西北人特有的人文精神、民族心理和性格等。就水上运输这一独特视角,展示出中国西北民众昔日社会生活的实际状况与面貌。从而,赋予当今渐趋发展的羊皮筏子民俗旅游以深刻的历史底蕴和文化内涵,唤起人们对过去筏子客民俗生活历史的社会记忆。与此同时,就一般意义上,总结出西北地区水上交通民俗事象发生演变的规律,并试图体现出事象本身所具有的应用价值及其研究的理论意义。

研究资料来源及文献评述

研究资料来源有二:一是书面文献,二是田野调查资料。本文将以后者为主。就文献资料而言,仅有一些零星的纯事象描述,或者是据典籍文献对筏子的历史渊源所做的追溯,而缺少基于田野作业之上的实证性研究,从民俗主体——筏子客的视角出发,对相关习俗事象进行综合性的整体研究,更是一个空白之处。

筏子客俗民群体的概述

筏子是人类在特定地域环境影响下发明的一种用以满足生产和生活需要的民间传统水上交通运输工具。过去,在中国西部高原地区的甘、青、宁河湟流域,伴随着筏子的出现及其应用的推广和普及,扳筏人——筏子客这一社会群体,也历经了相应的演化和变迁。并且,在此演变过程中,充分体现了人与外部环境——自然、社会与人文环境——之间的交相互动。

筏子客社会群体的历史演变

1. 河湟流域的自然、社会与人文环境

自然地理条件。甘、青、宁黄河流经的中国西部高原地区,沟壑纵横,山峦叠嶂,道路崎岖不平;江河落差大,水流急,暗礁险突,水陆交通条件均为不便。正如有关史料记载,这里的山,"岩层岫衍,涧曲崖深,巨石崇竦,壁立千仞";这里的水,"激荡涛涌,波襄雷奔电泄,震天动地"。(王国维校,1989:91)下面,我们以甘肃境内黄河河道状况为例,对此加以更为详实的描述。甘肃省境"河道属山区河流,川峡相间。川区河道较宽,一般为200～500米,流速不大,河床多为沙卵石覆盖,形成沙洲浅滩,滩段水流湍急,比较集中,水流弯曲,航深不足;峡区则河道较窄,一般为50～100米左右,最窄处仅30米,水深50米以上,流速大,最大流速达8米/秒。河床为岩石,成"V"型和"U"型。河道明、暗礁较多,流态紊乱,泡水、漩水、横流、剪刀水、跌水相间出现,河道状况十分复杂",可谓"山峻水激,无舟楫之利"(甘肃省地方史志编纂委员会编,1992:31,135)。祖祖辈辈生活在这穷山恶水中的西北乡民,不畏山河之阻隔,充分发挥其聪明才智,合理有效地利用自然资源,在生产实践中发明了浑脱以渡河,制作了皮筏以航运,解决了水陆交通不便的难题。牛羊皮自身的特点及由其制成的浑脱和皮筏较一般船只无可比拟的优越性,使得皮筏这种水运工具能够适应于西部江河及其复杂的自然生态环境。筏子的发明,为筏子客社会群体的形成提供了必不可少的物质条件。

　　社会人文环境。中国西部高原地区复杂的自然生态环境,固然给西北乡民的交通和交往带来诸多不便,但同时这一环境影响下所形成的以畜牧业为主的社会生产方式和民众生活习俗,为皮筏(包括浑脱)的产生和发明提供了必备的物质保证和智慧启迪,从而,当地乡民找到了解决困难的相应对策。就此,我们先来看有关皮筏由来的两个传说。传说之一:"相传在道光年间(1843年),兰州河口的一个老汉,赶头牛车渡河,不幸到中途老牛掉下水,然而牛却自己游过了河。老汉感到十分惊奇。回家以后他动手宰掉老牛,把牛皮剥下,放在油里泡制,然后缝成袋形。随即用于渡运,他轻轻飘飘骑着牛皮胎过河去了。他这一发明被邻居所采用,且加以改良,即把许多皮胎缚在一起,造成了后来的牛皮筏。"传说之二:"皮筏的建造是从藏族人民用皮袋装满衣物,利用皮袋漂浮不沉的特点,人抱着皮袋涉水渡河的习惯演变而来的,并且是从小筏到大筏,由行驶短途到长途。"(交通部黄河上游航运史编委会,

1997：219—220)从中,我们可以看出当地的社会人文环境对皮筏的产生所起到的积极促进作用:其一,自古以来,甘、青、宁黄河上游流域和藏族牧区,牛羊成群,畜牧业发达,为制作牛、羊皮胎提供了丰富的物质资源。其二,西北地区各族人民喜食牛羊肉,在日常生活中,对牛羊皮质地坚韧、隔水性强等物质属性有着较深的了解和把握。因此,当地民众在长期的生产和生活实践中,为了解决水陆交通困难,必然想方设法,充分利用当地富足的牛羊皮资源,从而发明了浑脱以渡河,进而制造出皮筏以航运,开始了由短途到长途的水上运输。

2.筏子客与水上运输

筏子客社会群体的形成与筏子①的产生和发明并非同一过程,前者当远远晚于后者。不过,筏子客这一社会群体是随着黄河上游筏子运输业的兴盛繁荣而逐步壮大起来的,直至筏子这一古老交通工具为其他现代先进的水陆交通方式替代为止,这一社会群体才完成了其历史使命,失去了其存在的社会价值和意义。

黄河古筏水上运输经历了一个自产生到初兴、鼎盛直至衰微的发展过程,筏子客社会群体也随之发生了相应的历史演变。其一,据文献记载,浑脱渡运最早见之于宋代。宋元期间,羊皮浑脱只是在黄河上游的某些渡口或沿岸使用,但尚不占一定的地位。这一时期,浑脱仅是作为一种民间水运工具开始应用于人们的日常生活之中,仅是为便宜人们的生产实践和生活沟通而产生,以出门扳筏为谋生手段的经济行为尚未出现,因此,筏子客社会群体还没有形成。其二,到了明清时期②,浑脱作为一种简易的交通工具,在全部渡运活动中已占有相当一席,但有关皮筏的使用史事,

---

① 就西北地区而言,筏子包括牛、羊皮筏、木筏三种类型。此外,就世界范围而言,还有竹筏、芦苇筏、可可筏、轮胎筏等类型。

② 明代,牛皮浑脱开始出现。

此时的文献中还没有专门记载。这一时期，随着浑脱渡运规模的扩大，其三，清末至民国时期（1840—1949年），随着商品经济的发展，中国国内市场与国际市场的衔接，西北地区的羊毛、皮革、粮油、水烟等商品大量东运，皮筏开始加入长途航运的行列，长途筏运业蓬勃发展起来，而且，伴随着黄河上游水运业整个发展历程的兴衰，长途筏运业也经历了初兴（1840—1911年）、昌盛（1912—1938年）、衰微（1939—1949年）三个不同演化阶段。其四，建国之初，经过1950—1954年的初步整治和疏理，黄河上游长途运输航道得以复通，长途筏运业有了新的起色和发展；同时，皮筏作为渡运工具，要比近代更为兴盛，在甘、青、宁黄河沿岸均有皮筏渡运的频繁活动发生。然而，自1957年起，由于"左"倾路线的影响，黄河筏运业被作为小私有经济的"遗留物"而遭禁止和戕害。从而，再次出现式微。"文革"期间，长途筏运业彻底消失和灭绝，只有少数皮筏渡运活动在甘、青一带俗民日常生活中，得以延续和保存，在民间社会中继续发挥其应有的作用，直至20世纪80年代末为止。最后，近十多年以来，在卸却其原有运输功能之后，黄河古筏又以崭新的面目出现于文化旅游风情线上——在甘肃兰州的"黄河母亲"和"水车园"、景泰县老龙湾的"黄河石林"以及宁夏的沙坡头等地，羊皮筏子民俗旅游资源得以逐年开发和利用。在新的人文环境和时代背景下，黄河古筏又发挥出全新的社会功能。

二、筏子客社会群体的"双重身份"界说

在乡土社会里，"传统自然经济产业群体中的成员有其各自身份的习俗规定性"，"他们的职业本身就有民俗的约定，他们都分别以遵循他们职业上的习俗惯制行事，以他们特殊的产业习俗行为模式显示出他们身份的民俗角色概念"。（乌丙安，2001）从上述筏子客俗民群体的历史演化中可以看出，在传统社会中，祖居于河湟流域的回、汉、东乡、撒拉、土等民族的乡民，除了从事基本的农业

生产和劳作之外,空闲之余,多以出门扳筏为主要副业和谋生手段之一种。① 这又应了"靠山吃山,靠水吃水"的古谚。因此,筏子客社会群体的"双重角色",指传统社会中的筏子客兼具"农业人"或"农耕人"和扳筏谋生的"出门人"这一双重身份,而筏子客的生活世界也当包括居家从事农耕与出门扳筏这双重空间中的人文生活。本文探讨的着重点在于对筏子客出门扳筏过程中的各类习俗事项进行深度描述和解析。这里是就以农耕为主要生计方式的乡民而言,但在兰州的小西湖、徐家湾等回民社区以及西宁、银川市里等地,有一些市民,他们祖辈数代纯以出门扳筏为谋生手段。因此,这部分筏子客则不具备"农业人"的身份,他们仅具有靠筏子搞水上运输的"出门人"这单一的社会角色。

"角色"本是戏剧中的术语,指演员扮演的剧中人物。它被引入社会学研究中之后,社会角色则是指"与人们的某种社会地位、身份相一致的一整套权利、义务的规范与行为模式,它是人们对具有特定身份的人的行为期望,它是构成社会群体或组织的基础"。(郑杭生,2003)"筏子客"或称"筏客子",这名称中的"客",最初或许取自客居他乡、羁旅愁苦之意,这里的"子",原为西北方言中较为常见的词尾语气助词,一说通常为昵称,但结合过去筏子客的具体生活场景,这里的"客"、"子",则更多几分轻蔑的意味。这一点,从筏子客当时所处的极其低下的社会地位中可以看出。在旧社会,筏工们交纳着如筏捐、桨捐、公房捐、果捐等名目繁多的苛捐杂税。此外还要受到"抽份子"、"吃空股子"、"抽零头"、"买名字"等来自各方的层层盘剥。或许,正是筏子客这低劣的社会身份和地位,决定了他们年复一年、祖辈相承的民间行为规范与生活模式,

---

① 过去,从事农耕生产的西北乡民,除了出门扳筏之外,还多从事畜力运输("脚户哥")、沿河淘金("沙娃")、出力帮人割麦("麦客子")、沿街叫卖从商("货郎")、挖虫草等其他副业,来维持生活之所需。

从而也就构成这一社会群体在特定时代背景和人文环境中的存在基础与条件。

第二章 筏子客民俗生活的传承及其内涵

民俗生活是民俗文化的实际展演场景与载体,是民俗文化产生的沃土、传承与扩布的时空舞台。筏子客民俗生活,是指这一俗民群体在长期出门扳筏生活中,在特定的自然与社会人文环境互动过程中,所创造并承续的异常丰富的民族民间文化。比如,筏子的制作、保修工艺习俗的传承,"花儿"民歌的漫唱,"射头"①的命名,俗语、谚语的产生,传说故事的流传,日常生活中禁忌、信仰习俗的出现,组织制度习俗的形成,等等。这些民俗文化的传承,满足了过去及当今筏子客生存与发展的需要,是其与外部环境交相作用的结果。本章将结合有关田野资料,就筏子客民俗生活中的各类习俗事项作一"浓厚的描述"(thick description,或译"深描")(克利福德·格尔兹,1989),从而阐释出其背后所蕴涵的颇具地域文化特色的深刻的人文内涵。

一、筏子制作、保修工艺习俗生活的传承

如同其他事物的产生与发展一样,筏子尤其是皮筏的制作工序,也经历了一个由简到繁、由粗到精逐步成熟和完善的演化过程。

据兰州市徐家湾社区的胡奎老人追忆,先人们口承的说法是:在明朝中期或后期,兰州开始出现并使用皮筏。皮胎最初形态是将牛、羊的囫囵皮剥下,口部束扎后带毛直接使用,但这样的皮胎易于腐烂,寿命较短;在长期的反复实践过程中,老一辈筏客子们

---

① 有关"射头"的详细阐释,参见第三章"行话"一节。

逐渐总结出一套诸如水腐法泡制脱毛、加油盐保养等制作工艺,延长了皮筏的使用年限①;再后来,随着操作经验的丰富,制作工艺进一步提高,让浑脱的背部凸成拱形,以减小水面阻力,提高航行速度,遂最终演变为今天的制作模式和形制。以下,结合具体调查个案中老年筏子客的回忆,对皮筏的制作、保修工艺进行详细的描述,对于筏子客在此过程中所展示出的习俗生活作一透视。

1. 黄河皮筏的制作习俗生活

物质民俗的传承,就牛、羊皮筏的制作来讲,最基本的就是民间工艺习俗的传承。以下,将选取小型羊皮筏子为例,对黄河皮筏的制作工艺作一微观的透视——"深描"。具体说来,从皮胎的制作到组筏,大致有以下四道工序:

①制作皮胎②

首先,宰羊脱皮。把羊宰了以后,倒挂起来,把两条后腿挑开,挑至尾巴,将皮子由下往上整个扒下来③,再割去头部和四肢,前肢从膝盖处割去,以留作吹气口,但不得损伤及外皮。其次,水腐法脱毛。往剥下的皮子里灌上些热水,用麻绳束扎各个口部,用塑料布捂起来,或是把原皮直接放在水中浸泡,捂或泡上3～4日,待发出异味时取出,皮子呈软和状,尽快拔毛并用水清洗。再次,熟制羊皮。毛脱去以后,用钉锤凿眼束扎臀部,从颈口部灌给油、盐、水,再将各口部扎紧,置一盛有清水的瓦罐或水槽中密封起来,约浸泡一周左右,加以熟制,使之柔软耐用。最后,除垢清洗,阳光曝晒,存放备用。取出皮子,用刀子刮去余下的"垢痂"④,内外冲洗

---

① 过去在清洁的水质环境下,皮胎的寿命一般为5～6年,而如今由于黄河水质的污染和破坏,其寿命则缩减为2年左右。
② 皮胎,又称浑脱、红筒、浮囊或皮囊。
③ 有关剥皮,筏客们的形象说法是,像人脱毛衣一样成囫囵状。
④ 垢痂,西北方言指拔毛时未去净的脏物。

干净,吹气束口,阳光下曝晒4～5日,直至外皮油润光泽呈古铜色或红褐色为止。制成后,呈扁平状折叠起来,以存放备用。整个过程,前后大约用15至的20天时间。

以上是就皮胎制作的一般程序。然而,在兰州市徐家湾的"筏子世家"——胡家,笔者亲眼目睹了这样一套世代传承并称之为"塑皮胎"的精湛制作工艺:宰羊脱皮→拔毛除垢→扎眼塑形→灌油加盐→"契口"①→"抹口"②→清洗除垢→扎口→阳光曝晒,折叠备用。对此,结合与胡奎老人的多次访谈资料,笔者作出如下阐释:

其一,就整套工序而言,是照筏客们的行话称之为"塑皮胎"③,就像雕塑家雕塑艺术品一样精心用力,这不仅在于扎眼后有个初步塑形、灌油给盐后要再次塑形,更重要的是,从中可体察出,过去的筏客们对于世代养活自家生命的皮筏所持有的一种珍爱之情及其做工的细致与精湛之处。二是直接涉及到"除垢"的工序就有三处,这说明皮胎必须保持清洁,正如胡奎老人所言,这个东西干净得很,好比人的眼里容不得半点沙子一样,它里不能有丝毫杂质,否则,容易腐坏。"除垢"时,除用刀子刮垢痂外,还可采用细沙搓的方式,则效果更佳。三是涉及到口部的工序共有"扎眼"等四处,可看出口部制作工艺的重要性和复杂性,一般说来,口部制作工艺水平的高低,将直接决定着皮胎使用寿命的长短,因为较皮胎其他部位,口部最易腐烂且难以修补,尤其是两个前肢。四是除最后一道工序外,其余时间大都在场棚中阴晾,不仅扎眼初步塑形后要阴晾一冬天,就是在灌盐给油和抹口以后,也要分别阴晾10～15天左右,其目的在于让油盐能够充分滋润皮胎并予以定

---

① 契口,筏子客的行话,指清除皮胎口部垢痂。
② 抹口,筏子客的行话,指往皮胎口部涂抹油盐。
③ 塑皮胎,筏子客的行话,但一般不说"做皮胎"或"制皮胎"。

型,而最后置于阳光下曝晒,则是在先前的基础上使油盐进一步朝皮胎外部渗透,内外分布均匀,从而达到最为理想的效果。这里,也同样可看出其工艺的精微与别致,可想象先民们在漫长的探索过程中付出了怎样的心血和汗水。

其二,就制作时间而言,在胡家分为年前和年后两个阶段。一般是冬天11~12月份宰羊、脱毛、扎眼,完成前三道工序,然后灌以盐水置于场棚中阴晾数月,待来年3~5月份再完成其余工序。这是因为"冰茬"[①]在秋季吃饱喝足之后,肥得很,皮子厚,质地好,故冬天先剥皮;而阴晾透彻的羊皮,已由盐水将其保养且初步定型,制出的皮胎相对结实耐用。春天则气候干爽,阳光充足,且无蚊蝇干扰,宜于制作。据胡奎老人说,今天在黄河上搞着旅游的年轻筏客们,则多将工序简化,工期缩短,尤其是省略冬天长时间阴晾的过程。从中可看出,制作工艺在传承中已发生了不小的变异。从某种意义说,这是受当代都市文明快节奏生活方式的影响而产生的不良后果。

其三,颈部和臀部开口的束扎,难度大,技巧性强,且颇为关键。就胡家的操作而言,在颈部和臀部用钉锤呈弧形各扎出数个眼子,每个眼子的间距为三个指头(食指、中指、无名指),约5厘米,再将两个削刮光滑、长约6厘米和10厘米的柳木棍分别穿入,并用细麻绳绕木棍盘紧呈"麻花状"或称"核桃结",涂以胡麻油凝固保养。在这里,眼子所扎的位置和形状,将直接关系到皮胎背部能否制成拱形,进而涉及到皮筏操作时的灵便程度。在这一点上,兰州筏因其工艺的精湛而闻名,它不仅与"西河筏子"[②]、宁夏筏、

[①] 兰州人称山羊为"",称冬天的山羊为"冰茬";河州人则称之为"羖"与"冰茬羖"。

[②] 过去,青海境内的湟水为皮筏的主要航道之一。因湟水俗名"西河",故青海筏又称"西河筏子"。

河州筏不同,就是在兰州筏户中间也因各自不同的工艺传承细则而呈现出明显的差异。或许,出于生计竞争的原因,这一技艺被筏户作为看家本领而彼此不传。也就是说,在过去皮筏制作工艺具有很强的保密性,一般是父子世代相承,传内不传外。从某种意义上说,这也制约了整个皮筏工艺制作水平的改进和提高。

其四,拔毛时间的把握和油盐比例的配制。羊毛必须是稍带韧劲地往下拔,不能让它自行脱落,否则,皮质将遭到破坏而不再耐用。灌油给盐时,油、盐、水的配制比例要适中,一般而言,胡麻油半斤,食盐四两,清水约二斤,视皮胎大小而或多或少略有变动。尤其是油不能给的过多,否则,待皮子完全吃透而呈油饼色以后,皮胎的寿命就大大降低了。这里用的是胡麻油和食盐,据老筏工们讲,胡麻油较青油油质好,黏性强,易于与盐配合保养;就盐而言,最好的是青盐(疙瘩盐),以前也用雪花盐,而在积石山一带,筏客子们则取山上硝土以代之。

此外,回、东乡、撒拉等伊斯兰民族,在宰羊之前,须先由阿訇向主念经祷告一番,而后再由其亲自主刀。此时,羊头朝着西方宗教圣地,人们肃立旁侧,忌讳站在羊头前方和无故插话。

②充气

就充气方式而言,有用嘴吹气与用打气筒充气两种。其一,用嘴吹气,技巧相当讲究。一般是嘴紧贴皮胎前肢口部吹一下①,双手闭紧口部,缓气续吹,直至吹满为止,一般羊皮胎需吹 60~70

---

① 吹气时,有经验的筏工,常常嘴稍离皮胎,将舌头卷成一圆筒,对准口部,使得气流更为集中。

次,颇费气力①。其二,打气筒俗称"活皮胎"②,其制作和使用方法如下:较一般皮胎而言,其制作工序要简便得多,只是在给过油盐之后,用手不断来回"挖抓"——即来回揉搓,直至皮胎极其柔软且富韧性为止;再在颈口部系一尖端钻孔且方向朝外的牛角,并束扎两前肢口部即可。使用时,将牛角插入待充皮胎的前肢,作为出气口,两手抓住臀口部作为入气口,上下交错来回开合。这种充气方式快捷方便,省时省力,在过去大、中型皮筏需大量充气的情况下,倍受筏客们的青睐。此外,过去在长途扳筏过程中,也多将"活皮胎"作为煮饭的鼓风器具,一物多用。这里,也同样凝练了先民们在求生存谋发展过程中的智慧结晶。但是,在今天仅用小型羊皮筏搞着单一旅游的新的生活场景下,这种"活皮胎"也随着皮筏功能的萎缩、数量的锐减而失去了其昔日的效用。这是民俗事象随外部生存环境的改变而发生的习俗变迁。

③木架及桨杆的制作

就材料而言,木架和桨杆的制作多用柳木。据筏工张德宝介绍,柳木性能有二:一是柔韧性强,耐浸泡和曝晒而不开裂;二是离水性好,携带轻便。过去兰州市的黄河两岸柳木成行,为其制作提供了充足的木料来源。这里,就小型羊皮筏木架和桨杆的制作予以描述:其一,木架的制作。选取长7.5尺、直径约2寸的半圆柱形木椽两根作筏帮,并且各凿出长约0.3寸的方孔20个,作为纵向骨架;用长5.5尺、直径约0.8寸的木棍20根,两端削刮后分别插入筏帮方孔内,外端加竹篾削成的木楔固实,作为横向骨架。然后,将长6.5市尺、直径约1市寸的木棍3根,竖放均匀束绑于各

---

① 筏子客给皮胎吹气颇费气力,由此,衍生出这样一句俗话:"你气大,黄河边吹皮胎去。"这是当一个人生气闹情绪时,家里人或外人对他常说的一句含戏谑意味的责备话语。至今,这一俗语仍在兰州和临夏黄河沿岸的俗民中间流传。

② 活皮胎,行话,这是筏客们据其用途给出的形象命名。

横杆之上,加固框架。其中注意事项有二:一是筏头处为给筏客留出坐位,需将最中间的那条竖杆置于前七根横杆之下,这便使得整个框架蹊跷不平,需用砖等重物压住四角置于阴凉处加以平整;二是各木杆在削刮之后需用砂纸打磨光滑,以免损坏皮胎。其二,桨杆的形状和规格。整把筏桨大致为椭圆形柱体,总长4.5尺。其中,桨把长2.1尺,直径为1.3寸;桨柄宽约3寸,最厚处约1寸。扳桨时,桨杆划出的水波呈"月牙形"。

④组筏

将充好气的13个羊皮胎,在木框架上竖放成上、中、下三排,中排5个,上下排各4个。要求上下两排皮胎的颈部朝中,而中间皮胎的颈部依次颠倒插空排列,并用绳索捆绑牢实。这样,组装出的皮筏便形成一个紧凑匀齐、结实牢靠的整体。

以上是就小型羊皮筏的制作工艺而言,过去,根据水上运输的实际需要,可由小型牛、羊皮筏子相应分别拼制成大型、中型等不同型号的皮筏。

此外,据胡奎老人讲,就整套制作工序而言,牛皮筏与羊皮筏大致相同。不过,其差异处主要有三:一是脱毛时,筏客们发明了一种用木板推掉牛毛的方法。其具体操作为:将加油盐熟制过的牛皮胎平展于地上,一人持其一端,一人手持木板来回推刮,如木工推刮刨子的状貌一般。这是因为牛毛较细且易于成撮而不能用手来拔,否则,将会破坏牛皮胎。二是油盐配置比例不同,单个大牛皮胎,油加2~2.5斤,盐需约5斤。三是组筏时牛皮胎一般不充气,而是以羊毛或干草填之,故牛皮筏又有"草筏"之称。这是由于牛皮胎太大,充起气来费时耗力。

2.黄河皮筏的保养维修习俗

在近现代历史上,随着黄河上游长途筏运业的兴起,牛、羊皮筏得到了最大限度的推广和普及。由此,各地筏子客在提高皮胎制作工艺的同时,为延长皮胎的使用年限,对于其保养维修技艺也进行了精心的研究和总结,并逐渐形成了一套相对固定的工艺习俗而传承至今。具体说来,主要包括给油、加水、缝补、捻"麻辫"、接口等诸类工艺。

第一、加油保养。胡永忠(胡奎次子)告诉笔者,在皮胎制成后100天左右,要进行"二次给油"加以保养,刚制作时视为"首次给油"。这一说法在对胡奎老人访谈时得到了检验:在过去正常使用的情况下,每月要加油保养一次,13个皮胎共加1斤;若是像现在长期贮存备用,就进行所谓的"二次给油",而后,只需在口部不断抹油保养即可。从中可看出,在皮筏已失去其原生态文化生存语境的情况下,在胡家,这一习俗的传承发生了怎样的变异。然而,同在徐家湾的张家,却依旧传承着月月加油的保养方式。这是因为自20世纪90年代初以来,张家一直在搞着羊皮筏子民俗旅游,从某种意义上说,张家仍在延续着皮筏原有的生态语境,只不过是在新的时代背景下将其推向一种新的功能而已。

第二,加水保养。在长期的实践中,前人们总结出加"甜水"(淡水)和盐水两种保养方式,即在不同时期皮胎内选取不同的水质来加以保养。一般说来,在皮胎制成后的前三个月,即所谓"二次给油"之前,用甜水保养,其目的在于让先前所给的油充分发酵,完全浸润到皮子中去;而后,皮胎最终定型,进入到长期使用和保养阶段,开始加盐水并持续下去。但无论哪一阶段,皮胎内始终不能断水,并据天气冷热、间隔时间或长或短,一次约加少半杯。另外,在使用过程中,还要不时朝皮胎外面泼水,以防止日晒干裂或因皮胎内空气过度膨胀而崩炸。用筏客们的话说,这个东西见不得水也离不开水——如果一直浸泡在水里便易腐烂,尤其像今天水污染严重的情况下,但又需时时加水保养。

第三,缝补维修。过去,在出门扳筏过程中,筏工们都带有一个用旧皮胎改制的工具袋,里面盛有针、麻线、皮子、胡麻油等,以便随时缝补维修。这一工艺,又分为补补丁和捻"麻辫"接口两种。

其一，补补丁时，先据破口的大小，选取适宜的皮子两块，内外各置一层，内大外小，以便于缝扎和修补结实，再用麻线绕圈缝住，并涂上胡麻油，以防漏气。其二，捻"麻辫"①接口。为此，老一辈筏工们发明了"麻辫"接口这一技艺性较强的缝修方式，并传承至今。具体而言，"麻辫"的使用方式有二：一是若皮胎前肢仅口部少许腐坏，可截去破口，将麻辫束缚其上，再用针线缝合严闭；二是若前肢整个坏掉，则借助于麻辫和针线，另接新口。同时，两种方式都涂以胡麻油来保养。

  黄河皮筏，作为一种富于地域民族文化特色的水上交通运输工具，自产生之日起，尤其是近现代历史上，在西北沿河各族民众生产与生活实践中发挥了极其重要的作用。于是，在历史演变过程中，其制作、保修工艺自然得到逐步改进和提高，得以传承和发展。从某种意义上说，黄河皮筏因其昔日运输中的硕大功能而积淀了深厚的文化底蕴和内涵，它已成为西北地区水上交通文化的历史表征，成为黄河水文化不可缺少的一个组成因子。因此，今天，黄河皮筏作为世人了解西北民族过去生活面貌的一个窗口而又出现于民俗旅游的舞台上。简言之，无论过去还是现在，黄河皮筏均是以"作用中的文化"（马凌诺夫斯基，2002：16）形态而存在的。笔者以为，在新的时代背景和人文环境下，黄河皮筏的制作、保修工艺势必随着民俗文化旅游的开展而继续传承、发展与演变。

二、筏子客的水上操作及其组织生活

1. 筏子客水上操作技艺的传承

  技术是人类在利用自然和改造自然的过程中积累起来的经验

---

① "麻辫"是一种用细麻捻制而成、貌似妇女发辫呈扁平状的辅助性缝补用品，主要用于前肢口部的维修。由于长期在水中浸泡与麻绳的束扎，前肢口部是最易腐烂、最难修补的部位。

和知识,也泛指其他操作方面的技巧。筏子客的水上操作技术,则是筏子客这一俗民群体在与河道中复杂的自然地理环境互动过程中,形成的富于地域人文特征的一类"地方性知识",是其在长期历史传承中形成的带有一定规律性民俗行为模式,在筏子客中间代代递传,指导其具体的行为实践。在长期扳筏过程中,筏子客总结出了诸如"辨水线"、"拉拔渡"、"辨射头"、"辨方向"、"绕弯抱嘴"等具体操作技艺。以下,对此加以一一阐释。

①"辨水线"。就筏子客出门扳筏而言,"辨水线"是一项最为基本、也是最为重要的水上操作技艺。俗话说,山有山纹,水有水线。据老年筏子客们追述,自古以来,黄河河道不同地段境况各异,瞬息万变,极其凶险,形成了不同的水文特征,给筏子的操作带来了很大的困难。时而是速度很高的水流受到水下障碍物的阻拦,反击而向上涌出,冲破水面,四散奔腾,犹如沸水,这被筏客们称之为"鼓水"、"涌水",或称"鼓喷水"、"泡水"、"喷泡水"。有时,在河道地势凹陷处,便形成了旋转不前的环形水流,谓之"漩水",俗称"漩涡";筏子行近"漩涡"时,筏子客须眼疾手快,照其话说连喘气的工夫都没有,转瞬即过,否则,一旦误入大的旋涡,筏子极易被绞得稀巴烂,此时此刻,筏子客们便解下身上已备好的"救命皮胎",惊恐万分,赤条条地逃命而去,有时被挤成了肉饼,有时被剖腹刮肚,其状惨不忍睹,至今一提起大峡中的"煮人锅",老筏子客们还无不谈"锅"色变,他们说这可恶的大锅不知曾煮掉了多少人的性命。然而,遇此情景,有经验的筏子客却往往临危不惧,沉着应战,临近关头,瞅准水线,紧划几桨板,便可化险为夷;有时即便误入旋涡,也能凭其过人的胆识和高超的技艺,随着涡中的"涌水"如蛟龙般猛地窜出水面。每逢此时,筏子客们既惊又喜,惊的是那撼人魂魄的场面,喜的是这预示着他们在遭此大劫之后,又死里逃生了。有时,河道两侧高低不平悬差较大时,水流便从一岸向另一岸横向流动,形成横流水或称斜流水,这种水遇到河岸的阻拦又会

反击而形成"喷水"。筏子一旦误入大型的横流水,便极有被推至岸崖而撞散的可能,或是被悬挂于岸崖的尖石上而形成令人触目惊心的"挂画",从而造成筏散人亡的恶果。另一情形是纵向水面比较特别陡峻的水流则形成跌水,亦称瀑水,即像瀑布一样直泻而下,而后往往形成巨浪,如乌金峡中的"大浪"和盐锅峡中十八坎所形成的巨浪即为此情形。在此类跌水所形成的巨浪中行筏,用老筏子客的话说:"几个筏子连在一块下哩,你一个小筏子不能下嘛,浪打着哩,浪把它打扣下了呗。往往是六个的、八个的、十个的(小筏子)绑在一块……'十八坎',净是大浪。木筏钻洞洞呗,它直着走(在浪里面钻着直线),皮筏在浪上面(颠簸起伏)像长虫爬行一样。过这些地方时,桨来回这么扳着呗。人一个手将桨抓住,一个手抓住木头上的绳子,不是它那个浪'啪',把人给打着里呗。"所以,过此类大浪时一般只需沉着冷静,并没有大的危险。此外,还有一类情形是,被河内岸相对突出物挑起的两股水流,逐渐向下游收缩成一束,在水平面上呈"V"形状,如剪刀或发辫一样,谓之"剪刀水"或"辫子水"。这类水被看作正水或祥水,筏行其上,只需用划杆(桨杆)拨正方向,顺水而下,即可安然无恙。

②"绕弯抱嘴"。这是访谈中针对复杂河道中的操作技艺,景泰县老龙湾村羊皮筏子旅游中的老年筏子客何天华老人所总结出的四字真言。老人说,扳筏时,在看好水线,分清上、下水之后,你只管"绕弯抱嘴"走就是了。谈话中,老人始终显示出操作技艺上的娴熟和自信。在今日由何老人等积极参与发起的"黄河石林"羊皮筏子旅游中,想必这何老人早已将其几十年在扳筏操作过程中悟出的技艺真谛"绕弯抱嘴"——传给了年轻一代筏子客。结合笔者两年来与上百位筏子客的访谈,细细思来,这"绕弯抱嘴"一词,确实道出了筏子操作技艺中带有通则性的实质性东西。"天下黄河九十九道弯",这是就其大弯而给出一般概数,黄河之各处小弯更是数不胜数,随处可见,故曰在扳筏时需"绕弯"而避开石崖,黄

河由于两岸参差不齐的石崖而形成道道水湾,筏子需"绕弯"而行,但离这石崖嘴嘴偏远处便形成了横流水、鼓水、旋涡等恶性水,故筏子又需"抱嘴"而行,需沿离石崖不远的"上水"而行。

③辨"射头"。在辨清几种水纹类型的基本水线及掌握了"绕弯抱嘴"的基本操作技艺之后,对筏子客来说,最重要的一项操作技术便是对河道中不同峡段不同"射头"的分辨了。有关"射头"的具体阐释,详见第三章"行话"一节。这里,仅引两则俗语来说明依"射头"辨水性或说依"射头"来辨"射头"的具体操作技艺的形成。

a"狼舌头添上水,筏子客吓(变)成鬼。"这是一则在大峡中来辨别水性的俗谚。"狼舌头",位于大峡入口处石崖上的一处大水"射头",突出崖外,貌似狼头,以状命名。过去,有经验的筏客多据此来断定大峡内水势之凶险与否。倘若这"狼舌头"添到了水,则大峡内接下来的一系列"射头"——如"煮人锅"、"胶泥坝子"、"大照壁"、"月亮石"等—极其凶险,这是因为以上大峡内的各主要射头均为大水射头。这就需要筏工们提前做好充分的心理准备以采取应急措施,否则,极易发生事故。这是以"射头"辨"射头"、以"狼舌头"辨水势的例证。

b"老两口挂一挂,九姊妹绕不下(hà)",或"毛爷爷,毛奶奶惹,惹时九姊妹挖哩"。大自然鬼斧神工,筏子客想象诡异。自靖远大庙至宁夏中卫的黑山峡中,有被筏客们命名为"老俩口"、"九姊妹"①的一堆礁石,林立于河的南岸边,此处为大水射头。说的是,夏季河水暴涨之时,筏行此处,须谨慎从事,倘若位于上游的两块大石头避开不过,由于水流湍急,间距之近,则下方的几块小石头也会缠住筏子;要想躲此难关,还是要遵循"绕弯抱嘴"的古训,

---

① 有的说法是"老两口挂一挂,七姊妹、三弟兄绕不下"。说的是在"老两口"和"九姊妹"之间有取名为"三兄弟"的三块石头立与道中。这里,无论哪种说法,都在于突出乱石当道,极其凶险。

朝河中心的上水划去,只在须臾之间便顺水而下。倘若在春秋时节,河水枯少,则这些石头晒在了干滩上,失去了夏季的凶险与肆虐。

c"观音崖里一张弓,乌龙漩里大窟窿。""观音崖"①、"乌龙漩"为黑山峡里的两大恶水"射头",前者位于黄河的北岸,二者中间隔着"老两口"、"三兄弟"、"七姊妹"等险要射头。这句俗语说的是,夏季涨水之时,观音崖处,河之中间的水常常宛如一张大弓鼓起,筏行其上,极易被鼓水推向岸边的石崖。一旦观音崖里的情状紧急如此,那么,下方的乌龙漩里,必定是一连串的大漩涡如同巨龙般腾挪跌宕、剧烈翻滚,一场更大的厄运、一场更为艰巨的搏斗尚在后边。于是,筏客们需集中精力,齐心协力,提前做好充分的准备。可以说,这是一处较为典型的以"射头"辨"射头"的实例。

①"拉拨渡"。过夫,在长途扳筏过程中,筏子常被河道之中的礁石阻隔,或者是搁浅于沙滩之上,针对此类情形,筏客们发明并传承着一套名为"拉拨渡"的操作技艺,以度难关。其操作程序如下:置一大木横于水中,用钉子或麻绳把大木的一头固定在筏子的一端,再将一长绳系于大木的另一头,而后,筏客们站在筏子的另一端,用力拉扯,有的筏客还要站到横木之上,用力下颤,而此时此刻河水在猛烈地冲击横木,即借助于横木,将人力、水力集中一处,使筏子掉转方向,脱离险境。一旦"拉拨渡"操作不成,则只有拆卸木头或皮胎,让木头顺流而下,人则借助"救命皮胎"凫下岸上,待至水缓处,重新组筏。这种情形是最为耗时耗力、最令筏客们头疼的事。

综观以上几种水上操作技艺,可以看出,这是历代筏客们在长

---

① 此处的观音崖,指的是黑山峡里的"小观音崖"。在红山峡中(景泰县老龙湾村与靖远县雕坝村交界处)也有一处取名为"观音崖"的大水射头,一般筏客们称其为"大观音崖",以示区分。

期的扳筏过程中所总结与传承下来的宝贵经验和智慧结晶,是其利用与改造环境、与环境互动作用的结果。

2. 筏子客的组织生活

无论是过去的运输中,还是今日皮筏旅游,无论是渡运活动中,还是长途航运,筏子客都形成了带有一定民俗模式的组织规范,以协调筏子客群体内部及该群体与一般乡民之间的行为互动。而且,在不同时空背景下,不同族属的筏子客之间养成了形式各异的习俗生活。其中,某些优良的习俗传统与行为规范一直延续至今,为今日筏子客继续传承和享用。

①昔日渡运中筏子客的组织生活

过去,甘、青、宁黄河及其各主要支流沿岸有数百个大小渡口。小型皮筏及浑脱曾广泛应用于渡口交通和运输中,在方便两岸乡民生活的同时,形成了相关的组织规范和习俗惯制。以下,将以甘青交界的寨子——尕周家渡口、三二家渡口为个案,对此作一具体阐释。

寨子——尕周家渡口。这一渡口为甘肃省积石山县四堡子乡尕周家村与青海省民和县官亭镇寨子村共用的一民间乡村渡口。过去,两岸数代乡民曾祖祖辈辈在这里扳过皮筏,浮过牛皮浑脱,在日常生活中进行着经济上的交流与人际间的交往。在历史的演进过程中,两岸扳筏人形成了带有一定民俗模式的民间组织规范。

这一民间组织规范,有其两岸乡民共有的一面。据两村老人追忆,其先人们传下来的说法是,最初有那么一个时期,渡口中的皮筏运输处于一种毫无组织、无规范的混乱状态。为了各自的经济利益,筏客们争相招揽生意,收取"水钱"①,互不相让,时常出现两村之间或各村内部筏客们之间的矛盾或冲突。后来,为了协调矛盾、整合利益,两村之间经协商做出如下约定:其一,各村筏客仅

---

① "水钱",筏客们的行话,即水费,运输费用。

招揽本村所在河岸的生意,即两村筏客自本村河岸渡往行人至对岸之后,要空筏返回,不能在对方河岸上抢揽生意;其二,两村都要在各自的河岸边给对方留出可供靠岸停筏的固定地点,不得随便占用;其三,为了满足两岸乡民的生活所需,双方还议定,无论处于何种天气,风和日丽也好,狂风骤雨也罢,只要有人过河,便要开筏渡河,不得因怜惜自身安危而拒绝渡人,只不过在恶劣的条件下,因风险大,可以适当地提高水钱。作为一种组织规范,如果说,这前两项有效地抑制了两村筏客间的越轨行为,协调了筏子客俗民群体内部的利益冲突,利于地方社会的稳定与团结,那么,这第三点则应当被看作是在乡土草根社会里,基于人性中善与美的一面而在历史长河中延承下来的一种良俗,因为它在更广的时空背景下,整合了更大范围的社会群体之间的利益与关系。

在共同遵守和维护上述规范的同时,隔河相望的两村俗民,因其各自所处的生态环境的差异、文化背景的不同,又分别形成了各自独立的民俗规范,以约束小群体内部的越轨行为。

尕周家人,多为信仰伊斯兰教的回民、撒拉人。他们居住在黄河河谷内,多从事川地农业生产劳动,人口相对集中。因此,对于尕周家人来说,出门扳筏仅仅是农业经营之外的副业。于是,在当地形成了两家一年轮值式的皮筏渡运经营方式,每两家再采取一家一天"插花"轮渡的方式进行更小范围内的分工与合作。在农业合作化时期,轮到哪家,他们便脱离农业生产劳动,全力从事皮筏渡运活动,扳筏所得上交集体,筏户按从事农业劳作的一般村民记工计酬。到了改革开放以后,除延承传统的经营方式外,筏户的收入方式有所改变。轮值渡运的筏户,除向集体交足一定数目的运输费用外,其余水钱均归自己所得。此外,在尕周家村,对本村乡民收取的水钱一般要低于外村人的一倍,比如,过去,每渡河一次,一般收取外村人或外地人两毛,而仅收本村人一毛钱。倘若一时经济困难,可用来年农业收入的实物来偿达。如果实在没钱,也可渡河。这一约定俗规,则体现乡民们因地缘关系而结成的民间互助性行为。

寨子村民,全为信仰藏传佛教的土族人。他们世代散居在积石山山脚下或山坡上。这里少有川地,山地干旱而薄收,依靠农业不足以营生。于是,"靠水吃水"的古训在这里应验,出门扳筏曾成为寨子人最重要的谋生方式。村里老人说,新中国成立前,寨子村出现了家家为筏户、家家男丁依托皮筏搞水上运输的局面。寨子村与尕周家虽一河之隔,但生存环境差别很大。由此可看出,地理生存条件的差异,导致了两村乡民谋生手段的差异,从而,在渡运活动中,寨子人也形成了一套迥异于尕周家的习俗惯制——"报数猜人"。据老筏工们回忆,过去,早饭一过,筏客们便扛着自家的皮胎陆续来到河边,在谈笑间等待着乘客的到来。倘若有人远远走来,他们猛转身背向乘客,然后开始了猜谜般的报数活动。有的说"一个(人)",有的喊"两个(人)",有的喊"三个(人)",如此不等。哪个筏客猜对,生意便归他招揽;若几个筏客同时猜对,且乘客又较多,便由这几个筏客共同合作来送乘客过河,所得水钱归几位均分;若几人同时猜对,但乘客较少,则经协商后由一位筏客负责运送,但劳动所得同样归几人均分。或许出于土族人乐天豪爽的秉性,也许由于枯燥无味的劳作生活,寨子人发明了这么一套竞智游戏规则,而恰恰是这套游戏规则,久而久之,便转化为一种带有一定生活模式的习俗文化,来约束筏子客的越轨行为。当然,这里约束力也仅仅是一种软性规范或软性控制,它完全靠着社会舆论的力量来执行。

②过去航运中的组织生活

从前面的"水上操作技艺"中可看出,过去,筏子客的长途水运生活是何等的艰辛与凶险。"吃的阳间的饭,走的阴间的路"一语,恰恰暗示了其中蕴涵的道理。鉴于此,在长期的扳筏生活中,从角色分工、到转峡,再到筏帮及管理组织的出现,筏子客这一社会群体中形成了相应的组织规范。

★角色分工 长途水运中的大筏,一般由六名筏客操作,前三人,后三人。前三人中,中间掌舵者称"把式",其余二人叫"贴桨",后三人叫"叶子"。"把式"为一筏子的主持者,同筏水手都要听从把式的各种指挥。倘若在扳筏过程中,把式万一有个不测或意外,则由贴桨来行其指挥职权。从某种意义上说,把式作为"以民俗为'职业'的有特定身份的人",他们不仅以遵守习俗规范而成为筏子客群体中承载习俗的一般角色,而且,还以自己积累的丰富的民俗知识、掌握有特殊的水上操作技艺而获得"更加'专业'的民俗角色"。(乌丙安,2001:127)通常,数只筏子同时运行时,还有一个"拿事",他负责整个筏队的全盘指挥,各筏把式得服从其领导。在这里,把式、贴桨、叶子、拿事诸角色的分工,是与各自在群体中的"地位、身份相一致的一整套权利、义务的规范与行为模式",(郑杭生,2003:107)这构成了筏子客社会群体或组织的基础。

★转峡 俗话说:一方水土养一方人。人们总是对于他周围的世界及其生活环境深为谙熟。这就产生了长途筏运中的转峡组织规范。在洮河上的九莫峡、黄河上的牛鼻子峡、大峡、黑山峡、宁夏中卫的沙河等河段,或因"射头"丛生,或因河道难辨、易于搁浅,一般筏经此处,需聘请当地深谙河道、熟悉水情的老筏工来领航转峡,度过难关。这些专事转峡营生的花甲老人,谓之"转峡水手"。

★皮筏管理组织 近代,尤其是民国时期,随着长途筏运业的快速发展,皮筏管理组织相继成立。民国十五年(1926),甘肃省皋兰县政府派开始派1个行头来管理兰州地区的筏户。民国十九年(1930),靖远、条城(今榆中青城)的筏户来兰,参加了兰州至包头间的水上运输,从而形成了兰州、靖远、条城3帮。民国二十五年(1936),皋兰县皮筏运输同业工会在北门湾宴公庙(今兰州市永昌路口黄河边)成立。该工会限定所有筏户必须入会,方能经营;会员每年向工会交纳会费,并承担各项捐款义务。民国二十九年

(1940)、三十年(1941)，兰州市的筏户分别组编了"水上运输队"和"皮筏航运队"，来运送战略物资。以上筏运组织，顺应了民国社会政治、经济发展的需要，使得筏子客的群体社会价值得到了有效的发挥和展现。

三、筏子客与信仰生活

筏子客的信仰生活，是这一群体在长期出门扳筏过程中必需的、反复出现的民俗行事，是其在日常生活中耳濡目染、潜移默化的心理感受和反映，是其与外部生存环境长期互动的结果。多次经历、重复运用之后，便成为一种约定俗成不可或缺的行为模式传承下来。

过去，西北地区恶劣的自然生存环境，使得出门扳筏带有极大的冒险性和不确定性。筏子客对于自己所从事的行为活动的结果感到焦虑和不安，因为它在一定程度上是由一些筏子客无法通过其技术手段来控制的客观条件决定的。因此，无论是在出门前的准备工作中，还是在扳筏过程中遇到惊涛骇浪危险难关时，这一社会群体就会自觉去遵循他们认为能够保佑他们、使他们吉利的某些信仰仪式，从而，产生了异常丰富的民俗信仰生活。（拉德克利夫—布朗，1999：164)此外，在甘青交界的民和三川土族地区，还流传着一种筏子客参与其中的被病禳灾巫术——钻牛皮胎驱赶"狗娃神"之信仰活动。以下，就与筏子客有关的民间信仰活动逐一阐释。

1. 筏子客的信仰生活与禁忌习俗

鉴于吉凶未卜、死生难料的生存境况，过去，筏子客每每出门扳筏之前，总要举行一定的信仰仪式，但仪式活动因民族而异。就汉族、土族筏客而言，或在村头河边，或携带供品到龙王庙、方神庙里祭拜龙王、河神与其他方神，以缓解心中的紧张情绪，求神护佑。回、东乡、撒拉等伊斯兰民族的筏子客，则要到清真寺里进行祷告,求主赐福。在遇到危险"射头"时,汉民及土族人往往高呼"龙王爷"、"白马爷"等方神的名字,伊斯兰人则大喊"胡大"、"安拉",以求护佑。

除举行祭祀仪式外,笔者在调查中了解到,筏户放筏之前,还有许多讲究和禁忌。据张尚瀛老人介绍①,汉族筏客开筏之先,要看历书,选择"三、六、九"等黄道出门吉日以求顺畅;首次航行的筏子,开桨时在筏头上挂红,鸣放鞭炮以驱邪祈福;筏上对运送灵柩表示欢迎,而忌搭乘新婚夫妇②;而回民、东乡人、撒拉人营运的筏子上,则忌带伊斯兰教禁用之食物,等等。以下,结合一位老筏客所追忆的个例,就筏子客过去生活中的语言禁忌习俗作一深度描述。

"你阿里么站里",这话不能说,"兰州歇里",这么说里。这是出门人的讲究呗。站里不能说是,筏子走时要顺当里呗,"站时",你沙堆里站下里呗,迷信呗。我们这里还有个碰上里,拿事是里,拿事就是头头里呗,指挥里呗。一个老奶奶赶早上拾这个驴粪里。这个拿事下来就问了呗:"新姐③你拾驴粪里。"老奶奶"嗯"一声说:"这黑了时你们阿么个站里啥?"他就说了呗:"大喇嘛(石)④上站里!"一挂气死了呗,端端大喇嘛石上去时站下了里。后来我们

---

① 张尚瀛,汉族,甘肃靖远人,现84岁。早年他曾就学于兰州,多次乘筏子自兰返靖,对筏子客的生活习俗有着相当的了解,后来又专门对此做过深入调查和研究。2004年7月26日,笔者在靖远县城老人家中进行了访谈。

② "灵柩"为"棺材"的书面语,因"棺材"与"官财"谐音,照筏客们的说法,又有官来又有财,会给他们带来好运。这是一种在汉族地区较为普遍的民间俗信。对于新婚中的夫妇,尤其是妇女的禁忌,缘自于人们认为新婚妇女的不洁,会给行筏带来晦气的俗信,这与对经期中妇女的禁忌一道,构成了人类学研究中的一大禁忌主题。

③ 新姐,河湟方言,指嫂子。

④ 大喇嘛石,为积石峡至兰州河段中的一大"射头",当道于河中间,极其危险。

可取去了呗,我们十三个皮胎的尕排子,两个人划上可那些人接去了,就这么危险呗。原因是这话不叫说呗,老奶奶不知道呗。你说个话了是,你去时阿里歇里。"你阿里站里",这么个不能说。这个说了是阿里歇里,我阿里么歇里。①

在筏子客扳筏过程中,出于安全的考虑,除了语言禁忌以外,更多的是行为方面的禁忌。且看以下两例——

过去是我们出门人呗,旅社里是,过去叫小店呗,旅社站下了是,旅社的妇女不能扫大门,门上不叫扫呗,院子不叫扫呗。我们出门人要吃饭来了,阿么里? 我们水手讲究顺当里呗,筷子要炕桌上放里,碗上不能担,不叫搭个桥,我们一顺走了,就这么个。黄河走里,水走里,吃饭里呗,筷子碗上不让搭,意思是说你黄河挡住了呗。

甘肃永靖一带的筏客把"乌金峡"叫成了"乌鸡峡",并由此产生了在乌金峡中扳筏禁止吃鸡肉的禁忌习俗。他们认为,乌金峡"大浪"的底下有一种怪物,它一闻到鸡肉的味道,就要翻身露出水面,从而把筏子打翻。筏客们倘若吃鸡肉,在入乌金峡之前必须吃完。据说,这一禁忌缘于当地筏客们的一次亲身经历,久而久之,便约定为一种习俗惯制,代代传承下来。

以上这些禁忌习俗,无论是语言上的还是行为上的,它们都是筏子客为祈求平安在长期扳筏过程中形成的对于其自身及相关的他人"行为和信仰活动加以约束限制的传统观念或做法",是在历史传承过程中,在这一群体内部约定俗成的结果。它们既有传统习俗观念约定对于筏子客群体的"某种行为加以禁止的客观意义",也有习俗化了的群体俗民"在信仰心理过程在中自我抑制的主观意义"。(乌丙安,2001:206)这些禁忌,一旦在筏子客的日常生活中经过了习俗化的过程之后,便成为一种具有强烈威慑力和

---

① 2004年7月19日,笔者访谈于甘肃省永靖县太极镇孔家寺村孔祥泰老人家中。孔祥泰,汉族,74岁,于16岁开始,曾先后扳筏十八年。

有效制约性的习俗惯制,代代传承下来。

2.钻牛皮胎驱赶"狗娃神":一种被病禳灾巫术

在青海民和三川土族沿河乡民及筏客子群体中间,曾流行着一种除病禳灾的特殊信仰仪式活动——钻牛皮胎驱赶"狗娃神"。以下,结合笔者 2004 年 5 月在民和县官亭镇赵木川村对窦金祥(57 岁)、赵成海(54 岁)访谈实录资料(其中,笔者、窦金祥、赵成海分别简称"刘"、"窦"、"赵"),对此作一具体阐释。

刘:在寨子那个地方,我了解到,他们说人要是长期得病不好,在医院里看也看不好,那就认为被一种狗娃神缠住了,要钻个牛皮胎由筏子客帮着渡河,请法喇来主持一种仪式活动。是不是阿爷?

窦:有哩,咱们这个地方也有哩。

刘:在咱们赵木川跟它寨子村的风俗一样吗?

窦:一样,也是钻这个牛皮胎。这个真正相似习惯是啥,现在根据这个科学来说的话,这是一个肺结核,肺结核。

赵:咳、咳、咳,咳嗽的那个肺结核。

窦:就是肺结核,那是长期里(的病),对不?是说到藏民家里去的话,藏民家里信仰迷信哩话是有狗娃哩,尕狗娃捏下了,相信那个迷信里。狗娃神(把病人)那个抓住了呗。那个抓住以后,这个法喇跳神,搞一卦就成了呗。鸡哈宰哈,有的家里宰个。在屋里宰时,你看那个白泥土下那个,它就慢慢地那个,它(指狗娃神)的脚印出来了不出来。

赵:白土是用那个箩筛下的。箩筛下的上细细的,就是看那个狗娃的脚印出来不出来。这个病人的病真的严重的时候就出来哩。

窦:这就真了呗(指病汉被狗娃神缠住的病症得以验证)。就是说它狗娃血上吃来里话,狗娃的脚印它就土上出来里呗。

赵:一是有没有;一是看是否把狗娃隔住了呗。它脚印有,它血舔来的时候说明它隔住了。

刘:你们亲眼见过吗,阿爷?

窦、赵：阿来。

赵：你看这个讲迷信里嘛，这是事实，可信呗。这讲个迷信，老人们说，不可不信，又不可全信。

窦：这时，别人一打有着哩，这个窗子跳出去，这个法喇在围前转着哩。这个 gulu 宰上，血淌哩。这个狗娃哈巴，"来来来，嗯——"（窦嘴动着，模仿唤狗的声音），"哈巴小，哈巴小"，叫呗，叫呗，血哈你舔来呗。

窦：在法喇围前呗，这个 gulu 血舔时，这个法喇拿沙子"嘎"，一把打给了。

刘：拿沙子打什么？

窦：法喇围前跳了呗，法喇沙子抓着里呗，这个病汉炕上睡者里呗。他睡的那个旧衣裳，经常穿的那个旧衣裳，被窝筒筒里放下了呗。唉，还有那个胡麻草做的草人，"吱吱"里放上手还出来给，把这个衣裳穿上，抱着走呗，围前的沙子一打的话，就没事了呗。（病汉）出了以后（房）门不开，这个房上跟着上了呗，不能走大门。跟着房后檐搭了个梯子呗，放给以后，沿梯子下给。下给以后就往东走，往东走就往东走呗，往东走可就早上它牛皮胎准备好。（病人）皮胎里一进给，就从后边"乒乒乓乓"几棒子打给，这样这个狗娃病就躲过了呗。一个星期来，两个星期来，就这么个意思。这个大致情况就这样，就隔过了呗。

赵：（往河边走时）病人的脚印还不能出来哩，这整一个路上其他人背上来里呗。不话，它（狗娃神）闻着这个脚印，经常习惯了呗，他（病汉）的脚印它闻出来呗，就这么个意思。

窦：往外走时，病汉的名字也不能说呗，要不它听到跟上来里呗。

赵：这个走了以后，就火把拿上，这个一顿火把拿上就赶了呗。

窦：再就"去了，去了，去了"，"嗷嗷"，一挂喊着哩，撵着哩，各个房子里进来追着哩。

刘：他点这个火把的意思是？

赵：火来追呗，追它呗，它跑哩。唉，拿沙子打着哩。

窦：专门是十字路口的沙子，其他的沙子还不要。

刘：十字路口的沙子，那为啥，阿爷？（赵"阿来"一声，"哈哈"笑气来）

窦：这个十字路口的这个（沙子），威力大一些呗，十字路口的这个杀气大呗，能的过呗。这个唯心的说法呗。

刘：像这个风俗咱们祖祖辈辈都传着了呗？

窦、赵：一直传着哩。

刘：最近这几年还有这个情况吗？

窦：这几年可是办法没有了，科学医院看了不好就还是这个办法哩。（土族人到）藏民朋友家里去时，啥东西拿了来，藏民心里不高兴呗，难受呗，它（狗娃神）跟上来就撑开了。（狗娃神）藏民是有些家里有哩，有些家里没有。

赵：可一个和一个不一样，全部没有这个。（注：指并非所有藏民家里都有这种狗娃神）

刘：他们有这个狗娃神的是不是在家里敬着啦？

窦：敬着里呗，人家佛爷房子里有哩。一个房子里人家封下了呗，外人不叫进去呗。

刘：冉就我听咱们村的阴阳先生说法喇是二郎爷的弟子？

窦：咱们土族信仰二郎爷呗。法喇就是二郎爷的弟子，驱赶时二郎神请着哩呗，二郎神发挥人家的法力呗。二郎神请着时，法喇才跳开了，不是法喇跳不起来。

赵：法喇在这里看病时，二郎爷的牌位在这里供上了。二郎爷也叫"河州弟子"，大河家那边叫河州啥，从那边过来的这个人，俺门这里信仰着哩。万一困难的时候，就这么喊着里"河州弟子"！

刘：另外，就整个过程来说，都是那些人在场，就关上门那段时间里，村里好多人都有吗？

赵：唉，村里好多人有哩。村里人没有就是社里人。还有一个家吾呗,家吾的人有哩。整个过程中,女的不能来,那个背时全部是男的。

刘:这个人数上有没有规定?

赵:人有的话多,人没有的话,三个五个,十个八个哩,人数上没有固定哈数。

刘:在场的人担不担心狗娃神跑到自己身上?

窦:不担心,根本不担心。它那个狗娃神只能是抓住的那个病汉,它抓住了,其他人它抓不住。

赵:问题是(其他人)便宜没占呗,你的啥我没占,他这个病汉是确实人家的便宜占了呗,拿了人家的东西呗。

窦:这个病患上里是,这个也看出来了,阴阳、法喇可以看着哩呗。阴阳人家抽签算卦哩,算出来以后是,再由法喇来驱赶里呗。现在的话叫"诊断"。

刘:还有在那个场合下,是不是不能说一些话,一般人不能出声呢?

窦:对着哩,不能出声。各把各的名字不能叫,尤其是病汉的名字不能叫。名字叫时它狗娃神听见跟上来里呗。

刘:那要是叫病汉出去时有啥信号?

赵:病汉出去时再就这个法喇,法喇沙子啦打着哩,"哗哗"沙子打着,往墙角落里打着,宰了,宰了就出了呗,信号呗。

刘:那过河之后咋办?过河之后,那边大河家、四堡子的回族、撒拉族,他们不信这个,对这个有啥忌讳吗?

赵:我们那边还有汉族亲戚呗。这滨河那岸(伊斯兰民族)全部不是呗,汉族有里呗。这个甘肃和我们赵木川、官亭三川,和汉族结婚下的亲戚多。

窦:这里住上几天,那里住上几天,可来里话,这个官亭这道下来了。来了以后,家里不来呗,再来了赵木川亲戚家里住下了,家里再随便不来呗。

刘:那整个过程需要多长时间?

赵:两个礼拜有哩。真正狗娃神里话,那么,就那天晚上开始隔了以后,真正隔了里话,第二天就开始轻了。

窦:轻便了,不话是肩膀困着哩。两个肩膀相当困,像背上两个担子一样。

刘:刚才阿爷说到河边还要噼噼啪啪打皮胎,为啥?

窦:(病汉)皮胎里装上,"噼噼啪啪"一阵打哩在河里。害怕它(狗娃神)躲不开呗,让它躲开呗。

赵:就是这隔不开,那就隔开了。看是不是隔掉了没有,就这个意思。家里隔掉了没有,打着吓唬给一挂。

刘:一般请阴阳、法喇要给他们报酬吗?

赵:原来根本没报酬,现在最近才有了报酬。适当给一包茯茶,给上十块八块钱,现在阴阳、法喇都有报酬。原来是人情关系了呗,凭着一种人情,不要报酬,人情关系当紧呗,现在是经济时代呗。

刘:以前在村里主持这些事情,咱们大队里或乡镇上,他们有没有阻挠?

赵:原来有阻挠,原来是五六十年代、六七十年代,信教不自由呗。那时候我们悄悄地搞,社里(指生产队里)倒关系不大,村上不能知道。阴阳、法喇悄悄地搞,最近改革开放以后是信教自由了呗,也就可以公开大胆地搞了呗。整个过程就这么个样子。

刘:好,谢谢您们,阿爷。

以上就是过太民和三川土族筏子客所生活的乡村环境中曾流行的一种祓病禳灾信仰习俗。筏子客参与其中,划牛皮胎渡病汉过河,这是筏子客在乡民日常信仰生活中所发挥的不可或缺的作用。

对于这一习俗做出以下分析:

在功能主义者看来,"任何事物——一个人、一个物体、一个场所、一个词或一个名字,一个时节或一个事件、一周中的一天或一年中的一段时间,只要它是仪式性回避或禁忌的对象,就可以说它具有仪式价值"(拉德克利夫—布朗,1999:154)。在三川土族筏子客参与其中的钻牛皮胎驱赶"狗娃神"的巫术活动中,"狗娃神"这一藏族人家里供奉的护法神,却成了土族人回避的对象,病汉的名字自始至终都是禁忌的对象。因此,这一活动具有仪式的价值和象征意义,它体现了当地乡民的社会价值观念和道德规范。

  第一,这一活动展现了仪式过程的三个阶段——"分离、过渡、组合"(范·盖内普)或"阈限前、阈限、阈限后"(维克多·特纳)。(夏建中,1997:314—319)在阈限前,三川土民因到藏民朋友家做客时拿了主人家的东西而招致"狗娃神"的追赶,以致于染上难以治愈的疾病。四处寻医未果,于是便进入采取了系列巫术手段的阈限期。在阈限阶段,病汉进入了一种神圣的仪式时空,处于一种中间状态,所有的社会文化生活不复存在。无论是阴阳、法喇主持的仪式的各个环节——占卜、宰、扎草人、打沙子、念咒语、请二郎爷助威,还是众人背病汉自窗户翻房顶出去以及不能喊病汉名字的禁忌,亦或是过河前筏子客"嘭嘭"地敲打皮胎,这一切都是为了完成隔掉"狗娃神"的纠缠,帮助病汉度过这一模糊不定的生死中间状态。在阈限后阶段,依当地乡民的看法,倘若病汉真是被"狗娃神"缠住了身,那么,过河后的第二天他便会感到浑身轻松多了,再在河对岸的亲戚家住上个两周时间,便可痊愈,便可重新回到世俗社会之中,恢复生活常态。

  第二,这一仪式活动,在乡村社会中发挥着以下社会功能。首先,病汉因拿了主人家的东西而被"狗娃神"缠住,这起着一种警戒的象征作用,它提醒人们做人要光明磊落,不要贪图小便宜。这为模塑人的端正行为、树立正确的价值观念起到了一定的作用。其次,由于仪式过程中需要同村或同一家吾的人员积极参与合作,这利于协调人际关系,促进社会群体内部的团结。最后,通过这一仪式,缓解了病汉、病汉家人及同村乡民生活的压力,从而起到精神、心理调适的治疗作用。

总之,民和三川土族筏子客参与下的这一仪式活动,在当地乡民信仰生活中曾发挥过相当重要的作用,这也是其能够产生并得以传承的原因所在。

三、筏子客与口承语言民俗

口承语言民俗,又称民间口头文学或口碑文学,是民俗学研究的一个十分重要的领域。口承语言民俗的表现形式是多种多样的,就与筏子客相关的事项而言,有"花儿"民歌的漫唱、"射头"的命名、民间故事、传说的讲述、俗语、谚语的传承,等等。民俗学在语言民俗研究中,除顾及到它的文学特色外,更重要的是要突出它的民俗特色,也就是要突出民间文学创作与传播的时空场景的研究。

就与筏子客有关的口承语言民俗事项而言,无论是"花儿"民歌的演唱,还是民间故事、传说的讲述,或者是"射头"的命名、俗语、谚语的运用,一般来讲,都有它民俗上的特点,其特点如下:

1. 口承语言民俗是一种口耳相传的社会互动行为,传播者(讲唱者)与受传者(听众)构成这一民俗活动的主客体因素,失去一方,民俗活动便会终止。比如,在扳筏过程中,筏子客漫起了"花儿",有时或许会出现演唱者自娱自乐而集主客体于一身,但更多时候,则是一人唱他人听,一人唱他人或众人和,从而构成了演唱者与听众之间的密切互动。

2. 口承语言民俗的传承,必须有其具体的时空展演场景。筏子客"花儿"漫唱的场景自不必说,就连与其民俗生活相关的俗语、谚语的使用,也有一定的空间场合和时机。

3. 在筏子的诸类角色中,筏把式作为民俗信息的主要储存者、传播者,他们对于本群体口承语言民俗的传承及其文化传统的发扬,较其他角色而言,具有更为重要的作用。这一点,尤其体现在他们在具体指挥的过程中,对于"射头"这类行话的识别与传承方面。

4. 口承语言民俗,由于受到地理空间上的限制,很容易形成特定民族的和地域的文化圈。比如,作为"河湟花儿"的主要演唱部落之一,筏子客的"花儿"漫唱活动,无论在思想内容、表现形式和演唱特点上,都不同于其他民族的民歌,而是形成了体现河湟流域多元族际文化特点的山歌文化圈。

5.筏子客的口承语言民俗,有其自己的传承路线。其中,主要是在群体内部进行的社会传承路线。比如,对于"射头"行话的习得,是通过一般筏客与把式之间的师承关系来世代相传。当然,社会传承的路线并不是单向进行的,有时它与家庭传承交叉进行,相互影响。比如,在一些"筏子世家"里,包括口承语言民俗在内的各类民俗文化的习得,首先是在家庭内部亲子间濡化的结果,而后才是融入到整个筏子客群体之中,进行再社会化的过程。(陶立璠,2003:343—349)

以下,就筏子客生活世界中各类口承语言民俗事项创作与传承的民俗特色,作一具体阐释。

一、筏子客与民间文艺

1.筏子客与"花儿"的传播

①"花儿"与空间场景

甘、青交界的河湟流域,为西北民歌"花儿"的两大类型之一"河州花儿"的集散地。漫"花儿"以宽心,早已成为当地乡民普遍接受的民俗生活样式。土生土长于河湟流域的筏子客,自早年起便受到这种地方性知识的濡染而习得了这一文化模式。这一"民间文化传统规约下与特定(生活)空间范围内的社会处境",便组合成筏子客漫"花儿"的民俗情景,它是"历史传统与现实生活的交汇"(黄涛,2002:261—262)。漫"花儿"的历史传统储存在河湟筏子客俗民群体的意识和记忆之中,它制约和规范着该群体的具体活动,而筏子客生活世界的现实场景又调整或修改着历史传统。在这里,历史传统与现实场景的会合交融,就是影响筏子客"花儿"

山歌文艺漫唱之民俗行为模式构成的主要情景因素。

筏子客长时间出门在外,孤寂难捱,惊涛骇浪,撼人心魄。他们通过"花儿"这一原生态民间文艺样式的漫唱,以驱除内心的孤独感、恐惧感;通过"花儿"的漫唱,模拟或虚构出与亲人分别、重逢的具体空间场景,来排遣思乡念亲的愁苦之情,从而调适了精神,解除了疲劳,鼓舞了干劲,发挥出文艺民俗独有的社会实用功能。就筏子客这样一社会群体的整体而言,漫"花儿"这一行为在筏子客中间代代传承。在此,笔者将其作为一种民俗生活模式或行为模式,来加以阐释。或者说,筏子客长年累月地出门在外,他们是如何来宣泄内心情绪、释解乡愁、调适精神的呢？历代筏子客在行进途中风平水缓时,在逾越"射头"险滩后,在徒步于荒漠沙滩或崎岖山道中,他们便漫起了经过传统民俗文化熏陶和民族心理模塑后而习得的山歌文艺——"花儿",来达到上述目的。

无论是在扳筏过程中生活实景的抒唱,还是对与亲人分别及重逢时不同空间场景的模拟,筏子客的歌唱,都是以现实生活为基础的,都是以其内心的真情实感为依托的。也就是说,筏子客确实经历了与亲人生死别离时的凄苦和久别重逢时的喜悦这一鲜活的俗民生活。山歌的内容,情感的抒发,均源于现实生活,或者说,歌唱本身不仅是一种民俗(行为模式),更是河湟乡民的一种生活方式,是其生活之组成部分。这一点,在"花儿"的一切原生态歌唱部落或群体——诸如昔日同为"出门人"的筏子客、脚户哥,乃至于今天进城谋生的打工族——中间都是相通的,或者说相同的,只是其因所具体从事的职业的不同、歌唱场景的转换而体现在情感抒发程度上的差异而已。筏子客所表达出的情感更多凄楚与苍凉,波折大,跳跃性强;脚户哥则会相对舒缓悠扬,因其多在漫漫山道上苦捱,其风险较筏子客为小,而当今处于生活边缘线上的打工族,则更多地会对因时代发展带来了社会分层,进而导致了社会资源分配不均的社会现象而大发慨叹。当然,在劳动得以回报时,也他们有着对喜悦情感的抒发这一共同之处。但即便如此,也同样会存在因所处生活场景、外部环境的不同而有所差异。

筏子客在扳筏过程中漫唱"花儿",亦遵循民俗文化展演的"情景性原则",即在不同场景或情景下,筏子客所漫"花儿"的内容会有所不同。情景性原则决定着筏子客漫唱"花儿"的具体词句和内容,从而形成了内容上的丰富多样性。无论何种内容的"花儿"歌词,都存在着共同的民俗模式。那就是通过这一行为模式,筏子客达到了调节身心、抒发性情的目的和意图:或是渡过危险河段时喜悦欢快心情的抒发,或是羁旅行途中思乡念亲之孤独情怀的表白,等等。在这里,唱什么内容并不重要,关键是通过这一相延成习的民俗模式,筏子客调节了身心,以更佳的情绪投入到劳作过程中去。这一行为模式的形成及其民俗意义,是由河湟筏子客所处的地域文化背景所决定的。甘、青交界的河湟流域,为西北"花儿"两大类型之一——河州花儿的产生和流行之地,当地筏子客自小便受到这种颇具特色的地方文化的模塑和熏陶,从而习得了这一民俗文化。于是,在出门扳筏的不同时空场景下,他们依旧凭借这一固有文化模式来抒发一己之情感,调节行旅惆怅之生活。

②筏子客与"花儿"的传播

古河州地区"花儿"的创造者——回、汉、东乡、撒拉等民族的乡民,通过外出的流动,把"花儿"传往其他地区,即所谓"送出去",这是"河州型花儿"向外传播的两种途径之一(郗慧民,1989:45)。在"花儿"传播的过程中,搞水上运输的河湟筏子客做出了一定的贡献。他们沿黄河一路漫开去,将"花儿"带到了宁夏境内的黄河流域。这一山歌文艺也便在中卫、中宁、吴中等河套平原地区传播开来。笔者以为,"河湟花儿"之所以能在宁夏大地生根发芽,在于当地具备了以下两个条件:

其一,共同的民族文化心理。历史上,在甘、宁间,随着战争、外出谋生等路径而进行的无数次或大或小的民族迁徙和流动,使得两地乡民有着共同的民族文化心理做铺垫,来共同接受"花儿"这一山歌文艺。也就是说,通过人口的流动,使得宁夏沿河"花儿"传播地的民众与河湟流域"花儿"发源地的乡民,在语言和宗教信仰等方面达到了沟通与交流,从而为"花儿"的传播创造了必备的深层条件。其二,时空必备条件。返途中,在过去陆上交通设施极其落后的条件下,河湟筏子客多徒步穿行于甘宁高原上,一般一次返程长达一个月之久。日复一日,年复一年,在那漫长的旅途中,在那空旷寂寥的生活场景下,这些来自"花儿"故都的河湟乡民,便唱起了思乡念亲的山歌。这是"花儿"能在宁夏境内的黄河沿岸地区落脚的时空必备条件。因此,在具备了共同文化心理的前提下,再加上必备的时空条件来辅佐,"花儿"便在筏子客足迹所至的宁夏沿河乡村,逐渐传播开来。

然而,同在筏子客到达过的以包头为中心的内蒙古地区,"河湟花儿"却并未传播过去。这是因为,其一,在包头等地,多为汉、蒙族人杂居,多接受了"信天游"之陕北民歌的文艺样式。其二,就语言上讲,虽然包头与甘肃河州同属于大的西北方言区,但包头更确切地说应隶属于晋方言区这一小的方言范围内。这就是说,在语言交流上,尤其是民间文艺的语言交流上,河湟筏子客与包头蒙古、汉乡民也存在着相当大的障碍,这一点从老年筏子客的回忆中得到了证实。此外,在上述语言交流障碍的情况下,再加上筏子客每次在包头仅作短暂的客留;就是说,在时间上也不能为他们在当地传播"花儿"做一保证。

2. 筏子客与秦腔、地方小调等其他民间文艺样式

自兰州以下如榆中、白银、靖远、景泰等沿河县市的汉族筏子客,过去,在扳筏过程中,多演唱起秦腔或其他地方小调,而较少有人漫"花儿"。这是因为这一沿河地区,处于"河州花儿"传播的边缘地带,而更多地受到了甘陕交界流行的民间文艺样式——秦腔文化影响的结果。这一历史文化传统与现实生活场景的结合,也

同样构成了当地筏子客演唱秦腔的实际民俗情景。这一民俗行为,同河州人漫"花儿"一样,其功能也是为了宽心、释解乡愁,其演唱场景也多是在河阔水缓处,或渡过险滩历经磨难时,亦或返途中那空旷寂寥的荒野上。简言之,这一民俗行为,也同样构成了当地筏子客水上娱乐生活的民俗模式。

二、"射头"的命名、分类及其民俗内涵

"射头"①,作为一类行话,是指筏子客因忌讳说"险"字而对河道中的暗礁、漩涡、险滩、大浪等危险处的统称。一般而言,依筏客子们的理解,筏子行至"射头"处,就像脱了弓的箭一样,直奔水浪、石崖射去,难以控制和把握,故命名之。过去,黄河及其各支流河道中无数个大小"射头"的存在,曾对筏子客的筏运活动构成了极大的危害,用老筏客的话说,不知淌掉了多少人。至今,有些大的"射头"还令老筏客们谈起便毛骨悚然。在调查中,笔者看到,有过多年扳筏经历的老筏客,对于他们所走过的河道中大小"射头"的名字、状貌及其确切位置,谈起仍是历历在目、记忆犹新,对于各主要"射头"的具体操作技艺,说起仍是成竹在胸。以下,在笔者田野调查所及范围内,就筏子客对于"射头"的命名、分类及其民俗内涵,作一具体阐释。

1. "射头"的命名

语言人类学家认为,人类出于生活或生存需要总会想方设法

---

① 有关"射头"的行话,还有另一种称呼叫"塞头"。在靖远县境内(糜滩乡前进村、兴隆乡大庙村)调查时,笔者了解到,自兰州以上甘、青筏子客普遍称呼的"射头"一词,在当地筏子客们却称之为"塞头"("塞",当地方言读"sei"音)。开始,笔者还以为这是由于方言发音上的差异所致,但当笔者写出"射"字及说出其他地方的普遍解释时,却受到当地筏客的否认。他们将"射"字改为"塞"字,并给出相应的解释:筏子划到这些危险的地方,就像塞子被瓶口卡住一样,停止不前。

赋予其周围事物以名称,而且,人的独特天性与高超智能也决定了他能够做到这一点(朱文俊,2000:95)。正如朗杰尔(Susanne K. Langer)所说:"只有在人类身上才明显体现出来的(为事物命名)这一基本需要,就是事物的象征化。象征符号的创造是人类的主要活动之一,如同吃、看或到处走动一样。这是大脑活动的基本过程,而且无时无刻不在进行着。"[①]同理,在长期扳筏活动中,西北筏子客据其生活的阅历,用活性化语言,赋予黄河及其各主要支流河道中天然形成的礁崖、漩涡、大浪、险滩等,或以常见的物的形象,或以人的姿态,或以神的面目,为其创造出日常生活中熟识的象征性的符号,作为一种警示和标记,来指导具体的扳筏实践。这种象征性的符号命名在筏子客群体中间约定俗成,代代传承。经验丰富的把式们对于这些象征性的符号了如指掌,对于各河段中各射头的先后次序及其在不同时节不同水势下的具体操作技艺更是成竹在胸。以下,就历次访谈资料,对洮河及黄河各河段中的"射头"按次序加以整理:

洮河(卓尼林场至刘家峡入黄河处):

险地崖→头二三尖巴→野狐桥→上浪、下浪→十里峡(白小鹿滩、稀巴滩)→九奠峡(二虎石、峭子石、南葬沟崖、"烟囱"等)→黑奠峡(龙土台、倒泉、啃人坑、人王嘴、峡门等)→牛鼻峡(黄鼻梁、雷霹石、一马三箭、黄奈漩、头痛岩、羊盘肠、阎王鞭、牛鼻子、芦滩闸、香炉石、双管石、剖山石、扒子石等)

黄河:

自循化至永靖段:野狐跳→大王石→骆驼石→灯盏涡子→背斗石→一马三箭→青钢涡子→木场柜子→救命涡→老虎口→大喇嘛石、尕喇嘛石

---

① Langer, SusanneK. PhilosophyinaNewKey. HarbardUniversityPress, 1942. 转引自朱文俊著《人类语言学论题研究》,北京语言文化大学出版社,2000年,第95页。

永靖至兰州段:死人石→牛鼻子峡(险断石、三弟兄、红胞牛)→桌面石→大喇嘛石→娃娃咀→筛子地→溜光鱼→叉牛沟→沙簸箕→水石门→十八坎

兰州至包头段:小峡→大峡(兰州至条城)→乌金峡(条城至靖远)→红山峡(靖远至景泰五佛寺)→黑山峡(五佛寺至中卫)→沙河→青铜峡→银川→包头

大峡:骆驼石→龙王河→狼舌头→大撞拐子→煮锅、蒸锅→戏子石→胶泥坝子→大照壁→月亮石→小照壁→天桥匣子等

乌金峡:太虎石→大浪→二浪→黑崖(货郎洞)→棺材石→大、小黄崖→一窝猪→礌窝崖①等

红山峡:洋人招手→大观音崖→虎狼洞→红毛牛等

黑山峡:青石碣子→双漩儿→龙王炕→白马浪→拦门虎(大虎虎、小虎虎)→乌龙漩→娃娃咀→高崖贴→蚂窝漩→小观音崖→老俩口→三弟兄→七姊妹→ 黑驴漩→龙尾

2."射头"的命名方式及其分类

"射头"的命名过程,就是筏子客把他们所经历的各河道中的大浪、礁崖、漩涡、险滩等"具体事物抽象化、符号化或文字化的过程"。这一过程与筏子客这一社会群体的"生活经历、思维模式、文化环境与传统"有着密切的关系,也与西北乡民"观察、感知和表达习惯息息相关"。(朱文俊,2000:99—100)这里,我们引入人类语言学界常见的两种命名方式:印象式命名法(impressionalnaming)和比喻式命名法(metaphoricnaming),对有关"射头"的命名作进一步的阐释。首先,看以下两个表格:

---

① 礌窝子:西北方言,一种用于滚碎盐、花椒、茴香等生活调料用品的石器,它由礌窝、礌锤两部分组成。礌窝子,即山东方言中的砳窑子。

表一：印象式命名法（impressional naming）

特征	"射头"名称
状态	倒泉、稀巴滩、峭子石
形状	叉牛沟、双管石、野狐跳、大观音崖
大小	十八坎、大浪、二浪
颜色	黑崖、白小鹿滩
方位	青钢涡子、黄崖漩、上浪、下浪、头二三尖坝
材料	水石门、芦滩闸、胶泥坝子
功用	救命涡
后果（危险性）	死人石、啃人坑、头痛岩、险断石、险地崖、南葬沟崖、大撞拐子
行为动作	一马三箭
伦理观念	三弟兄、老俩口、九姊妹
信仰意识	大喇嘛石、尕喇嘛石、龙王河、龙王台、龙王炕、大、小观音崖
来源	剖山石

表二：比喻式命名（metaphoric naming）

喻词来源		"射头"名称
源于自然环境	动物类	骆驼石、蚂窝漩、白马浪、乌龙漩、二虎石、牛鼻子、羊盘肠、老虎口、红胞牛、溜光鱼、狼舌头、太虎石等
	自然现象	雷霹石、月亮石、大照壁等
源于社会环境	生活用具	香炉石、耙子石、灯盏涡子、背箭石、木场柜子、桌面石、筛子地、煮锅、蒸锅、天桥匣子、棺材石等
	人体器官	黄鼻梁、大王嘴、娃娃嘴等

从表　可看出，包括筏子客在内的西北乡民在观察河道中各类"射头"时，往往特别注意其外部特征或感官上易察觉到的某些层面，如方位、状态、颜色、材料、功能、行为、危险性后果、信仰意识、家庭伦理观念等，然后依据各种直观印象细节对其进行描述和命名。这里，以后果的危险性、信仰意识、家庭伦理观念为特征而命名的"射头"犹为突出。这充分说明诸如"啃人坑"、"死人石"、"南葬沟崖"等"射头"的危险性，"喇嘛石"、"观音崖"、"龙王炕"等

所昭示出的求神祈福、护佑平安的心理以及宗教信仰在西北乡民的日常生活中所产生的影响。

从表二可看出,西北筏子客在给"射头"命名时,受到几千年来中国人在与自然抗衡的过程中所养成的关心现实和讲究实际的习惯传统的影响,他们考虑问题往往不脱离周围生活中的具体事物,表达思想时也常常借助具体形象,从而培养出一种形象思维的传统命名模式。也就是说,他们通常从自己生活经历中寻找与该"射头"有共同特征的其他各种事物,然后通过比较和筛选,确定与之最贴近的形象来加以描述,这就给所命之物赋予了他物的形象。"这种形象的转移或借用过程,可以说是比喻式的命名过程。"(朱文俊,2000:111—112)

综上,河道中"射头"的命名,是筏子客这一俗民群体在长期的扳筏生活中所共同创造、传承和享用的一种民俗文化,是其"用极为相似的方法解释他们周围所发生的事务,并赋予他们周围的世界以意义"的结果(庄孔韶,2003:533)。以上,这不同方式下命名的诸多"射头",均可看作一种民俗指符,作为一种象征性符号,传递着意义相近的民俗信息,为各地筏子客分享、领会和理解,影响着其水上操作技艺的传承,对其日常扳筏行为发挥着积极的导向作用。

筏子客社会群体的民俗价值

筏子客的民俗价值,是指河湟流域筏子客出门扳筏这一祖辈相承的民间习惯性行为,在过去乡土社会俗民日常生活中以至于整个社会结构体系中所发挥的作用,及其在今日民俗旅游中的贡献。

一、筏子客在乡土社会交通运输中的贡献

甘、青、宁黄河流域民间水上交通运输工具——筏子,作为一种富于地域文化特色且具久远历史传承的物质民俗事项,它的功能,"指它在社会生活与文化中的位置,它与其他社会文化因素之

间的关系,以及它发挥的客观效用"(钟敬文,1998:27)。由此,要探讨筏子客在乡土社会中的作用,须将这一社会群体所从事的筏子运输活动,置于西北各民族的整个社会结构和文化体系之中,来考察其社会功能。

"社会体系"是社会结构与社会功能两个概念的联合,它包含两方面的内容:一是外界的适应,二是内部的完整。任何社会活动的功能,就是它对于适应和完整的贡献。(拉德克利夫布朗,2002:182)因之,要阐释筏子运输活动在整个乡村社会体系中的功能,就是要看它曾经在多大程度上,满足了西北乡民在特殊自然环境中的物质需求,以及它又是如何通过筏子客个人利益的和谐、联合与调适而将整个社会生活联成一体的。亦即只有将筏子客所从事的运输活动,与整个社会统一体中的其他各类事象联系起来加以考察,才能真正认识筏子客这一社会群体的民俗价值与存在意义。以下,将选取近现代这一特定时期为例,从经济、政治(军事)、文化等社会生活体系的各个层面,来分别探讨筏子运输活动在乡土社会中曾发挥过的积极作用。

1. 经济运输方面

筏子客在经济运输中的贡献,主要体现在乡民日常生活中的渡运和整个社会经济体系中的长途航运两方面。可以说,这是西北乡民利用皮筏在满足乡村小社会物质需求之后,而对外部大社会、大环境所做出的调整和适应。由此,便将中国西北与东部地区乃至与国际社会的经济生活贯通起来。显然,在此调适过程中,乡民们的物质所需也得到了进一步的满足和最大限度的补充。

渡运中筏子客的贡献。过去,黄河上游一般河段无桥梁架立,交通极其困难。在此情况下,筏子客所从事的皮筏(或浑脱)渡运活动,在西北沿河乡村民众的生产和生活实践中,曾起到不可或缺的作用。这里,举其两例为证。其一,据《明史纪事本末》记载,明朝时期,生活在河套地区的鞑靼族吉囊部,曾把浑脱作为一种经营性的渡河工具,年又继年地乘浑脱从套内到套外。从正德初年至俺答封贡年前后60余年中,鞑靼族共往返渡运130余万次。① 当然,这仅是部族生存迁徙中浑脱渡运活动所发挥的作用,此时还不存在以商业赢利谋生为目的的筏子客社会群体。其二,在甘、青交界的积石山、民和两县调查时,笔者了解到,在积石峡一带,过去曾存在着诸如大河家②、尕周家、寨子、韩山家、三二家等系列民间渡口。在这些渡口上,专有来回摆渡的筏子客,他们的摆渡行为沟通了两岸民众间的交流和联系,满足人们的日常生活的需求。此处的渡运活动,在历经数代传承并发挥了重要作用之后,直至"大河家黄河桥"建成,才相继结束。据寨子村的杜冶金老人介绍,以前在这些渡口上不仅有皮筏渡运,更多的则是"泅渡"③,并且,"泅渡"较筏渡要安全稳妥,既可渡物又可渡人。因之,牛皮浑脱多为人们日常隔河赶集购物之所需;而在农忙季节,皮筏则为人们渡运农副产品及农用物资之所用,有力地促进了当地经济生活的发展。由此,可推及到黄河上游沿岸的各大小渡口上的筏子客渡运活动。可以想见,过去,通过这些渡口,筏子客数代传承的民间习惯性渡运行为,在西北乡民日常生活中发挥过多么重要的作用。从而,从一个侧面这一社会群体实现了其自身的民俗价值。

长途航运中筏子客的贡献。近代,在国际资本主义经济快速发展的大环境下,河湟流域以羊毛、木料、粮油为大宗的东运物资急剧猛增,当地的回、汉、东乡等族的乡民纷纷投入到长途筏运活动之中。期间,筏子客所承担的运输物资,无论从数量和种类上,还是从运输距离上讲,都是史无前例的。"羊皮筏子赛军舰"一语,是西北乡民对皮筏之运输主导地位的美誉,是对筏子客社会群体

---

① 当时,鞑靼族的这一渡河盛况,在《明史·唐龙传》中亦有记载。
② 大河家渡口,即古临津渡,1989年10月修建起大河家黄河桥。
③ "泅渡",即浑脱渡,包括"单牛渡"和"双牛渡"。

为当地经济的发展所做出的卓越贡献的充分肯定。

就毛筏运输活动来看,据统计,在长途筏运的初兴阶段①,甘、青两地筏子客年均东运羊毛总量约为 1467 万斤,年营运皮筏数目为 734 只,而到了鼎盛阶段,东运羊毛年均量则高达 3974 万斤,毛筏数目每年约为 1771 只。羊毛输出量的逐年增加,带动了西北地区畜牧业生产的迅速发展,促进游牧民族经济和生活水平的整体提高。这样,以羊毛为首的诸类货物东运量的猛增,首先,刺激了长途筏运业的勃兴,为当地百姓提供了新的就业机会,"扳筏"成为回、东乡、撒拉、土、汉等西北民族民众所从事的主要副业和谋生手段之一;其次,促进了沿岸渡口、码头的日趋繁荣,拉动了整个社会经济的发展。据《甘肃水运志》记载:兰州水北门河段是皮筏靠岸检修和筏工上岸休息的重要场所,每年春秋之际,这里皮筏如云,遮盖河面二里有余。河岸上茶庄、饭庄、钱庄、商号一字排开,熙熙攘攘,蔚为壮观……新中国成立后,黄河筏子客还多次承担了从兰州运往石嘴山、包头等地厂矿企业的大型机械运输业务,为当地的经济建设做出了应有的积极贡献。

综上,近现代,筏子客长途筏运活动的勃兴,将筏子的原有功能进一步扩展,从乡村社会俗民的日常生活延及到整个社会经济发展的宽阔平台上。可以说,筏子客水上运输活动在继续满足沿河乡民日常所需的同时,更重要的是,这一社会群体的惯习性筏运行为,牵动了西北地区包括畜牧、农、商及其他副业在内整个社会经济的发展;不仅如此,还将中国西部与东部、国内与国际经济发展的脉搏贯通起来,使之相得益彰。

2. 军事运输方面

抗战时期,河湟筏子客通过运送军用物资,给国民的抗战以有

---

① 从光绪元年(1875)至宣统末年(1911)的 36 年间为长途筏运的初兴阶段,而从民国元年(1912)至民国二十七年(1938)的 26 年间为其发展的鼎盛阶段。

力的支持和后备保障。据《黄河上游航运史》记载,大规模的皮筏军事运输活动主要有三次:其一,民国二十七年(1938),兰州筏子客将2700套单军衣、100多支步枪、2万多发子弹等军需品,星夜运送到靖远县境,为那里工农武装的建立提供物质保证。其二,民国二十九年(1940)冬,兰州筏子客组成了"水上运输队",专门向国民党第八战区运送枪弹、汽油等军用物资①,有时还运送壮丁,支援了前线抗战。其三,民国三十一年(1942),河湟筏子客在兰州再次组成"皮筏运输队",用5只载重60吨的大型羊皮筏子,装载军用汽油,由四川广元起航,历时两个星期到达了重庆。一时间,筏子客的壮举轰动了整个山城。先前,在兰州民间流传的"羊皮筏子赛军舰"一语,此时又增添了新的内容和更深的内涵。此外,笔者在田野中还了解到,解放战争时期,甘肃永靖、积石山、循化三地的筏子客星夜将王震大军渡运过河,为了西上部队解放青海和新疆做出了应有的贡献。在四堡子乡四堡子村,笔者还访谈了当时参与过全盘组织活动的马显锐(现79岁)和亲自扳筏的马定邦(现80岁)两位老人,他们为笔者详尽描述了当时军民一心、成功渡河的盛况。

3. 文化传播方面

本文是就广义文化而言,来探讨筏子客这一社会群体在文化传播方面所发挥的积极作用。因此,不仅包括当年筏子客将"花儿"带到了宁夏这一具体文化传播事象,而且,筏子客在通讯和旅客运输方面曾做出的贡献也将一并纳入。有关"花儿"的传播,前章已作详析,此不赘述。

通讯方面。其一,汛情传报。清湘潭张九钺《陶园诗集·洛中集》中有"羊报行"一诗,其序云:"羊报行,黄河报汛水卒也。河在

---

① 国民党第八战区,主要是指宁夏的马鸿逵、马鸿宾部队和绥远陕坝一带的傅作义部队。

皋兰城西,有铁索船桥横亘,两岸立铁柱,刻痕尺寸以测水。河水高铁痕一寸,则中州(今河南)水高一丈。利用羊报,先传水汛。其法以大羊空其腹,密缝之,浸以麻油,令水不透,选卒勇壮者缚羊背,食不饥丸,腰系水签数十,至河南境,缘溜掷之,顺流如飞,瞬息千里。汛警时,河卒操急舟于大溜(流)俟之,拾签知水尺寸,得预备抢护……"(甘肃省地方史志编纂委员会编,1992:139)

这是清代筏子客传递紧急汛情的重要史实。其二,邮件运输。据《甘肃省志·航运志》载,民国三十七年(1948年),皮筏还承担过兰州至包头间的邮件运输业务。

旅客运输方面。过去,河湟筏子客在东运当地土特物产的同时,还捎带过旅客运输。西来东往的商人、学生、记者乃至外国传教士等,都曾乘坐过皮筏。比如,红山峡中的"洋人招手石",就是因为一个外国传教士(相传为荷兰籍人)乘筏在此失事而得名。又如,20世纪30年代,记者范长江曾乘坐皮筏由兰州前往绥远采访[1],并在其旅行日记中,描绘了当时筏子客的水上生活场景——"筏上如张设帐幕,则立即可以布置宽敞的水上行宫,空气和光线皆十足美好,而且随河水的流动,终日有千变万化的风景,可以供旅行者观赏。"(范长江,1991:269)

纵观上述分析,在近现代历史上,在整个社会体系中,河湟筏子客的社会价值主要体现在经济运输方面,在于解决自身基本生存问题的同时,又在最大限度上满足了人类群体的社会需要;而在军事及文化方面所发挥的作用,是它在特定时代背景下起到的次要或辅助性功能而已。

4. 昔日运输中筏子客民俗价值演化的原因

在昔日运输中,筏子客社会群体民俗价值的演化就是指,这一群体所从事的筏运活动在过去社会体系中所发挥的功能的兴衰变

---

[1] 绥远,今内蒙古自治区境内。

化。因此,这一群体民俗价值演化的原因,就是指该群体所从事的筏运活动在近现代社会中功能嬗变的原因。对此,具体分析如下:

①兴盛的原因

自清道光二十年(1840)至民国二十七年(1938)间,筏子运输活动由初兴逐渐步入长途航运的昌盛期。究其原因,有以下几点:首先,清末民初,"无为而治"的特殊现象使业主有利可图①,因而,筏子客群体的人数增加,力量壮大,筏运活动得到初步发展。其次,19世纪末20世纪初,在西方资本主义经济快速发展的国际背景下,黄河上游地区以羊毛、皮革为首的东运出口物资猛增,长途筏运业达到了新的发展高峰。这刺激了筏运从业人数的急剧增加。再次,民国前期,西起青海贵德东至内蒙古托克托县2600多公里长途皮筏航道的全线开通,为筏子客所从事的运输活动提供了施展的平台和良好的自然条件。最后,在上述有利环境的刺激下,筏子客改进皮筏性能的积极性大为提高,皮筏更好地适应了黄河河道状况,从而,筏子客的筏运行为也就最大限度地发挥了其社会功能,实现了其应有的民俗价值。

②衰微的原因

综观1939～1949年和1957年以后筏子客水上运输活动衰微演变的两个阶段,究其原因如下:其一,战事的影响。民国二十八年(1939)至三十四年(1945),在抗日战争中,日本侵占了华北地区,包头至天津的陆上运输受阻,以羊毛、皮革为主的东运物资无法出口,因此,皮筏货物东运数量急剧减少。在随后的解放战争中,国民党政府节节败退,不但顾不上黄河上游航运的发展,还任意破坏关键的航运设施,致使皮筏运输更趋萧条和衰落。其二,公路渡口桥梁运输的发展,汽车等现代化运输工具的投入,导致传统

---

① "无为而治"的特殊现象,是指当时皮筏运输悄然兴起,官方尚未引起重视,还没有成型的管理组织,基本上没有赋税的运作状况。

渡口的萎缩,皮筏等运输设施被弃置或损坏。其三,国家政策的负面影响。比如,解放战争时期,国民政府苛捐杂税繁多,筏户不堪承受而纷纷破产。1958年以后,国家在航运产业中实行单一的公有制,不允许私人经营筏运;"文革"期间,皮筏运输更是被作为小私有经济的遗存而严遭禁止。最后,随着铁路、公路、航空等现代化运输方式的快速发展,西北地区陆、空运输条件相对改善;同时,航道建设的严重滞后及黄河水运受季节制约、皮筏不能逆水而上的弊端,使得皮筏运输原来独具的优点相对弱化,这也同样使得皮筏运输趋于衰微。

二、筏子客与民俗旅游

近年来,在国家"西部大开发"政策的鼓舞和号召下,羊皮筏子作为一种富有地域与民族文化特色的民俗旅游资源,得到了逐步的开发和利用。在宁夏中卫沙坡头、兰州市"黄河母亲"、景泰县"黄河石林"等风景区,羊皮筏子民俗旅游,作为一种经济与文化事象的结合体,在老一辈筏子客的推动和带领下,日趋红火地发展开来。从而,在新时代的社会体系中,筏子客俗民群体又发挥出全新的社会功能,实现了其新民俗价值。

在新时代的自然条件和人文环境下,民俗旅游中的筏子客过上了一种全新的民俗生活。这一生活,既有对昔日民俗生活的承继与延续,但更多的则是一种全新的文化要素参与其中,从而体现出来新时代的民俗文化内涵。如第二章中所涉及的民俗旅游中筏子客的组织生活、信仰生活及操作技艺等,均体现出了不同于过去的新的特征。在此,不再一一赘述。以下,将主要对于当代羊皮筏子旅游能够开展、筏子客民俗价值得以全新展现的原因作一探析。

首先,就事象本身而言,在长期的发展过程中,尤其在近现代史上,羊皮筏子运输活动在整个社会生活体系中所产生的重要影响,使得它积淀了深厚的历史底蕴和文化内涵。从某种意义上说,羊皮筏子已成为西北地区各民族水上交通文化的历史表征,成为黄河水文化的一个不可缺少的组成部分。当代人可以透过羊皮筏子旅游这个窗口,向扳筏人了解在筏客子中间世代传承的习俗文化,了解西北人民过去的生活面貌和社会发展状况。其次,就行为主体而言,老一辈筏子客对养活了他们几代人的羊皮筏子,怀有极其强烈的珍爱之情,他们希望这种俗民文化能够继续传承下去。于是,在当今政策允许或大力扶持的新环境下,一些老把式重操旧业,带领后代搞起了羊皮筏子旅游。再次,就政府政策而言,在一些地区,羊皮筏子民族风情旅游已成为吸引外资、发展经济的重要文化资源,得到了当地政府的大力倡导和扶持。最后,就旅客而言,在当今"民俗旅游已经成为全球化的一种表征"的时代背景下,一方面,羊皮筏子民俗文化旅游"越来越成为人们娱乐休闲、摆脱生活压抑的一种方式";另一方面,"作为一种具有独特文化意蕴与价值的文化想象符号"(廖明君、刘晓春,2003:12—15),它也在某种程度上满足了发达地区乃至国外的人们"寻异猎奇"的心理需求,从而,成为外人了解西北地区昔日生活的独特视角而倍受青睐。

应当说,上述因素的合力,使得羊皮筏子黄河民俗风情旅游日趋红火地开展起来。由此,在新的时期,通过开展羊皮筏子旅游活动,筏子客社会群体的民俗价值也便得到了全新的展现。

从筏子客今昔民俗价值的历时性演变中,我们可以透视出民俗文化变迁的一般规律。

黄河古筏"之成为文化的一部分,只是在人类活动中用得着它的地方,只是在它能满足人类需要的地方"(马凌诺夫斯基,2002:17),也就是说,无论是在过去的运输中,还是在当今的羊皮筏子旅游中,黄河古筏始终是以"作用中的文化"形态而存在的。过去,在那特定的自然环境和时代背景下,黄河古筏最大限度地满足了俗民个体及社会群体生产和生活中物质层面的需要；而今天，在其昔日功能早已退却的新的时代背景下，羊皮筏子民俗旅游则向人们展示着黄河古老水文化的独特风韵和西北民族特有风情，唤起了人们对古代传统文明的社会记忆和探索。从而，羊皮筏子民俗旅游"把自然与社会、文化与生活、观览与体验、传统与现代结合起来"，以其深厚的历史文化底蕴和内涵，满足了当代人精神层面上的需求。

鉴于此，笔者以为，在西部大开发战略日益推进的今天，羊皮筏子民族民俗风情旅游，以其"质朴的民间性"、"鲜明的民族性和地方性"、"文化背景的可靠性"、"情趣的乐观性"及"时空的混融性"等特征（陶思炎，2001：139—140），理应作为一种宝贵的文化资源而得到最大限度的开发和利用，取得政府和民众的支持和保护，从而，继续发挥出其全新的社会功能。与此同时，借助于皮筏旅游活动，筏子客这一俗民群体，在新的时代背景下，也必将实现其新的民俗价值，为中国西部地区现代化经济建设的发展，做出应有的贡献。

结　论

在对筏子客生活世界的民俗内涵进行了详尽的描述和阐释之后，笔者做出如下总结和归纳：

第一，筏子文化系统的确立，为筏子客社会群体的形成与发展奠定了必备的前提条件。过去，鉴于黄河上游流域特定的自然生态和人文环境，运用筏子运输，使得西北乡民的"劳动同自然能量转换的比例"高于其他运输方式的有效率（夏建中，1997：241）。由此，筏子文化系统得以确立，而专以出门扳筏为谋生手段的筏子客社会群体也便孕育而生。这里，充分体现了人与自然能量转换间的普遍规律，以及人类社会特定的时空背景下某一文化群体得以形成的基本法则。

第二，无论是过去交通运输中，还是今日羊皮筏子旅游中，与筏子客有关的各类习俗事项，都是筏子客在今昔不同的时空背景下，与特定的自然、人文环境交相互动的结果，是筏子客这一社会群体为谋得自身生存与发展而适应环境、利用和改造环境的结果。同时，这些习俗事项，作为一种民俗模式，还是其精神世界在现实生活世界中的折射与反映。在"筏子客民俗生活的传承与演变"、"筏子客与口承语言民俗"两章中，对于与筏子客有关的各类习俗事项形成、发展及其消亡的演变规律，笔者已做出了详尽的分析与论述。

第三，在传承过程中，与筏子客有关的民俗文化所发生的变迁，因时因地因人而异，但就其总体而言，无论是过去还是现在，它们都是以作用中的活态文化形式而存在的。这一点，在"筏子客的民俗价值"一章中，已得到了充分的阐释。

最后，本文的研究对象——筏子客社会群体及其民俗生活，其主体部分发生在清末至民国中期，而笔者所能采访到的老年筏子客，其中最早的也仅是在20世纪30年代后期开始从业于筏子运输，同时，对于这一时期的筏运活动，文献中又鲜有记载。鉴于此，筏运鼎盛时期的民俗生活及其相关的习俗规范则难以做到详尽而准确的阐释，比如，30年代形成的筏帮组织，其具体的习俗规范已无从知晓。这一点，给本文对筏子客社会群体的民俗生活所进行的历时性整体研究，留下了不小的遗憾。

附录一：
羊皮筏子民俗文化旅游调查问卷
（宁夏沙坡头、景泰县老龙湾"黄河石林"）
1. 您的年龄、民族分别为_____
2. 您从哪一年开始搞羊皮筏子旅游？
3. 从最初到现在，政府（宁夏自治区、中卫县、景泰县）对于羊皮筏子旅游的态度为_____

①一直给予大力支持　②开始不关心,后来才给予一定的支持
　　③一直都不太支持　　④其他
　4. 当初,您为啥搞起了羊皮筏子旅游?
　　① 挣钱来养家糊口　②政府给予了有力支持　③为了发扬老一辈人留下来的这一古老传统文化,让外人更好地了解它　④出于兴趣爱好　⑤其他
　5. 过去,您的先人们是否扳过筏子?
　　① 扳过,几辈子人都靠扳筏子过生活　②没有扳过　③不知道
　6. 您扳筏子的技术是跟谁学下的?
　　① 我的爷爷　②我的父亲　③跟一个家吾(家族)的其他人　④其他姓氏的人　⑤我的同行　⑥其他人
　7. 一般情况下,旅客好问您的问题有_____
　　① 关于筏子的制作技术　②过去老先人们留下来的一些风俗习惯,如关于"老两口"、"洋人招手"等"射头"的说法　③筏子的水上操作技术,如桨怎么个扳法,水线怎么个看法等　④过去筏子在交通运输中的使用情况,所发挥的作用　⑤其他一些问题
　8. 在水上扳筏过程中,您一般给旅客谈些什么话题?
　　① 旅客问啥说啥　②光顾扳筏子,啥也不说　③在水上,一般不让问问题　④其他
　9. 对旅客来说,您认为乘坐羊皮筏子的危险性如何?
　　① 没啥危险　②有一定的冒险性　③其他
　10. 第一次扳筏子之前(即刚开始搞旅游时),您举行过的仪式活动有
　　① 放鞭炮　②筏子头上挂红布　③在河边祭祀龙王爷　④在村里或家里祭祀其他方神(地方神灵)　⑤请亲戚朋友吃饭祝贺　⑥其他　⑦没举行过啥仪式
　11. 您对黑山峡河道中,先人们起下的"射头"名字,是否还能

辨认出来?

　　① 能全部辨认出来　②能辨认一部分　③一个也辨不出来

　　12. 您是否从前人那里听说过一些跟出门扳筏有关的故事、传说、俗话等民间文艺事项?

　　① 听说过一些　　②没有听说过

　　13. 一年当中,您在哪几个月内搞筏子旅游?在此期间,除搞旅游外,还做哪些事情来养家糊口?

　　14. 在冬天不扳筏的那几个月里,您都做些啥事情?

　　① 外出打工　②在家里闲着、休息　③其他

　　15. 您现在还有多少农田?

　　您全年的主要经济收入是以＿＿＿＿为主。

　　① 以农业收入为主　②以筏子旅游为主　③以外出打工为主　④以外出经商为主　⑤其他

　　16. 在日常生活中与扳筏过程中,您们有没有一些忌讳,比如,一些不能说的话和不能做的事?如果有,都有哪些?

　　17. 为了确保旅客安全,您对旅客提出的要求有＿＿＿＿

　　① 要听从指挥和安排②不能在筏子上乱动和打闹③不能带贵重物品上筏子④不能接、打手机⑤禁止与扳筏人交谈⑥要穿救生衣⑦其他

　　18. 您搞筏子旅游,一年下来的平均收入有多少,要上交多少税收?对此,您是否满意?

　　您的这些收入主要用于哪些开支?

　　① 日常生活消费　②供子女上学　③赡养老人　④其他

　　19. 您认为今后羊皮筏子旅游的发展前景如何?

　　① 前景很好,非常喜人　②还算可以　③不怎么乐观　④不知道

　　20. 您今后有何新的发展计划和想法?是否还想让自己的后代继续从事这一职业?

附录二：访谈人一览表

序号	姓名	民族	年龄	文化程度	家庭住址
1	邓德荣	汉	71	小学	兰州市五星坪
2	张为民	回	86	不识字	兰州市徐家湾
3	*张德保	回	51	中学	兰州市徐家湾
4	*马奴海	回	36	不识字	兰州市徐家湾
5	*胡奎	回	73	小学	兰州市徐家湾
6	*胡永忠	回	36	不识字	兰州市徐家湾
7	马定邦	撒拉族	81	小学三年	甘肃省积石山县四堡子乡四堡子村
8	张义文	回	64	小学五年	积石山县四堡子乡四堡子村
9	*张关忠	汉	57	不识字	积石山县石塬乡三二家村
10	*张关仁	汉	54	不识字	积石山县石塬乡三二家村
11	蔡占魁	撒拉	74	不识字	积石山县大河家镇尕周家村
12	尚占魁	撒拉	64	不识字	积石山县大河家镇尕周家村
13	杜冶金	土	73	不识字	青海省民和县官亭镇寨子村
14	赵成海	土	54	中学	民和县官亭镇赵木川村
15	窦金祥	土	57	不识字	民和县官亭镇赵木川村
16	陈廷贤	土	71	军校毕业	民和县中川乡峡口村
17	仁青侃卓	藏	42	中学	青海省化隆县塔加乡塔加村
18	马清祥	东乡	69	自学识字	甘肃省东乡县大板镇红柳村
19	马福龙	东乡	80	不识字	东乡族自治县大板镇红柳村
20	马忠孝	东乡	65	小学	东乡族自治县大板镇陈家村
21	孔祥禄	汉	75	不识字	甘肃省永靖县太极镇大川村
22	孔祥泰	汉	74	不识字	永靖县太极镇孔家寺村

序号	姓名	民族	年龄	文化程度	家庭住址
23	罗仕恩	汉	75	自学识字	永靖县太极镇孔家寺村
24	陈振先	汉	83	不识字	甘肃省靖远县糜滩乡前进村
25	陈振亚	汉	81	不识字	甘肃省靖远县糜滩乡前进村
26	景广海	汉	57	小学	靖远县兴隆乡大庙村
27	景广福	汉	68	不识字	靖远县兴隆乡大庙村
28	武 建	汉	82	不识字	靖远县兴隆乡大庙村
29	锥焕烈	汉	72	不识字	靖远县平堡乡蒋滩村
30	*何天华	汉	62	不识字	靖远县石门乡坝滩村
31	*尚可平	汉	52	小学	甘肃省景泰县中泉乡龙湾村
32	李荫尧	汉	71	不识字	甘肃省榆中县青城镇新民村
33	李荫舜	汉	71	不识字	甘肃省榆中县青城镇新民村

注：前面加"*"者，在搞着羊皮筏子旅游。

177

附录三：田野作业图片

羊皮胎的制作工艺

图1：刮垢痂

图2：旋口

图3：塑拱形

图4：抹油盐

图5：制作中的羊皮胎

· 178 ·　在适应与变迁中传承

筏子客与民俗旅游

图6：兰州市"黄河母亲"

图7：兰州市中山桥西

图8：景泰"黄河石林"

图9："黄河石林"祭祀龙王仪式

图10：宁夏沙坡头

图11：积石峡大河家镇

河湟筏子客生活世界的民俗内涵 · 179 ·

射头及其他

图12：观音崖

图13：乌金峡"人浪"

图14：牛鼻子峡

图15：木架整形

图16：轮胎筏

〔参考书目〕

1. 郗慧敏:《西北花儿学》,兰州,兰州大学出版社,1989。

2. 郑杭生主编:《社会学概论新修(第三版)》,北京:中国人民大学出版社,2003。

3. 高丙中:《民俗文化与民俗生活》,北京:中国社会科学出版社,1994。

4. 王国维校:《水经注校·卷三》,上海:上海人民出版社,1984。

5. 甘肃省地方史志编纂委员会编:《甘肃省志·航运志》兰州:甘肃人民出版社,1992。

6. 交通部黄河上游航运史编委会:《黄河上游航运史》(终审稿·上册),1997。

7. 乌丙安:《民俗学原理》,沈阳:辽宁教育出版社,2001。

8. 克利福德·格尔兹:《文化的解释》,纳日碧力戈等译,上海:上海人民出版社,1999。

9. [英]马凌诺夫斯基:《文化论》,费孝通译,北京:华夏出版社,2002。

10. [英] 拉德克利夫—布朗:

(a)《原始社会的结构与功能》,张海洋译,北京:中央民族大学出版社,1998。

(b)《社会人类学方法》,夏建中译,北京:华夏出版社,2002。

11. 夏建中:《文化人类学理论学派》,北京:中国人民大学出版社,1997。

12. 陶立璠:《民俗学》,北京:学苑出版社,2003。

13. 黄涛:《语言民俗与中国文化》,北京:人民出版社,2002。

14. 朱文俊:《人类语言学论题研究》,北京:北京语言文化大学出版社,2000。

15. 庄孔韶:《人类学通论》,太原:山西教育出版社,2003。

16. 钟敬文主编:《民俗学概论》,上海:上海文艺出版社,1998。

17. 甘肃省地方史志编纂委员会编:《甘肃省志·航运志》(第三十九卷),兰州:甘肃人民出版社,1992。

19. 范长江:《中国的西北角》,上海:上海书店,据中华民国二十六年天津大公报馆第七版影印,1991。

20. 廖明君、刘晓春:《民俗学的当下关怀》,载于《民族艺术》2003第3期。

21. 陶思炎:《应用民俗学》,南京:江苏教育出版社,2001。

兰州市"东乡村"民俗生活适应与变迁的调查

白晓荣

绪 论

选题背景与缘起

改革开放以来,随着城市化进程的加快,少数民族流动人口同其他流动人口一样向城市不断集聚,逐渐在城区或城市边缘地带形成了一些以地方民族特色为主的少数民族流动人口聚落,形成一个个"城市少数民族村落"。"一方面,尽管这些"村落"里居民的身份依旧是民工,但他们独特的文化取向又日益同其客居的城市息息相关,密不可分,因此一些学者把这种现象称作异地城市化。另一方面,这些移民村落体现了显著的异质性:其居住户的身份、职业组成、生活习惯、文化水平、生活质量及心理状态都明显不同于城市主流社会区的居民;移民村落具有生产和生活双重功能;用地规模大小不等;亲缘、地缘、友缘在聚落形成过程中有重要的作用。"[1]从东乡农村进入兰州而形成的"东乡村"就属于这种"异地城市化"现象。它有自己产生、发展的过程,而且在外来少数民族流动人口与当地市民之间、特殊聚落和主流社会之间的相互交流中呈现出自己的独特性,城市东乡族这一边缘群体所承载的民俗文化,在与城市的逐渐融合中呈现传承和变异,这一个过程便是他们适应城市的过程。

---

[1] 刘海泳、顾朝林.北京流动人口聚落的形态、结构与功能[J].地理科学.1999年6月.第497页

从我自身来讲,多年的兰州生活让我与小西湖地区的东乡族聚居区结下不解之缘,每每假日或者节庆之日我便会到小西湖一带,这块地方在某种意义上是我在城市的心灵归宿。我作为"进城的东乡人","东乡村"成为我的异域故乡,使我多年的大学生活并未因离开故乡而孤单,小西湖天桥下推着三轮车卖大豆玉米的东乡大婶、在大街小巷骑着自行车收购家具的东乡姑舅,还有格子市卖牛羊肉的阿伯巴巴(伯伯、叔叔),不管文化的差距多大,不管衣着有着怎样的区别,走近说一句浓重的乡音,瞬间都成为"麻尼昆"(自己人)。对小西湖东乡人聚落故乡般深厚的"亲情",使我在做毕业论文选题的时候义无反顾地选择了它,浓厚的东乡传统文化背景下走出来的我,却在多年的大学生活中,以这一特殊的聚落为家,亲身感受、经历并参与到聚落内部,掌握了大量第一手的资料。并在研究生三年进行了多次的专题调查,在这些调查的基础上发表了几篇相关论文。面对兰州东乡族聚落,我既有走进"他者"世界与生活的震撼,又有走进"自我"世界与生活的亲近与自然。在我的田野中,既可以走进来,又可以走出去。

兰州市七里河区一带是外来流动人口主要聚居的地方,东乡人聚居的小西湖地区在他们内部被称为"东乡村"(撒尔塔阿恒)。"东乡村"村民在适应城市生活的过程中不可避免地存在着诸多的社会问题,从而小西湖地区被一些人看作一块落后混乱的"是非之地"。对于该地区的研究无论是从哪个学科角度,都是空白。受文化制约下的"东乡村"民众,尽管作为一个外来群体进入城市,成为城市的一分子,但是城市并未将他们纳入到城市居民之列,他们为城市做了大量的高强度的三"D"工作(dirtydangerousanddemeaning 即脏、险、苦累的工作),但城市仅仅将他们看作是一群完成工作就回家的外来人口而已,他们背负着沉重的偏见与歧视,过着边缘化(marginalization)和"污名化"(stigmatzation)生活。面对这样的事实与现状,我走进"东乡村",走近这一边缘群体,从民俗生活的角度来剖析"东乡村"村民真实的生活,从而解读外来人口适应城市的状况。

从以下三个方面来界定。

首先,就边缘群体而言,目前学术界关于边缘群体的界定大多为:边缘群体是指生活于城市社会底层各角落的农民工群体。他们为城市的繁荣与发展做出了巨大的贡献和牺牲,但却没有得到相应的回报。相反,在二元结构体制的特殊社会背景下,农民工在城市中受到了诸多的不公正的待遇,无法真正融入城市,并遭遇着市民的偏见与歧视,他们已成为一种独特的"弱势群体"[①]。东乡人大多以农民工的形式进入城市,带着自己原有的文化背景流动到城市这一大的文化背景之下,无论他们所承载的文化、生活的地域以及生活的状况都处在城市的边缘,他们从事大量的脏、险、苦、累的工作,然而却背负着沉重的偏见与歧视。在日常民俗生活中,他们固守着传统却又不得不与城市达成和谐,"东乡村"所承载的民俗文化是介于东乡族传统文化与城市主流文化之间的城市村落边缘民俗文化。所以本课题中这一边缘群体,是指东乡人进入城市,他们在文化上异于城市,生活地域处于城市的边缘,在生产生活上更多的是处于生活的底层。

其次,所谓城市适应,一般是指农民工进城后,不断地在工作方式、生活方式、社会交往、社会心理上做出种种调适,从而顺应自身所处的生存环境的过程。东乡人离开东乡本土进入城市这个与他们原有的经济、社会和文化传统不同的环境,面对这种差异性,他们是如何与城市发生碰撞与调适的,他们在城市中的适应又是怎样的? 如何与城市达成一种和谐,如何调适自己,便是"东乡村"民众适应城市的过程,而民俗生活的变异便是城市适应的具体表现。

---

① 林晓珊:"边缘群体"的社会心理与社会歧视探析[J],福建师范大学福清分校学报,2005年第1期总第67期,第36页。

选择东乡族聚居区作为研究对象的时候,曾试图以流动人口聚落、新移民等概念做研究,但是在更深入的田野作业与参考关于城市村落的文献之后,最后决定将以"东乡村"为概念作研究。之所以将兰州市的东乡族聚居区命名为其,笔者对"东乡村"的界定是,它既不是自然村,也不是行政村,在历史上,兰州没有存在过"东乡村",从20世纪80年代初以来,东乡人陆续以流动的方式涌入兰州,汇聚在兰州市回族聚居的七里河一带。这些东乡人来到兰州,以从事体力劳动为最多,如蹬三轮车、拆迁、收家具等,小本经商占一定的比例。从80年代至今,二三十年的流动趋势,文化水平与经商传统等因素制约下形成相对单一的职业类型,围寺而居的居住倾向,促使所有聚居于此地的东乡人形成了较大规模的聚落,这一聚落融生活、劳动、信仰于一体,具有一些社区的特点:它是一个由东乡人高度集中,并在那里开展很多生活活动的空间,拥有自己简单的服务设施,基本上满足聚居在那里的人们的生活需要,在各种互动关系中,形成自己完整的社会网络关系。然而与真正的社区相比,"东乡村"又不是一个完整的、稳定的社区,他自身没有规范化,民族与信仰是最大的维系与约束。居住于柏树巷的一位老人说:"我在这里生活了近20年,这么多年左邻右舍基本上都变成东乡人,从事各行各业的都有,修建了东乡人自己的寺,开东乡人自己的饭馆,互相照应帮忙或者监督,来这里的外地人都叫这是小东乡。"老人骄傲的表情与口气,无不流露着对这一社区强烈的归属感。本课题把"东乡村"界定为由来兰务工经商的东乡人聚居形成的,并具有一定的自我调节、自我服务能力的准社会性体系。在城市文化大背景下,分析"东乡村"民俗生活文化的内涵,

本课题所指的"民俗生活"主要是从"东乡村"的社会民俗、物质民俗、精神民俗来分析"东乡村"民俗生活的传承与演变,从而探悉这一边缘群体适应城市生活的现状。

"东乡村"民俗生活的变迁是东乡人作为城市边缘群体,适应

城市生活文化和"东乡村"不断完善的过程。以"边缘群体的城市适应——兰州市'东乡村'及其民俗生活研究"为题,它的形成过程也是民俗文化在保留传统文化和城市主流文化的互动中不断变迁的过程,形成有别于城市与乡村的"新聚落"民俗文化。本文立足于城市文化大背景来研究"东乡村"的民俗生活,从而探究在城市化过程中,外来少数民族面对本民族传统的文化与城市主流文化的碰撞,为适应城市,将如何取舍。

研究目的与意义

"村落的实体性应从结群机缘、组织、范之下,潜在有村落的自我意识,它由相通的个人感受所形成。"①"东乡村"作为城市中的农村,有着自己内部的组合、生活方式、结群机缘、宗教、语言等因素促使"东乡村"形成,而"东乡村"又是传统文化传承与发展的"根据地"。从民俗学的角度来研究这一特殊的城市民族村落的形成、组织以及它的民俗生活研究,以展示城市东乡族民俗生活的真实现状;为东乡族在适应城市的过程中所面临的困境与尴尬,如何作出选择,如何保留传统,如何与城市文化达到一种和谐作出理性的分析,试图为东乡族在城市化过程中的生存与发展寻求新的契机,为实现东乡族真正意义上的城市化作出理性的思考。其次,拓宽东乡族研究的领域。

1. 正如概念阐释中所论,"东乡村"既是一个小型的民族社会,又是一个准区域性社会。从城市村落研究东乡族社会组织等,是一个尝试。从东乡族民俗研究现状来看,历来对东乡族民俗的研究,基本上着眼于对东乡族本土传统民俗的研究,将东乡族的民俗研究从农村转向城市,试图做一突破。城市外来少数民族作为城市边缘化的群体,其传统民俗在城市主流文化冲击下,如何继续存在与发

---

① 刘铁梁,北京师范大学学报(社会科学版),1996年06期。

展,是少数民族在城市化过程中存在的尴尬与困境,研究兰州市"东乡村"的民俗生活,对于如何在城市化过程中传承与保留民俗文化具有积极的作用。城市少数民族聚落的出现本身就是少数民族城市化与城市多民族化的具体形式,城市多民族化具体体现就是文化的多样化,兰州市东乡族聚落对城市文化的多样化具有重要的作用,而城市文化的多样化为少数民族文化的传播提供了契机。

2. 学科价值与社会价值。对城市外来少数民族聚落的研究,目前主要从人类学角度给予关注,而从民俗学角度的研究少之又少。本课题将在前人研究的基础上运用民俗学理论与方法,为城市少数民族研究带来新的气息。关注城市少数民族文化的传承与变异,以及少数民族传统文化与城市主流文化的相互冲击与协调,对研究少数民族城市化与城市多民族化具有一定的积极作用。

兰州市"东乡村"的形成

"东乡村"的现状

在做"东乡村"的宏观分析之前,先来介绍它的一些基本情况,从而确定它在民俗生活方面的内涵。本章主要想说明"东乡村"是在什么样的背景下出现的,它的人口来源以及现状,受什么样的因素来推动或者制约,它的形成是在什么样的背景下出现。

地理位置

"东乡村"的地理位置,主要在兰州市七里河区宴家坪、工林路、五星坪、格子市以及以小西湖公交站为中心的周边的林家庄、骆驼巷、柏树巷、上下西园等小区。本文将以上这些东乡人相对聚居的地方称为"东乡村"。七里河区位于兰州市中南部,是一个典型的城郊型区域经济区。全区总面积397.49平方公里,辖5乡3镇,9个街道,居住着汉、回、蒙古、东乡等28个民族,总人口42.18万。东乡村所处的位置,则是七里河区西南边缘地区,是东乡人进入兰州必经的"港口"。东乡人进入兰州,沿着公路散落于附近的街道小区,从工林路到硷沟沿这段公路为主线,形成向两边扩散的状态,沿着这条公路形成的聚居区成为他们较大的活动区,也就是本文所说的"东乡村"。

民众来源及人口状况

民众来源

"东乡村"的民众,顾名思义,以东乡族为主。是由离开东乡族自治县进入兰州,形成自己的聚落的民众。根据国家民委沈林在《城市中的少数民族》中对中国城市少数民族聚落类型的划分来看,城市少数民族聚落大致可分为:1.城市世居少数民族聚落;2.因民族工作机关的设立而形成的少数民族聚落;3、因民族教育的发展而形成的特殊的少数民族学生聚落;4.因民族地区各级政府在东部城市设立办公机构形成的少数民族聚落;5.因特色旅游景点而形成的少数民族聚落;6.因进城经商打工而形成的少数民族聚落。① 兰州"东乡村"便属于"因经商打工而形成的少数民族聚落",它的民众主体以来自东乡族自治县贫困山区的劳动力移民为主,以流动方式进入城市从事体力劳动、小型商业活动。他们经历了艰难的选择和适应后逐渐形成了聚落,它的形成是自发的,

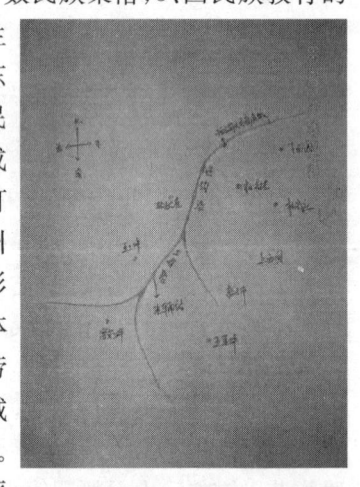

东乡村分布图

从而又与城市有着许多矛盾。他们一方面在文化层次上低于城市

---

① 沈林,中国城市里的少数民族聚落[J],城市中的少数民族,中国都市人类学秘书处编,北京:民族出版社,第56页。

水平,另一方面他们在城市的生存方式是以出卖劳动力为主,生活在城市的底层。这一群体的民众离乡背井,抛开生养自己的土地来到陌生的城市谋生。下面对他们的流动迁移的原因来作分析。

人口状况

根据2000年11月第五次全国人口普查的资料显示,兰州市东乡族人口为4927人,七里河区为1905人,其中男性1085人,女性820人。五普的资料是以户口在兰州市的为标准,而东乡村的居民则多没有城市户口,他们的户口依然在老家,这种没有城市户口的"东乡村"居民人数远远超过了五普的人口数。我在下西园派出所了解到,在整个下西园柏树巷一带,东乡族"黑户"人数远远超过有户口的人口数。笔者在柏树巷居委会、下西园派出所的帮助下,查询了柏树巷及下西园区的户口底册与暂住证统计;又通过对各个行业的访问调查,根据实际现状汇总,整个"东乡村"总户数在300户到350户之间,总人口在8000人到10000人之间。根据第五次全国人口普查资料中兰州市东乡族男女比例来看,"东乡村"男性居民占大多数。

"东乡村"的民族构成顾名思义为东乡族,本课题在调查中又发现也有回族,但为数甚少。"东乡村"居民皆为伊斯兰教信众。作为流动人口聚居而成的"东乡村",它的居民文化素质参差不齐,但在整体上来说较之城市群体文化水平偏低,居民的受教育状况大致可分为:1.未上学;2.到清真寺念过经;3.上过小学,毕业或中途退学;4.上过初中或高中;5.上过大学,小学、初中、高中;6.大学在读。由于"东乡村"居民居住地整体集中、相对分散的状况,逐一调查各个文化层的人数状况难度较大,所以笔者根据对不同行业人员的采访与调查,"东乡村"文盲与半文盲人数将近占到35%,受过经堂教育或小学教育的占50%,受过初中或高中教育的占14%,受过大专教育的不足1%。可见整个"东乡村"文化素质水平的低下。这也是导致"东乡村"行业相对单一的主要原因。

东乡人迁移的动因

"推拉"因素

通常用来解释"流动人口"的理论主要有"推拉理论"、"钟摆理论"以及各种迁移决策模型。在此处,最为简洁而实用的是"推拉理论",因为东乡人走出穷乡僻壤来到兰州,主要是经济利益驱动,他们很多人常年住在兰州,尤其是年轻人,很多人都想在兰州安家落户,为成为城里人而跃跃欲试,因此"钟摆理论"不具普适性。而迁移决策模型在此处还不能发挥效用。推拉理论可简述为:人们之所以离开原居住地方而迁移到自己并不熟悉的地方,是因为原居住地的推力和新迁入地的拉力共同作用的结果。一般地说,原居住地的一些不合主观感受的因素和客观条件影响当事人的迁移心愿而形成推力,而新迁入地合乎当事人的一些因素使之决定迁移而形成拉力。人口迁移因人而异,但可以肯定地说人们迁移一般都是为了追求比原来更好的生活环境和生存质量为目的的。[1]

东乡族居住的东乡族自治县地处甘肃省中部山区,常年干旱缺水,全县94%的地区是群山连绵,沟壑纵横,没有河流,干旱缺水,植被稀少,土地支离破碎。尽管林耀华在他的《民族学通论》中将东乡族的生产类型划归为农耕经济文化类型组中的绿洲耕牧型中[2],然而,"绿洲"完全不符合东乡的生态环境,东乡族人民在干旱少雨的山地上从事耕种,并保持着经商传统。靠天吃饭的农业生产活动造成了大量的剩余劳动力,农业收入通常难以维持生计,于是走出大山成了许多东乡人流动迁移最初的动因。然而,距东

---

[1] 智识学术网——《西部民族宗教地区社会流动问题及其前景》作者:陈进,陈昌文。

[2] 林耀华,民族学通论[J],北京:中央民族大学出版社,1997年12月,第95页。

乡不远的西部中心城市之一——兰州,系甘肃省的首府城市,位于中国陆域版图的几何中心,在大西北处于"座中四连"的独特位置,是全省政治、经济、文化和人口中心,集商贸流通、旅游观光、新型工业园区、高科技发展等现代商业资源于一体。改革开放以来,其发展建设在西北各城市中具有相当的优势和竞争力。西部开发工程的实施,兰州更是建设和发展的重点,基础设施建设和经济社会发展,促进了物质文化的繁荣,以致需求大量的劳动力,尤其是来自农村的体力劳动者。在城市的拉力与农村的推力作用下,有着良好经商传统的东乡人,在政策制度允许的条件下,为了寻求更好的生活条件而奔向城市。在城市中,由于各种因素的共同作用,尤其是文化适应的特殊需求,他们选择了"东乡村"作为自我认同的社区。

链式迁移

专家认为,农民工家庭式迁移是迁移理论中"链式迁移"的一种,由一人带动全家、亲属甚至整个村,这是人口迁移的正常现象,"链式迁移"说明农民工对正常家庭生活的需求,这对家庭和社会稳定都有利。但这种现象最近几年才出现,说明农民工对正常家庭生活的需求,对家庭和子女照顾的责任感增强,这对家庭稳定、对整个社会稳定是有利的。但随着农民工家庭式迁移的增多,也将给解决农民工问题增加新的课题。[①]

大量实证研究的结果表明,社会资本对流动人口的迁移决策中的地点和距离有重要影响。东乡村的形成,有其社会资本影响的因素。

据2005年全国第五次人口普查数据,兰州常住人口中,东乡族4927人,其主体部分是历史上通过各种途径从东乡迁移而来。显然,他们这些有兰州户口的东乡人与东乡县的东乡人有着千丝

---

① 山西新闻网 《农民工流动新动向."家庭式"迁移》,2006年3月2日。

万缕的联系,他们为"老家里的人"提供形式多样的帮助,构成了农村东乡人的社会资本。从老家到一个陌生的城市,如果没有熟人帮忙,困难是可想而知的。但是,如果一部分人通过城里的亲戚、朋友或老乡的帮助进入兰州,便可以减少很多不必要的麻烦。在帮助下,他不愁找不到住处,他不怕遭遇不法伤害,因为这些都会由城里的亲戚或朋友帮忙。只要有一部分人通过这种社会关系进入城市后,他们便成为介于城市和农村之间的边际群体,这种边际群体的存在可以帮助其余的东乡人更快地进入城市。以此方式进入城市在社会学研究中称为"链式迁移"。即由一人带动全家、亲属甚至整个村、乡、县的迁移。在兰州市七里河宴家坪,收购废旧家具者共100多户,95%的是东乡人,其中80%是东乡县龙泉乡人。在东乡本地,提起龙泉人,十有八九是收家具的,这种同村同乡从事同种行业的情形在"东乡村"是非常普遍的。他们的流动和迁移借助的就是"链式迁移"中的社会资本。

个案一:马进海,39岁,东乡县龙泉乡苏黑村人,在宴家坪经营废旧家具的收购与买卖(主要收购废旧电器)。1992年,马进海由父亲领着到兰州谋生。最初,他给姑父帮忙,姑父给些工钱,工作是每天骑着自行车穿行于大街小巷收购废旧电器。1996年8月,马进海在姑父帮助下,租下不足15平米的铺面独立开张,开始有了自己的一些资产。不久后,因为生意需要帮手,正好他的两个弟弟在家乡无事可做,靠种地难以糊口。他便将两个弟弟带入兰州,一起经营。2000年5月,马进海生意越做越好,扎稳了脚跟,便将妻子及孩子也带到兰州。铺面规模不断扩大,经营人手也随即增加,生意由单纯的收购废旧电器扩大到收购废旧家具、木材经营等。马进海在解决了近亲的谋生问题之后,开始"拉巴"(扶持)远亲或者朋友,逐步为亲戚、家族中闲散的人提供资金,在兰州经营小生意或者收购废旧家具。如今,马进海原先不足15平米的铺面已扩大到三个大店面。宴家坪两处、雁滩一处,共同经营人数达

12人，全部是自己的兄弟、亲戚以及同村同乡人。目前宴家坪经营废旧家具回收行业的总人数约有800余人，其中80%的人来自东乡县龙泉乡16个村；他们以游商形式（即骑自行车穿行于大街小巷收购废旧家具）和固定铺面两种形式，形成相对稳定的业缘与乡缘关系。

存在于链式网络结构中的社会资本，有助于东乡人迁移到兰州，进入"东乡村"，同时由于东乡人在兰州以外的其他地方缺乏此类社会资本，限制了他们的自由流动，因此，社会资本也为兰州"东乡村"的形成发挥了一定的作用。

"东乡村"的形成

民族心理与语言为基础的族内认同

作为一个从农村进入城市的民族，语言与民族心理是它们内部彼此间相互认同与紧密相连的最为主要的原因。共同的民族心理是东乡人在城市里能够走到一起的核心因素，在城市大文化背景下，东乡人作为单个的个体与整个城市文化格格不入，在城市文明中他们甚至孤独、迷茫、恐惧与无助。他们需要倾诉、需要帮助、心理需要慰藉，于是会不自觉地寻找属于自己的群体。在生病的时候、在有困难需要借钱的时候，更多的是寻找"拜家昆"（东乡语：自己人）来帮忙。同时东乡人在城市主流文化的冲击与排斥下，如同被风吹的散沙一样，自觉不自觉地被"推挤"到一块儿，这种自我与外力作用下的自觉与不自觉意识的逐渐加强，促进了城市东乡族聚落的形成。再看语言方面，东乡人在进入城市后用"撒尔塔"彼此认同，紧紧地联系在一起，在城市生活中用他民族所谓的"黑话"（东乡话）进行交流，这是东乡人区别于其他穆斯林聚落的最为显著的特征之一。语言作为最明显的外在标志，就如同"赛俩姆"可以让穆斯林在任何地方都可得到认同一样，一句"撒尔塔"可以让整个城市的东乡人之间相互认同，彼此联系起来。就拿小西湖小吃一条街来说,在这条街上从事各类小吃经营的东乡人大约占40%,他们各个店铺或地摊之间通常用一句"彼是桑塔昆"(我是撒尔塔人)就可以得到相互的认同,不需要更多的言语。可以说,共同民族心理与共同语言对城市东乡族聚落的形成具有举足轻重的作用。

　　共同信仰为基础的城乡认同

　　是什么原因使得进入城市的东乡族更多地聚居于小西湖地区呢? 从小西湖地区人文地理环境来看,小西湖地区属于兰州市七里河区的边缘地带,实数城市中典型的"三不管"地区,从而使得流动人口在这里活动较为频繁。进入兰州的东乡人无力在城区落脚,为了安身自然选择一个不被检查机关等随时打扰的地方,而小西湖地区正好满足了这种需要。小西湖又是兰州市传统穆斯林聚居区之一,是典型的城市穆斯林社区,共同的伊斯兰教的信仰,共同的价值观念、生活方式与风俗习惯,使得该地区成为穆斯林凝聚力和归属感得以形成的象征和标志。"由于传统的汉文化与传统的伊斯兰文化在这一文化地域范围的交相辉映,两种文化不断磨合、协调、适应,在民族地区城市中逐渐形成了特殊的文化模式与普通的文化模式。在兰州的民族文化中,特殊的伊斯兰文化模式与普通的汉文化模式同时存在。"小西湖正是这两种文化模式共存表现最为显著的地方之一。进入城市的东乡人首先会从情感上寻找能够容纳自己的群体,以伊斯兰文化为核心的小西湖地区便成为他们的首选之地。同时,这一社区的经济文化水平低于兰州市平均水平,社区穆斯林民众大多从事餐饮、皮革加工、牛羊肉经营等行业,这又为从农村进入城市的东乡人提供了一个可栖之地。笔者在采访63岁的马占祥老人时问其为什么20年前来兰州先落脚小西湖,老人回答,刚来的时候,什么也没有(证件),不敢进城(城关区),这个地方比较安全,再说这里的"自己人(穆斯林)多,和我们一样都比较穷"。接受采访的13位老人的回答基本上都一样。在采访最近几年来兰州收废旧家具的马三虎家,问其为什么到兰州先住小西湖时,马三虎回答道:"住其他地方没有钱,这里没有人天天检查要我们办理暂住证,这里回民(穆斯林)多,吃饭什么的方便便宜。"没有太多的经济文化上的差别、没有太多的城乡差别与民族歧视。这种心理上的相互认同与接纳,使得东乡人进入城市并聚居于小西湖成为一种必然。

围寺而居与乡源群体形成相对聚居的居住格局

从农村进入城市的东乡族,他们在迁徙过程中往往是邻村相近群体迁徙,在进入城市后形成自己相对独立的社会网络关系。在费孝通著名的差序格局理论中,"中国人传统的社会网络关系是以血缘、亲缘和地缘为纽带,处于社会关系之中的人就像把一块石头丢在水面上所产生的一圈一圈的波纹;在这样的网络中,每个人都是一个中心,它所产生的社会影响仿佛扩散开来的一个个圈子,体现出社会关系的亲疏程度。"作为迁移就业者的东乡人,在陌生的城市以血缘、亲缘和地缘为纽带形成相互的社会认同和关系网络,并形成了具有自治性质的社区生活。而更为独特的是"教缘"成为除血缘、亲缘和地缘以外最主要的精神纽带。主要表现在以清真寺为外在标志的伊斯兰教在这一聚落形成与巩固中有着重要的作用。为了保留自己的传统,首先在居住方式上选择了具有"防护"作用的"围寺而居"的居住方式,以这种具有核心意义的清真寺作为最初的防线,来维护自己的传统文化。清真寺成为城市东乡人的城市社区观念,促成了相对集中的居住格局,在日常的交往中以老乡相称,形成相对独立的乡源群体。从而使自己生活的独特的"圈子"能够得以保持与发展。笔者在采访到小西湖区的柏树巷中寺、硷沟沿清真寺和下西园清真寺时,发现参与这三个清真寺的东乡族家庭户数达到50%,各个寺周围围聚了许多的东乡族家庭,尽管他们各自进入城市的时间不同,而清真寺让他们在多年的迁移过程中集中起来,形成小西湖区的"东乡村"。

生业聚合带来彼此间联系的加强

穆斯林社区在经济上的特点是生业聚合性,进入城市的东乡人也是如此。由于文化水平的落后,他们进入小西湖主要从事餐饮、屠宰、拆迁、收购废旧家具、皮革、牛羊肉经营等行业,而且不同年代进入城市的迁移者都没有太大的改变。这种相对集中的职业范围,使得他们行业间的联系变得单一并独立,与他民族联系的必要性并不强烈,进而造成生活方式上的相对独立。笔者在七里河区派出所暂住人口登记表上发现,在有记录的248个东乡族暂住人口中,基本上都从事屠宰、拆迁、收购废旧家具三种行业。甚至在某种程度上可以说,东乡人垄断了兰州市的屠宰业、收购废旧家具、拆迁业。在小西湖义乌商厦后街的小吃一条街,东乡人从事餐饮业的家庭都是独立经营或者亲属联营,在所从事的较大规模餐饮业中,清真餐厅里的老板、职员都以自己人(东乡人)为主,形成与他民族相对隔离的形式。在接受采访的中华手抓餐厅(小西湖店)里,服务员共有70多人,其中东乡族53人,这些东乡族服务员平均年龄18岁到19岁,他们交往的圈子也只是局限在餐厅里的东乡族伙伴。柏树巷北路的废旧家具市场,全部由东乡人经营。可见,这种行业上的单一性和从事行业的相对独立性也成为这一聚落形成的原因。

教内婚与亲属制下的族内网络关系

东乡族实行严格的教内婚,即使是城市东乡人也不例外,教内婚的实施为城市东乡族的交流发展提供了更为广阔的空间,与其他穆斯林民族的通婚在更大程度上得到了城市的认同,同时加强了自己民族的力量。在柏树巷从事小工程承包的工头陈国龙,三个女儿在兰州都嫁给了回族,一个在阿干镇,两个在七里河区,每到过节和过大小"尔曼里"的时候,都会聚到小西湖,三个女婿与陈国龙老人相处和睦,并未因民族不同而有所分歧。严格的教内婚的实施不仅仅使东乡族聚落成为一个地域性群体、一个文化上相互认同的群体,更重要的是一个亲属网络群体。聚落内的每一个家庭通过"亲属传染"几乎都可以于聚落中的任何一个家庭找到某种亲属关系,使每一个家庭连接在一个亲属网中。

"东乡村"的功能

城市东乡族聚落是一个相对独立的自我调适系统,它将各个家庭整合为一个不可分割的整体。在这一"亚社会"中人们形成了共同的价值观、行为标准以及监督机制,从而使得聚落本身具有了使民众心理得以慰藉、协调内部关系、加强民族凝聚力、传承民族传统文化的功能。作为城市的一分子,聚落纳入整个城市体系中,有其自身独特的民族文化,在丰富城市民族文化、民族城市化与城市多民族化中有其积极的作用。

协调内部关系、加强凝聚力

在城市少数民族聚落的内部社会关系中,家庭与家庭、个人与个人关系失衡以及出现越轨行为时,聚落便发挥协调关系与矛盾的作用。城市东乡族聚落中,最具有协调功能的是共同对伊斯兰教的信仰,在伊斯兰教的维系下,《古兰经》成为协调各种关系矛盾的法典。其次,城市东乡族聚落的中心是清真寺,清真寺既是这一聚落形成的标志又为聚落的稳定与协调起着举足轻重的作用,从而作为人们心灵归属的清真寺,便成了又一协调聚落内部关系的机构,其中阿訇的协调是最为行之有效的途径。参与清真寺管理的有声望的老者也为协调聚落内部关系起到积极的作用。作为一个"亚社会"群体,城市东乡族聚落具有自己共同的价值观与行为标准,来自《古兰经》与《圣训》的"哈俩里(合法的)和哈拉姆(不合法的)"[1]的规定成为东乡人严守的行为规范,社区民众在日常的交往、相互之间的关系、宗教规范的遵循、尤其聚落年轻人的行为

---

[1] 叶涛、吴存浩,民俗学导论[M],山东教育出版社.2002年12月.第203页.

方式等都遵循"哈俩里和哈拉姆"规定,从而形成了独特的行为方式与完整的群体监督机制,这种群体间相互监督机制的形成,对聚落内部人们的日常生活规范、行为规范起到了一种"软控制"的作用。进入城市的东乡人失去了原来的乡村相对严格而封闭的群体监督机制后,原有文化约束的环境发生变化,却在城市聚落中被新的不同于城市主流文化的群体监督机制无形地约束控制,使人们遵循聚落共同的价值观、行为标准。可以说,群体监督机制的建立与完善是城市少数民族聚落发展完善的结果。

城市东乡族聚落作为一个都市地域性集团却又不同于都市其他地域性集团,它通过清真寺和宗教活动等行之有效的方式将聚落内各个家庭或个人凝聚为一个紧密的整体。面对城市主流文化带来的震撼与阵痛,伊斯兰教对进入城市的东乡人起到了心理调适的作用,清真寺不仅是他们礼拜和举行宗教活动的场所,而且与聚落中的每一个人的社会活动和家庭生活都有着非常密切的联系。定居城市的东乡族人口有一定规模后,随着礼拜、宗教节日、婚丧嫁娶、婴儿出生取名、宰牲等宗教生活的需要,就需修建礼拜场所。清真寺成为他们生活的中心,同时也是他们作为城市异质文化的精神归宿。伊斯兰教建立起来的一整套信仰和实践体系,让这一群体因共同的信仰而成为一个完整而紧密的整体。清真寺将人们的观念、情感统一起来,实现了这一"亚社会"群体意识的基本统一,同时集中了群体和机构的力量,加深了这一聚落群体成员之间的认同感和亲密感,提高了本民族内部的凝聚力。

聚落内部认同与心理慰藉的功能

在聚落的形成过程中,相互的认同成为最初的条件,聚落形成后,更加强了内部的认同感,人与人之间、家庭与家庭之间的联系成为一种必然,每家的大小"尔曼里"成为整个聚落集体的事,一个家庭有困难最先帮忙的必然是本聚落内部的成员。在问到有困难找谁帮忙时,在聚落生活中,小吃街上接受采访的6家人都说,找自己人(东乡人)帮忙。作为生物性的人，无论快乐或伤悲，都需要与人倾诉，习惯了农村生活的东乡人，在城市奔波了一天，一天的经历会让他们委屈或者高兴，他们需要与人倾诉心情，而相互倾诉的对象必然也是聚落内的"自己人"。聚落使得在城市文化中感到孤独、无助的东乡人得到心理上的慰藉。

传承民族文化，丰富城市文化

在城市中，作为外来者的少数民族，原有的生活环境改变，自身文化相对弱小，如果以单个个体出现，其保留自身民族传统文化和传播本民族文化都是十分有限的，甚至有可能被淹没。但是城市少数民族聚落的形成，则极大地满足了城市少数民族在文化生活、宗教信仰、风俗习惯等方面的需要。使得民族饮食、民族节日、民族风俗文化等得以保留。从乡村到城市的东乡族，聚落的形成更是为保留传统文化起到了大本营的作用，它成为在城市环境里保留东乡族文化的营地和传播东乡族文化的源地。聚落内部的成员，在饮食、服饰、交往、居住、信仰等方面依旧继承传统的习惯。民俗在继承与延续上具有自动控制功能，不仅可以保证在同样的社会环境和文化氛围中能够传播，而且可以保证在相对稳定的社会环境与文化氛围中能够自动继承和延续。i 聚落为民俗文化的传承与延续提供了这样一个相对稳定的社会环境与文化氛围。对生活习俗的传承中起自动控制作用的是聚落民众对伊斯兰教的信仰，从而使得反映地方特色与民族特色的东乡族文化继承并延续了下来。就饮食习俗来说，东乡人在待客中吃"鸡尖"的习俗，节日中的食俗、日常饮食中对茶的厚爱等等在城市中被保留并传播开了。尤其是"东乡手抓羊肉"更是风靡全城。从农村进入城市，生活习俗的改变实质上是传统文化的继承发展与城市现代文化的一个交融过程。聚落传承民俗文化的过程也是向外传播文化的过程，从而为城市文化的繁荣发展起到积极的作用，丰富了城市民族文化。东乡人从民族聚居区以流动的方式进入城市，在新的环境带来的新变化中,他们用新的观念方式调适其原有文化。在民族交往中与主流文化相互交融的过程中,使得伊斯兰气息的乡村文化与城市主流文化相互交融而达到一种和谐。我们可以说,民族的迁徙不一定会丧失其传统文化,在与主流文化的交流中完全能够和谐共存,创造新的具有共同特质的城市民族文化。

加强各民族联系,实现民族城市化与城市多民族化

作为外来迁移者的少数民族,它本身就是城市社会中的一种弱势群体,为了求得城市文化的认同,获得更大的生存空间,与城市原有少数民族的联系变得紧密,城市东乡族聚落在举行各种活动时吸引大量的穆斯林民族参加,如回族、保安族、维吾尔族等,他们相互之间没有歧视,更多的是一种血肉亲情般的感情。在日常的生活中他们相互影响、相互借鉴,在生活习俗上相互包容,实现民族间的和睦关系。如在饮食习惯上,相互借鉴,使得东乡手抓今日已进入千家万户,而东乡人的餐桌也出现了大盘鸡、烤肉等美食。在长期的交往中与汉族等非穆斯林民族实现关系上的融洽,少数民族聚落对城市民族关系的发展有其积极的作用。城市少数民族聚落形成本身就是少数民族实现城市化的一个过程,东乡人离开世代居住的农村,以不同的方式进入城市并形成稳定的聚落,进而在文化、经济等方面提高本民族素质。可以说这一聚落的形成是东乡族实现城市化的过程,同时它又是城市多民族化的结果。少数民族聚落作为少数民族在城市"生根"、"开花"、"结果"的社会土壤和条件,足以显示其特殊历史意义。

"东乡村"社会民俗

社会民俗概说

社会民俗,亦称社会组织及制度民俗,指人们在特定的条件下所结成的社会关系的惯制,它所关注的是从个人到家庭、家族、乡里、民族、国家乃至国际社会在结合、交往过程中使用并传承的集

体行为方式。包括社会组织民俗、社会制度民俗等。①"东乡村"是一个由偏僻的山区进入城市的一部分人在城市聚居形成的"城市村落",在城市文化背景下的"东乡村",有着独特的行业组织与社会生存关系。

社会组织通常指有意识地建立,以便达到特定目的的社会单元。民俗学一般指的组织民俗是指中国传统社会中民间各种行业中稳定互动关系的人们共同体,传统社会的人们共同体并不都是标准化的"社会组织",但是,它们都具有一定的组织化水平,开展着自己特有的活动。传统社会的组织主要靠群体内形成的一系列约定俗成的东西发挥作用,从而组织民俗以界定为人们在建立并沿袭群体内的互动关系,以推动群体事件的时候所形成的习俗惯制。②

"东乡村"处于从传统社会向现代社会的过渡中,它的组织民俗不同于传统社会,有它自己的社会组织关系,这一群体的新生特征是其组织民俗不像传统社会的组织民俗一样有着独特的组织的角色、观念等民俗。对于"东乡村"组织民俗的研究,首先要考虑到它的行业分类,每一个行业内部便是一个组织,所以,对"东乡村"组织民俗的分类,更多的是借助于社会行业分工而成的行业类别。为此,把"东乡村"组织民俗以"东乡村"内部的行业组织来加以研究分析。

"东乡村"作为以流动人口为主要组成的群体,它的民众的社会生存更多地靠社会人际关系维持与发展,这种社会生存关系主要以亲属关系、乡源关系,宗教组织以及"粘连"与业缘关系的研究为主。

行业组织分布

---

① 钟敬文:《民俗学概论》,上海文艺出版社,1998年12月版,第5页。
② 钟敬文:《民俗学概论》,上海文艺出版社,1998年12月版,第99页。

行业组织是"东乡村"最为显著的社会组织关系，它是建立在紧急活动之上的。在任何社会，经济活动都是最为重要的活动之一，许多现象都从它那里衍生出来。[①] 同样，"东乡村"也是经济活动的产物，在那里经济活动显得更为重要明显，它的居民是一些进兰州务工经商的东乡族农民或农村个体户，"东乡村"是他们在兰州务工经商时的依托、活动场所，他们的生活更具经济色彩。所以本文以反映经济活动行业为研究开端，从而进一步分析这种行业组织的特点及其人际关系网络。

东乡人把外出务工经商的人叫做"买卖昆"（即生意人），以区别于务农，进入城市的东乡人因各种客观因素的制约，他们进入城市之后更多的是以出卖劳动力为主要生产方式，因链式迁移等原因造成"东乡村"民众行业类别的单一与相对集中。城市拆迁业、废旧家具收购业、清真牛羊肉屠宰业以及各类清真饮食业便是"东乡村"最为集中的行业类型，以下将分别加以阐述。

城市拆迁业

城市拆迁业是"东乡村"聚集人数最多的一个行业，笔者在调查过程中，采访到东乡县第三建筑工程公司负责拆迁工头 MTF 时，MTF 自豪地说："我们东乡人垄断了兰州市的旧楼拆迁行业。"可见从事这一行业的人数之多。然而这一行业的时令性又导致了这一行业的人数没有经营废旧家具家电收购业的人数稳定，但是相对来说还是占据主导地位，小型拆迁队一般是一个乡一个村的民众一起做，这种拆迁队人数一般不超过 30 个人，至于兰州市这种小型拆迁队的数目，统计较为困难，在整个兰州市，只要有废旧房屋等拆迁的地方，定会有东乡人。尽管东乡人几乎垄断着整个城市的拆迁行业，在东乡村所从事的人数中也占据绝对多的人数。

---

① 王春光：《社会流动和社会重构－京城＜浙江村＞研究》，杭州：浙江人民出版社，第 84 页。

但是这样一个庞大的行业群体,他们并没有形成一个完整或系统的规模行业,而是零零散散地散落于城市的各个角落,在城市的每一个角落挥洒汗水。笔者在兰州市城关区西关什字附近一家废旧工程拆迁工地上采访到小包工头李某,他介绍道:"在兰州市从事这种行业的人人数很多,大大小小可能有五六十家,比较小的拆迁队人数在30多人左右,比较大的拆迁队人数就不一定了,是按照他的工程规模来看的,但是依附于大型的建筑工程队的拆迁行业人数就很多了,据我估计,整个兰州市从事这种行业的人数可能有2000多人。"对于这个数据我们无法详细地去考证,但是头戴白帽,操东乡语"抡大锤"挥洒汗水的东乡人已散落在这个城市的每一个角落。

由于各种各样的客观原因,以出卖劳动力为主的东乡人沿袭着这样的传统,从事城市最苦最累的行业,在拆迁队内部,一个小型拆迁队,通常由一个或者两个小包工头来承包一栋楼的拆迁工程,然后再招小工。对于小工的招工通常是自己的同乡或者同村人,这是一个约定俗成的规定,具有明显的乡缘关系在内。而小工通常也是看中了这层同乡关系,相互照应。这种小型拆迁队本身没有稳定性与长期性,它一般承接的工程任务是规模较小、没有现代化工业机器操作,即通常所谓的"抡大锤"作业,纯粹的苦力劳动。这种"抡大锤"的人,每天的收入平均在25—30元之间,没有任何技术含量的劳动力出卖与他们的收入极不成比例,而包工头的收入并不是拆迁这栋楼除去给小工的工资之外的剩余资金,而是看中这建筑物在拆迁之后的剩余财富,即出售废旧木材与钢筋的收入。足见这种工程利润所具有的风险性。

"东乡村"从事城市拆迁业的小工,通常是文化水平基本上处于文盲半文盲状态的人群。从对兰州市城关区西关什字附近一家废旧工程拆迁工地的调查采访来看,该工地除去包工头和一些技术人员以外,纯粹"抡大锤"的小工有32人,其中东乡人24人,他们的具体情况为:其中文盲半文盲人数为17人,占70%,小学文化水平的8人,占29%,初中及初中以上没有。这个比率与东乡族男性整体的文盲率相符。包工头为东乡县北岭乡人,其中为其打工的东乡24个小工中有20人为同乡人。

这种城市拆迁业的劳动技术还处于原始的劳动技术状态,技术含量低,危险性大,收入低下,最根本的原因在于文化水平的低下。最近几年大型的拆迁队也有出现,主要依附于大型的工程建筑公司,其中较大的有港东建筑公司、东乡县第三建筑公司等,他们更多的采用现代化的机械工业,但是为数不多。

废旧家具家电收购业

对于城市废旧家具家电收购行业的调查,笔者在2005年8月份在东乡县龙泉乡进行过较为详尽的调查。龙泉乡地处东乡县北部山区,正所谓山大沟深、"摔死麻雀滚死蛇"的地方,常年干旱缺水,全乡15个村,总户数2374户,总人口13546人,龙泉乡2002年度各种情况的统计表统计显示,全乡乡村劳动力6152人,其中外出务工人数占75%,外出务工的形式有多种多样,在甘肃武威、青海黄南等地贩羊皮、在靖远煤矿背煤,在兰州收购废旧家具、在工地上干活等。其中龙泉乡外出务工人员中有80%的人在兰州,收购废旧家具业是龙泉乡人的传统行业。宴家坪收购废旧家具的东乡人几乎全部是龙泉乡各个村的人。

宴家坪经营废旧家具家电收购业的类型有两种,一种是以铺面形式经营生意,此类型的经营者一般是如兰时间较长,有的长达20多年,经营规模相对比较大;这种类型的经营户数为127户,每户人数一到三人不等,加上雇工以及家属子女等,人数有500人左

右。另一类是以骑自行车穿行大街小巷的游商,据一些经营者的介绍,此类经营者一般是一人一户,整个兰州市只有800户。那么,整个经营城市废旧家具家电收购业的人数达到1200人到1400人之间。

为什么会造成这种同乡行业集中的局面?主要的原因是龙泉乡人收购废旧家具的传统。改革开放初期,最早走出东乡进入兰州开始收购家具的人便是东乡人,宴家坪收购废旧家具的杨某一家便是这一传统继承的典型。

个案二:杨玉山,龙泉乡杨家人,37岁,收购废旧电视。杨某从15岁开始随父亲进入兰州,一开始为了生存什么都干,工地上、饭馆里都干过,在宴家坪租了一间不足10平米的住房,一年之后跟随父亲骑自行车在大街小巷开始收购废旧家具家电,按照杨某自己的话说就是"捡破烂",收购来的东西放在原本就很小的房子里,堆在东家院子里。杨某的叔叔稍懂一些木匠活,简单地修理清洗便摆在路边出售。随着收购废旧家具的增多,以及收入的增多,他们在宴家坪三岔路口租了一间18平米的铺面,在鸽子市租了将近30平米的仓库,扩大经营规模,从收购家具家电转门收购废旧电视,长期的经营,造成了一定的势力,还与一些维修店签订合同为其维修等。而今,杨某是整个宴家坪经营废旧家电的大户。在杨某的经营废旧家具业发展过程过程中,同乡人陆续仿效,开始从"游商"做起,走南街闯北街。其中不乏杨某带过来的家务亲戚。

那么骑自行车的"游商"与店面经营的坐商之间会有怎样的组织与联系呢?笔者在采访中了解到,以"游商"为形式的经营者,他们大多因为生活所迫,没有更多的本钱投资生意,骑自行车收家具成本较低，更主要的是这种"游商"是同村同乡相互带动，相互扶持而形成一个较为庞大的行业群体，一般穿梭大街小巷是二三人同行，以便相互照应，与坐商之间更多的是一种买卖关系；但其中也有一种形式就是坐商为其投资，让这种"游商"专门为自己送货。游商出卖的是纯粹的体力，而此时的坐商更多的是技术的出卖，回收的家具被坐商翻修出售，其中的利润远远高于游商的收入。游商的收入很不稳定，不管刮风下雨，穿梭在城市的大街小巷。笔者曾采访过在白银路收家具的 MFH。

个案三：在白银路一带骑自行车收家具的"游商"马福海（男，26岁，东乡县龙泉乡三塬村人）

2003年因老家闹旱灾，迫于生计的 MFH 和同乡的几个年轻人来兰州打工，进入兰州便寄宿在鸽子市表哥的牛羊肉铺子里，到处找活干，表哥借给他一辆自行车，便开始跟随老乡走街串巷地收废旧家具，据他自己说，有时候一天下来挣不了三五块钱，刚开始不知道如何估价，总是亏本，后来慢慢掌握了行情，他从别人手中收购来的家具，一般拿到宴家坪"三岔路口"的坐商处，没有固定的买家，看哪一家给他出的价钱高就卖给哪家，其中的利润一般在5元到10元之间。MFH 一年的收入没有任何固定数目，除了给家中补贴以外，仅能维持自己的生活。谈及以后的打算时，他满怀希望地说，慢慢干，等有条件了把家里人都接过来，在兰州上学，我没文化，可我儿子以后不能再做这个了。一个农民工的希望有时候就是一个民族的希望。

个案四：汪易卜拉欣，男，28岁，小学文化程度，家住甘肃省东乡族自治县大阪乡，从事该行业已经8年之久。他不像马尤素福和马成龙那样走街串巷，而是和他父亲共同经营了一家店铺，以批

发旧彩电为主。他的货源主要来自于那些走街串巷的专门从事回收的同乡。这些同乡把收回的旧家具、家电转手再卖给他。他说："小时候，由于家里很穷，满足不了家人的生活所需，以及受金钱的诱惑和同乡的启发，小学毕业后就随父亲干这一行业，后来由于父亲在这个行业中赚了钱，就在这里开了一家专门从事批发旧彩电的店铺。"他还说："我们从事该行业主要是为了自己过上好日子，同时减轻家庭的负担，我们每天至少可以卖出两台电视机，一台的收入在20~50元之间，月收入一般在1500元左右。"他的销货市场主要是临夏、甘南等民族地区。在被问及东乡族相对落后的原因时，他说："由于历史和自然环境的原因，历史上的东乡人世代只能居住在干旱少雨、土地贫瘠的地方，过着几乎与世隔绝的生活，可以说一些人对外面的世界一无所知，好多人只能为了生活而奔波。可喜的是，随着改革开放的不断深入，一部分人走南闯北，不仅开阔了自己的视野，而且启发了一部分同乡走出家门，试图改变家乡贫困落后的面貌。但是也存在着一些负面影响，家长们对下一代的教育不重视，好多孩子小学未毕业就为了生计去赚钱，因而造成了人们普遍不重视教育的现状，像我就是典型。"他同时对家乡提出了一些值得深思的建议，他说："教育是关键，政府应该加大民族地区的教育投资力度，振兴民族地区的教育事业，提高广大少数民族人民的文化素质。只有接受高等教育，人们才不会蛮干，才能过上幸福的日子。"

这一行业的特征依然是劳动技术还处于原始的状态，技术含量很低，被坐商收回的家具家电都是送到河南人的维修处修理。该行业所带来的经济收入足以养家糊口；从事该行业的这些群体都想急于摆脱家庭贫困的面貌，做事比较盲目，文化水平的落后依然是最主要的原因。近几年慈善教育的兴起为这一群体的子女教育提供了便利的条件。如果真的文化水品推高了，这一群以收购废旧家具卫生的动向人，必将会是另一番面貌。

屠宰业及清真牛羊肉的经营

屠宰业是"东乡村"人从事的又一独特行业,聚集人数较为集中,同城市拆迁业一样趋于垄断趋势,七里河区的清真牛羊肉批发市场是目前兰州最大的清真屠宰点,整个兰州市每个街道、市场、小区的清真牛羊肉基本上都来自该清真牛羊肉批发市场,由此可知,清真屠宰业延伸出的两个行业便是清真牛羊肉经营业和羊杂碎经营,统称为清真牛羊肉经营业。从事这一行业的人数近千人,在鸽子市牛羊肉批发市场大大小小的店铺上百个,其中东乡族经营的占一半以上,仅这一市场内部就有上百个东乡人,加之零零散散在城市的各个市场街道经营牛羊肉的,人数在千人以上。专门从事屠宰行业的因调查的难度以及一些客观原因,未能获悉。

牛羊肉屠宰业最初是由金城关一带的回族经营,随着东乡人的逐渐流入和人数的不断增多,大大小小的屠宰点形成,形成竞争局面,以"叶子嘛"(东乡语:胆子大)著称的东乡人最终占据了这一行业的绝对优势,逐渐形成今天的"垄断局面"。随着人们生活消费水平的提高,对牛羊肉的需求增大,促进了这一行业的发展。清真牛羊肉经营业的兴起是屠宰业兴起的必然结果,对伊斯兰教的信仰使得牛羊肉经营行业成为"东乡村"居民的重要行业。屠宰点的牛羊一般来自甘南、东乡等地。清真牛羊肉经营业是屠宰业发展的必然结果,清真牛羊肉的经营者遍布整个城市,他们有些是全家集体经营,有些是个人单独经营,规模大小不一。鸽子市牛羊肉批发市场是他们最主要的货源地,这样一来,屠宰业——清真牛羊肉经营业——羊杂碎经营以及东乡手抓经营等又顺理成章地成为一个独立的链条。以牛羊肉经营为例,来看看他们之间的链式关系。

个案五:王易卜拉,38岁,小学文化程度,东乡县大阪乡人,现住骆驼巷火车道旁居民区,永昌路口蔬菜市场东乡牛羊肉店,从事该行业10年。

王刚进入兰州时在亲戚的帮助下,给忠华手抓餐厅打杂,其亲戚在牛羊肉批发市场做生意,几年后便跟随亲戚,给他们帮忙,熟悉了其中的一些行情,慢慢开始自己从牛羊肉批发市场批发牛羊肉,骑着三轮车到一些穆斯林聚居区卖。几年前三轮车换了三轮摩托,把生意摊子固定在白银路,附近的一些小饭馆开始预订他的牛羊肉,生意逐渐变得较为红火,每天一大早就要到批发市场拉新鲜的牛羊肉,然后赶到白银路把摊子置开,挂上小小的绿色招牌,一天的生意便开始了,但是他的小摊是在街边,冬天很辛苦,夏天怕牛羊肉变质,半夜就得起来招呼,摊子只能摆半天。去年末他租下了永昌路口蔬菜市场的一家铺面,生意比以前变得更好了。添置了一些机器,如粉碎机、圈养肉卷等,并带来其妻和弟弟一起经营。据他自己介绍,冬天有时候一天能卖掉5只羊,一个月的收入在2500元左右,这一收入在"东乡村"来说是较高的。笔者问及是否和批发市场有契约时,他说:"一般有固定的批发点,但一定是东乡人,经常来往价格上不会出错,而且每晚的订货都比较方便,一说东乡话,都成一家人了,不会吃亏的。"足见这一行业的独立性。

民俗小吃及餐厅经营

在社会学调查中,西安人将"饮食"排在衡量生活质量的前三位重要位置,某些社会学家感到惊奇,其实这是整个西北人的共同特征。兰州饮食业在全国是居于前10名的(最高为第6名),而兰州饮食业中,清真饮食占有举足轻重的地位,远远超过半壁江山,尽管兰州穆斯林人口仅为3%强。清真饮食中的民俗小吃,是众人青睐的主要对象。如牛肉面、东乡手抓、糊辣羊蹄、羊羔肉、羊杂碎、东乡土豆、河州包子、甜胚子等等,有些已经成为风行全国各地的品牌。

风味小吃经营是"东乡村"人从事较为普遍的行业,小西湖义乌商贸城后街的小吃一条街更是东乡人的"天下",很有趣的是整个小吃街的店铺摊位以红绿两种颜色为主调,挂着绿色幌子的是清真的，而红色则是非清真的，整个小吃一条街有58家店铺和19家小吃摊位，基本以清真小吃为主，汉族经营的餐厅有20家，不足20%，清真小吃经营中东乡人则有30多家，几乎占到整个小吃街的一半，这些小吃经营者经营的种类各有不同，大致有酿皮、灰豆粥、甜胚子、羊杂碎、粽子、甜糕、油饼子、杂面煎饼、凉面、烤鸡等，经营形式大多是一个家庭独立经营，家庭成员共同参与小吃经营的全过程。每天的上下班时间，便是小吃街经营最为红火的时候。

个案六：马振山，男，47岁，东乡县那勒斯乡人，经营酿皮、凉面。

马振山的摊位位于小吃街的入口处，摊位规模不大，两张条桌，几把小凳，一个玻璃框简易的餐车，绿色的"马家凉面"招牌煞是醒目。笔者在去采访时，马老板用地道的兰州话招呼，当笔者问"凉面尼马图个淮卓？"（东乡语：凉面怎么卖？）时，马老板惊讶地连声说"持是麻尼昆努？"（东乡语：你是自己人）一句乡音，马老板便热情地接受了采访：马振山的酿皮凉面小摊已经营4年，马为主要经营者，其妻子和17岁的儿子帮忙，凉面是每天早上一大早在家中做好，调好汁子，再拿到市场上卖，酿皮则是每天早上有专门送货的人送来。在上下班高峰期，妻子和儿子都来帮忙。一碗酿皮1.5元，一碗凉面2元，马振山一天的总营业额在200元左右，除去成本，每天的收入在50元左右。问及以后有什么打算时，马振山希望自己能拥有自己的店铺，把规模扩大，多挣些钱，能供上初中的小儿子上大学。

结束采访的时候，马振山装了两份酿皮非要我带走，马老板不容推辞地说"麻哝是挂甲昆。"（东乡语：我们是自己人。）

在省城兰州，东乡的手抓羊肉在餐饮业中是一支独秀。兰州人，不仅是穆斯林，对"东乡手抓"喜爱程度是外人难以想象的，兰州市大大小小几百家手抓餐厅，通常是座无虚席，其中一些风味独特者，饮食者甚至要排队、赶场子。东乡人在兰州经营的大型餐厅主要有"尕奴东乡手抓连锁"、"天龙水宫"、"唐汪"、"吉庆宫"、"马大胡子"、"银峰"、"云峰"等等。每家大型餐厅都有好几个分店,每个店门经营面积在500平米左右,日经营额数万元。他们是东乡族流动人员中收入较高的群体,这些大型餐厅大多是以家族企业的形式经营,所雇用的人,基本是以亲属圈、同族、同乡人为主,而这种雇工范围的局限性及文化水平低、没有受过专业训练的雇员,又为这些家族企业的发展带来诸多的不利。

个案七:"忠华手抓大王"的老板马忠华、马忠山、马忠英来自东乡县大树乡,1985年进城谋生,从开设小餐厅开始慢慢发展到今天的规模,兄弟三人联合经营,目前仅在兰州市就有三家忠华手抓,在西宁、新疆等也有忠华手抓店。在兰州以"中华手抓大王——芳草园店"规模最大,据忠华二老板马忠英说,芳草园的日营业额平均达5万元以上,整个餐厅的厨师及服务人员上百人,其中60多人为东乡人。兄弟三人各负其责,忠华手抓大王在餐厅基础上成立了忠华商贸有限责任公司,下设宾馆、干洗店、幼儿园、陶器经营、茶叶销售等。其中负责人均由三兄弟担任,所雇用的人员基本以东乡人为主。中华手抓成为家喻户晓的品牌。这样的大型餐厅为进城打工的东乡人提供了更多的就业机会,同时也是"东乡村"同族乡源关系的具体表现。但是,这种同族、亲属关系下的老板与员工的关系也成了"家族企业"的致命伤。在2000年之前,小西湖硷沟沿的忠华总店生意极为火爆,然而没有受过专业餐厅培训的东乡服务生,语言上的不通,亲属"面子"上的相互扯皮等,严重影响了餐厅的发展,忠华总店的服务现状使得总店生意逐渐下滑。忠华手抓大王不得不将重心移往"芳草园",改变餐厅管理方式。

个案八:马得义,一个典型的东乡族农民,1986年他在东乡县城锁南镇开办东乡手抓羊肉馆,1993年,他在兰州市开办了省城第一家东乡手抓羊肉馆——"尕奴东乡手抓",开业后不久便红遍金城。目前,他已发展了两家分店,从业人员200多名,月销售额达100多万元。①

在清真餐厅打工,也有角色之分,有些人有技术,可以做厨师,有些人只能做服务员。而职员和老板之间往往也由一种网络关系联系着,他们或是亲戚朋友或是同乡。

餐厅经营,需要采购原料,如羊肉、牛肉和蔬菜,而此类采购也是由一种网络结构在运行,总之还是那句话:减少交易成本,肥水不流外人田。采购的牛、羊肉和蔬菜均有"熟人"送到餐厅。清真餐厅的经营,顾客来自两个方面,一方面是来自"东乡村"的东乡人,他们具有特殊的饮食习惯,偏好东乡餐厅;一方面来自兰州市民或其他外来人员。由此可见,他们之间的供需关系也是一种功能性互赖。

为什么在"东乡村"形成这种行业上的单一与集中的形式呢?王春光在他的《社会流动和社会重构—京城＜浙江村＞研究》中就行业选择的结论为:1、文化程度影响行业选择范围。2、文化程度影响行业经营状况,这在专业化强、技术要求高的经营中尤其明显。②"东乡村"居民由于文化程度普遍低,所以只能选择技术要求不高的行业。加之这种相互间跟着做生意的习惯,势必造成了行业类型的单一与集中。然而,正是这些行业的经营,又使得"东乡村"内部和整个兰州社会整合起来,相互依赖,共同发展。

"东乡村"的社会生存关系

一个少数民族从边疆地区来到不熟悉的城市凭的是什么实现就业和安顿下来?一般认为一个人所拥有的资本包括体力、资金、劳动技能或知识。然而从人类学与社会学的角度来看,对于流动

---

① 《甘肃日报》,转引自《甘肃政府网》。
② 王春光:《社会流动和社会重构—京城＜浙江村＞研究》,浙江人民出版社,第205页。

人口而言,社会关系网络是一种重要的和基本的资本。个人具有复杂的社会关系形成一种社会网络,是一种社会资本,它对流动人口在城市的就业与生存中发挥着不同程度的作用。

个案九:小西湖义乌商贸城背后卖清真大饼的李福元(男,东乡族,40岁)

我是东乡锁南坝人。上过小学,1984开始跟随同乡人去新疆"挖金子",结果赔了,三年后回来后结婚,分家后没有半点生活来源,出来打工。初到兰州,人生地不熟,给工地上"背楼"(工程队最苦的活),后来又到靖远煤矿背煤,什么苦都受了,没挣到什么钱,后来又回到兰州在几个老乡的介绍下到一家饭店给人打杂,管吃管住,算是存了一些钱,时间久了也混得惯了,在格子市卖大饼的老乡帮我在小西湖义乌商贸城背后盘了一个店,开始做东乡大饼,从1997年开始,一直卖大饼。

从贫困山区跑到城市找工作,光有一身力气和不怕困难外出出闯荡的劲头是不够的,还得有一定的人脉关系。如果没有老乡介绍,LFT还可能继续"背楼"、"背煤"。最后他感慨地说:"在家靠父母,出门靠朋友啊。"

"东乡村"的行业是通过什么样的社会关系经营和实现的? 或者说"东乡村"依托什么样的社会关系呢?"东乡村"本身就是社会关系的体现,主要是人际关系的体现,它是一个未定型的流动性准社区,内部没有达到很高程度的组织化水平,所以,每个人更多的是以个体身份与其他人打交道、进行互动,而不是以组织、阶层的形式与其他人或组织进行交往,它的社会关系主要停留在人际水平上。① 研究"东乡村"人际关系模式,从而为其他社会关系作切入点。

---

① 王春光:《社会流动和社会重构-京城<浙江村>研究》,浙江人民出版社,第193页。

亲属关系

"亲属是由生育和婚姻构成的关系。"①亲属关系是人作为个体重要的人际关系,它以血缘、婚姻为基本准则,在传统的东乡族社会,亲属关系是最为稳固的人际关系,"家伍"(即家族关系,血亲)和"亲故"(即姻亲)是两种较大的亲属群,其中一个家庭的"家伍"的大与小,在某种意义上决定着这一家庭的势力。乡族称家族为"家伍",并按亲属关系的远近再将"家伍"分为"亲家伍"和"大家伍"。同一祖父的后代互相视为亲家伍,同一曾祖父或太祖父的后代则为大家伍。由亲家伍或大家伍组成的村落被称为"阿恒德"(东乡语同村),②"亲故"即姻亲关系,在民间社会中的影响力相对较小,在婚丧嫁娶中,姻亲关系却又是不可或缺的力量,扮演着重要的角色。一个个体,一个家庭,一个家伍延伸到更上一辈的老家伍,从而使得人们融入一个更大的亲属圈。因婚姻产生的姻亲构成相互交错的复杂的社会网络关系。这种亲属关系也是外出务工经商的东乡人所借助的主要资源之一。首先这种关系具有可靠性,亲属之间互相帮助是人们根深蒂固的共识,其次,这种关系对每个人来说是现实的资源,随时可以使用。"东乡村"居民的迁移过程根据"链式迁移"的形式我们就可以看出,在宴家坪收购废旧家具的马德相,三年前跟随姑父到兰州,在姑父的相助下开始做废旧家具生意,一年前,其父母、弟弟、妻子也迁移到"东乡村",(案例)宴家坪100多户从事收购废旧家具业的"村名",从最初走出大山,走出东乡移居"东乡村",都不是只身前往的,都是跟着亲属团伙而进的。亲属关系在这里有着极其重要的位置。

首先家是社会关系的基本单位,笔者在田野过程中发现,"东乡村"居民更多地喜欢用"户"来称呼"家",根据费孝通在《江村经

---

① 费孝通:《乡土中国》,北京大学出版社,1998年5月,第70页。
② 廖杨:《东乡族宗法文化论》,载《民族研究》,2004年第4期,第37页。

济》中对家和户作了区别:"家是由亲属纽带结合在一起的,在经济生活中,它并不是一个有效的劳动单位。"①作为户的一员不一定是亲属,"东乡村"从事各类行业的居民从事这一行业时形式多种多样,有全家集体经营,也有学徒或者帮工一起住一起经营的。从而形成了户内不同类型的亲属关系。

首先,以户主夫妇为主轴展开的,也就是指与户主夫妇之间的血缘和姻缘关系。这种户内亲属关系是纯血缘性和纯义务性的,户主或户主夫妇的赚钱目的就是为了使家庭富裕,并付诸孩子成家立业,而孩子干活也是义务性的。此类亲属关系为携带式亲属关系。这种亲属关系是"东乡村"最为普遍的亲属关系。在硷沟沿骆驼巷开小饭店的李文海家,便是如此。李文海,男,32岁,东乡县赵家乡人,有一子一女,现住骆驼巷。他与妻子在自己家中共同经营小饭店,儿子和女儿上学,这是最简单的户内亲属关系。其次,合作式亲属关系,特点是亲属与户主是平辈份的,彼此年龄相差不大,他们一起干活,以合作互助的形式进行,但彼此也有利益分配,在利益分配中以户主为主,其他亲属之间平等分红,而且户主的收入和其他亲属有差别;在管理上,以户主为头,其他亲属平等参与,户主与他们商量,决定户主地位的是亲属关系中的排序。收购废旧家具业的亲属关系便是如此类。

王春光的《社会流动和社会重构—京城＜浙江村＞研究》中还有两类亲属关系即赡养式的亲属关系和学徒式亲属关系②。这两种类别的亲属关系在"东乡村"较少。

传统社会的家伍制度依然是"东乡村"亲属关系的重要形式,"家伍"便是户与户之间的亲属关系,"东乡村"居民最初的迁移是

---

① 费孝通:《江村经济》,江苏人民出版社,1986年版,第68～69页。
② 王春光:《社会流动和社会重构—京城＜浙江村＞研究》,浙江人民出版社,第98页。

同族移居,他们同族移居的一个基本目的,便在于保持血缘关系与地缘关系。也正是这种同族迁移的"家伍"关系,使得"东乡村"的形成与发展中具有稳定性。

乡源组织

乡源组织与家伍关系具有很密切的关联,同村同族迁移保持了血缘与地缘关系,地缘与血缘互为强化,是"东乡村"形成如此地缘关系的主要原因之一。费孝通论及血缘与地缘的关系时所说的"在稳定的社会关系中,地缘不过是血缘的投影,不分离的"。"血缘和地缘的合一是社区的"①以"家伍"为形式的血缘关系与"阿恒德"(东乡语同村)为形式的地缘关系;同乡同村共同从事某一行业的状况,建立在是建立在血缘与地缘共同的基础上围寺而居的居住关系等各种因素更加促使了乡源组织的稳定性与密切性。以上西园清真寺为中心来看乡源组织。上西园清真寺修建于2001年,是居住于此的"东乡村"居民共同出资修建的,居住在上西园清真寺周围的居民多来源于东乡县果园乡、龙泉乡、那勒寺乡等,多以生意人为主,有着较强的经济实力。进入兰州以后,为了能在城市站稳脚跟,他们不仅需要提高自身的经济实力,还要建立自己的清真寺,在原来的血缘与地缘关系的基础上建立自己的"者麻提",以稳固在城市的地位。

个案十:罗金虎,男,57岁,上西园桥公交车站附近如海宾馆老板,东乡县果园乡人

罗金虎一家迁入兰州10余年,做皮革生意,经济实力较强,2000年买下上西园公交车站附近的一段铺面修建了三层楼开穆斯林宾馆,罗家的亲戚朋友也居住在附近,各自都有自己的产业,相互扶持、相互关照,使得他们"家伍"的整体实力加强。然而作为外来人口的他们,依然会受到诸多的偏见歧视等,就像罗自己说

---

① 费孝通:《乡土中国》,北京大学出版社,1998年5月,第71页。

的:"我们出去买个东西,一说东乡话,别人就给脸色看,一口一个乡里人,很不舒服,去兰州人的清真寺,看别人的脸色也是很不舒服,再加上我们教派不同,很多时候受到排斥,家里过尔麦里'宗教活动'的时候更不方便。"和罗金虎一样很多居住于此的东乡人都迫切地希望建立自己的清真寺。2000年大家基本上达成一致,集体出钱,修建了今天的上西园清真寺。

上西园寺现的"者麻提"现在近上百户,其中有90％的东乡族家庭。这些家庭之间有着各种关系,血缘和地缘依然是最主要的关系,共同的血缘关系构成"大家伍"形成的核心和"家伍"内部的联系纽带,共同的地域则成为宗族生活的地理空间及其与外界联系的基地。只有建立在共同地域之上的宗族信仰,才能开展共同的宗族活动,也才能加强内部的联系与团结。

独特的语言使"东乡村"居民与兰州居民明显区别开来,也与当地的其他外来人口相区别,加强了地缘乡源意识。比如在格子市清真牛羊肉批发市场,市场内部从里到外的格局是东乡人的店然后是广河人的,最外面是康乐人的店铺,康乐人和广河人称东乡话为"黑话",正是这样的黑话,让东乡人之间的相互联系更加紧密,在整个市场占据了绝对优势。在格子市,东乡语是一个明显的标志,"比是撒尔塔昆"[①],一句简单的话,却可以把整个该地区的东乡人联系在一起。宗教组织是社会组织的一种类型,是次级社会群体的一种形态。根据社会学的定义:"组织是人们构建出来实现某种特定目标的社会群体。组织除了具有明确规定的特定目标以外,一般说来组织还典型地具

---

① "比是撒尔塔昆",东乡语,意为"我是撒尔塔人、我是东乡人"。

有劳动分工、权力的集中、成员关系经常变化的特征。"①伊斯兰教在东乡族形成与发展的过程中起过很重要的作用。它已深入东乡族社会生活的方方面面,成为东乡族凝聚力的重要源泉。"伊斯兰教有其特殊的、能扣动民族各阶层人士心弦的教义,而且它在很大程度上与社会生活紧密联系,也具有'助政'的内容,其信徒的一切(包括衣食住行)基本上皆可遵经而行。"②这就使得一名穆斯林的一生与伊斯兰教紧密相联。因此,东乡族除了家伍与亲戚以及"阿恒德"组织以外,便是以清真寺为标志的"者麻提"组织,这一组织往往包括了好几个"大家伍",甚至几个"阿恒德"。穆斯林对自己的以清真寺为中心的聚居区的称谓有自己的语言,称为"者麻提",阿拉伯语的意义是"聚集、集体、团结、共同体"等,这一称谓只要在有穆斯林居住的地方,是一种标志性语言。"者麻提"在传统的东乡族社会中,所具有的作用不亚于"家伍",它是人们以清真寺为中心,因信仰而联系起来的。在人们的日常生活中,作为整个者麻提的一员,在这个庞大的组织中得以慰藉与保护。在婚姻以及丧葬中,者麻提更是起着主要的作用,如果一家遇到丧葬等事,整个送葬过程的操作是整个者麻提来运行。者麻提在穆斯林社会中具有非常重要的地位。

"东乡村"居民以东乡族为主,伊斯兰的信仰是他们共同的心理文化。"东乡村"更多的是在"清真寺"的建立以及围寺而居的居住格局日益强化的基础上形成的,"清真寺是社区的"灵魂",是回族人内心世界的象征。因此,如果说伊斯兰教是回族存在的精神范式,那么Jamaat作为对回族精神世界的雕塑便是她的物质存在

---

① 周传斌:《西海固伊斯兰教的宗教群体和宗教组织》,载《宁夏社会科学》,2002年第5期,第69页。

② 马成良:《中国伊斯兰教与中国儒道思想关系浅析》,载《西北民族学院学报》1990年第3期。

形式。"①与少数民族聚居区的穆斯林相比,处于城市边缘地区的穆斯林,他们对清真寺的依赖感要强得多。对于他们来说,清真寺是自己信仰的支柱,是通向永恒后世的路径,又是走向现实生活的路标。因此,清真寺成为城市穆斯林社区中穆斯林群体立足主流文化社会的根柢。② 清真寺是"东乡村"的精神所在,而以清真寺为中心的各个"者麻提",将整个"东乡村"联系在一起。"东乡村"所包括的各个街道、社区都有自己的清真寺,各个清真寺的"者麻提"不是独立的,而是相互联系的。在"东乡村",东乡人较为集中的清真寺有5个,也就是说整个东乡村有5个以清真寺为基础的大"者麻提":柏树巷清真寺、上西园清真寺、西湖清真寺、硷沟沿清真寺、五星坪拱北清真寺。平时做礼拜、过宗教节日或者每家过"尔麦里"的时候,都是以各自的清真寺者麻提为主,但是在举行大型的会礼或者有丧葬等事宜时,各大清真寺的者麻提便会互相联系集中。"者麻提"组织是"东乡村"具有明显特征的宗教组织,它对于东乡村的稳定、东乡村民众的相互联系以及加强凝聚力具有着不可忽视的作用。相对于传统的,"东乡村"的者麻提在保留清真寺底蕴文化的方式上,比传统东乡族地区的清真寺多了一层开放式的交流,同时与少数民族聚居区的清真寺相比,"东乡村"的清真寺在社会功能上又多了一层文化的对抗性,因而使城市边缘地区的伊斯兰教在其承载物的表现

---

① 杨建新、杨文炯:《Jamaat:都市中的独特社区——以对兰州市回族穆斯林的调查为视点》,2001年第2期,《中央民族大学学报(人文社会科学版)》,第40页。

② 王建斌、李庆勇:《城市边缘地区伊斯兰教探微——以兰州穆斯林社区调查为个案》

形式上又有较多不同,这决定了作为边缘群体的"东乡族"民众,在宗教生活、教育、习俗等方面必将表现出不同程度的差异和特殊性。

在东乡村,除了以清真寺为主的"者麻提"组织以外,还有一种组织就是以"拱北"为中心的"啊哈交"群体,此时拱北是对老教来说的。拱北主要是西北穆斯林四大门宦即哲赫忍耶、虎菲耶、嘎迪忍耶等学派的门宦始传人墓庐,也称金顶。是门宦穆斯林教徒举行宗教活动的中心。而东乡族作为中国穆斯林门宦类别最多的民族,拱北自然成了许多人进行宗教活动的场所。拱北的"啊哈交"与清真寺"者麻提"不同,"者麻提"是以地域范围来和门宦划分的,而拱北的"啊哈交"则是以门宦来区分的。在传统的东乡族社会,一个清真寺的"者麻提"可以是不同拱北的"啊哈交",而同一个拱北的"啊哈交"可以是不同清真寺的"者麻提"。一个拱北的"啊哈交"便是一个组织群体,从事共同的宗教活动,内部彼此之间加强联系。在"东乡村"有近10个拱北,分别属于不同的门宦,主要分布在五星坪和下西园一带。现在以七里河区五星坪的灵明堂拱北为例。五星坪的灵明堂拱北是整个兰州市最大的拱北,灵明堂拱北门下的"东乡村"教众据拱北负责人和笔者调查统计有300多人,每年的农历二月初二是灵明堂拱北的"纪日",拱北要举行盛大的"尔麦里",这一日子来临之前,"东乡村"所有的灵明堂"啊哈交"要到拱北帮忙、炸油香、宰牛羊等。这些"啊哈交"之间以拱北为中心,成为另外一种宗教组织,拱北的尔麦里以及节日活动,为这一宗教组织民众相互交往联系提供契机。

"粘连"和业缘关系

如果说血缘关系和地缘关系是传统社会的主要人际关系,那么业缘关系和朋友关系则是现代社会的重要人际关系。"东乡村"居民处在传统社会向现代社会的转变,从单一行业向多行业的转变或者职业化过程中。在这样的转变过程中,他们的人际关系除了仍然沿袭传统的血缘和地缘关系以外,也在扩大业缘关系和"粘连"圈子。行业规模的扩大,势必造成了朋友关系和业缘关系的扩大。

"粘连"是东乡人对朋友、兄弟等的亲昵称呼,对城市生活的不断适应中,社会交往的圈子逐渐扩大,从最初的同村同乡、同者麻提、同族、同行业扩大到不同民族,不同信仰,不同行业的交往圈子,"粘连"关系不再是单一的同乡同族。从业缘关系来看,屠宰业与大小餐饮业的关系扩大到与运输、食品及加工等行业的关系;废旧家电收购业与运输、维修等行业的关系。大型餐饮业与更多的行业有着千丝万缕的联系,的经营,"粘连"的圈子更大更广。业缘关系的不断扩大必然造成了"粘连"圈子的扩大,就拿城市废旧家具收购业来看,随着规模的扩大,回收再修理、出售的过程中,不再是单纯的血缘和地缘关系经营了,因为同乡或同族中懂得电器修理的人几乎没有,而是扩大到不同人群、不同行业、不同地域的联系,朋友圈也随之扩大。收购业和翻修业之间的关系,以及延伸到运输业等。再如拆迁砸墙业,他们往往会同南方一些装修公司合作,装修公司一有砸墙的活,就联系他们。东乡人的友缘和业缘往往是交织在一起的,比如某大型饭店的东乡老板,为了拉顾客,往往要找一些关系当"饭托"。比如认识某大学东乡族老师,东乡族老师介绍一些朋友过去照顾生意,老板再通过各种"实惠"使这些族外人士成为"饭托",一有饭局,就来照顾他的生意。

个案十一:马文生,31岁,忠华餐厅后厅经理,东乡县大树乡人。

马文生初来兰州时,所认识的人全部是东乡人,并且大多是同乡人,同乡同族人为他的就业提供了很大的帮助,从最初在忠华餐厅打杂开始，经常跟着去买菜、送外卖，逐渐结识了一些不是东乡人的朋友，随着对餐厅业务的熟悉，从打杂升到现在的后厅主管，他所结识的"粘连"从街头的小菜贩到广州、上海的外商，三教九流都有他的"粘连"。

如果费孝通先生用"差序格局"来形容中国的人际关系，那么从每个独立的东乡人为中心向外推，最里层便是与自己有亲缘关系的"家伍"，其次是同乡"熟人"，接下来依次是同族、穆斯林、朋友、客户等等。但是由于各种互动关系相互交织，成为网络，有时很难明辨。

兰州"东乡村"的物质民俗

物质民俗概说

物质民俗，是指人类在日常生活中所依赖的和能够感觉到的有形的实体性民俗，因而又被称为"实体民俗"。物质是人类赖以生存的根本。物质生活民俗是生活民俗最为主要的一个方面。它是以满足生理需要和安全需要、归属需要、自尊需要和自我实现需要等较高层次的需要为目的的社会生活文化现象，是这种民俗所在民族传统观念的外化。按照不同的目的和功能区分，物质生活民俗包括饮食习俗、服饰习俗、居住习俗和器用习俗等。[①] "东乡村"物质生活民俗是生活在城市文化大背景下的东乡族传统观念的具体表现，研究"东乡村"的物质生活民俗，是研究东乡族适应城市生活的最为主要的方式，传统的观念在与城市文化的相互碰撞中，发生着不同程度的变异，从而与城市文化达成和谐，实现自身对城市的适应。饮食民俗、服饰及居住民俗的传承与变是城市东乡族在城市文化背景下适应城市的具体表现形式。

饮食习俗

---

① 《民俗学导论》，叶涛、吴存浩著，山东教育出版社，2002年，第264—265页。

兰州市"东乡村"民俗生活适应与变迁的调查

饮食习俗是指人们传统的饮食行为与习惯,主要包括食物本身、食物属性、食物的范围、制作过程和仪式、餐桌上的礼仪、节日和仪式食品以及食物的名称、保存、禁忌等,它是人类民俗事象中最贴近生活的习俗;饮食不仅能够满足人们的生理需求,同时其丰富的文化内涵在一定程度上也满足人们的精神需求。有关东乡族饮食习俗的专论在目前的研究中相对较少,在一些专著中有较具体的描述。本文所要阐述的是从少数民族聚居的农村进入城市的东乡族在适应城市生活的过程中形成自己的独特的聚落及其饮食文化,这种独特性表现在饮食习俗方面继承传统同时又接受了城市文化,形成了一种在传统中变异与变异中继承的互动格局。

本课题以"东乡村"为调查点,以"东乡村"民众现在的饮食习俗为调查内容,来展开探讨其饮食习俗的传承与变异。进入城市之后的东乡人,以共同的民族心理、共同语言,在接受城市主流文化的同时,也坚守了东乡族伊斯兰文化的内核,其在饮食生活方面表现尤其显著。饮食文化是城市社会互动在民族文化的物质因素当中表现最为积极的一个方面。[①] 通过对饮食习俗与传统的东乡族饮食习俗的对比,来揭示作为自然属性的人,东乡人进入城市并适应城市的过程是其生理与环境适应的本能所在;而作为具有社会属性的民族而言,是东乡人在面对城市主流文化与传统的伊斯兰文化的相互"碰撞"中所作出的在价值观、家庭观等方面的调适、适应、选择。并在这种调适、适应、选择过程中使城市文明与传统的伊斯兰文明相互交融。通过对这一特殊群体饮食习俗传承与变异的对比分析,来说明一种生活习俗的传承与变异,有主客观两方面的原因。从农村进入城市,生活习俗的改变实质上是传统文化的继承发展与城市现代文化的一个交融过程。

---

① 《西北少数民族地区城市化建设研究》,高永久编,兰州大学出版社,2003年7月,第83页。

饮食民俗分类

"由于传统的汉文化与传统的伊斯兰文化在这一文化地域范围的交相辉映,两种文化不断磨合、协调、适应,在民族地区城市中逐渐形成了特殊的文化模式与普通的文化模式。在兰州的民族文化中,特殊的伊斯兰文化模式与普通的汉文化模式同时存在。"①小西湖地区正是这两种文化模式共存表现最为显著的地方之一。柏树巷社区总人口数为5548人,东乡族人口1400百多人、270多户家庭,约占全区的25%。调查主要以其中20户不同职业、不同收入、不同规模以及不同居住时间的家庭为对象,从他们现在的饮食结构、饮食内容、饮食观念进行调查,来分析其在传统饮食习俗之间的异同。现将从他们的日常食俗、待客食俗、节日食俗以及特殊食俗四个方面来对比分析。

日常食俗

日常食俗是指平日家庭饮食习俗,它是最能够体现某些民众群体饮食习俗的一个重要方面。它包括食物的制作方式、使用方式、用餐时间及次数等。东乡族传统饮食以面食和土豆为主,牛羊肉在生活中极为重要。而在城市,因环境带来的便利,他们在以面食为主的基础上,对蔬菜的需求量在日常生活中的比例增大。从用餐次数上看,都实行早中晚三餐制,但在时间上和食物内容上各不相同。在农村早饭的时间一般是在晨礼结束后家人围坐在炕上,开始食用家中妇女做好的新鲜花卷、煮好的油茶,或喝清茶等。而在城市里,"油茶"的习俗在所调查的家庭中几乎消失。茶是东乡人生活中必不可少的东西,"每餐必有茶"是茶在东乡人饮食生活中占重要地位的真实表现,从中也可以看出东乡人对茶的钟爱。在传统家庭中多用盖碗泡茶,且喜欢用云南绿茶。在城市,"三泡

---

① 《西北少数民族地区城市化建设研究》,高永久编,兰州大学出版社,2003年7月,第87页。

台"是用来待客的,自家人一般用茶杯,且不是单纯地泡绿茶。此外,像咖啡、果汁等饮料也进入城市东乡人的家庭。进入城市后许多年轻人开始喝酒,这在农村来说是犯了大忌背了传统。

农村与城市东乡人日常食俗中还有更大的不同之处,在农村用餐时,父子一般不同席,公婆与儿媳不同席;在城市,这种回避习俗几乎消失。

待客食俗

东乡族历来以热情好客而著称,在它的待客食俗中,更能体现这种热情、质朴、好客。当家中来客人时,请客人上"上房"(堂屋),敬上"三香茶"(即以绿茶、冰糖、桂圆为主的三泡台),倒上"白牡丹花"的开水,是主人对客人最基本的礼节;男主人通常会在"上房"陪客,女主人此时则在厨房炸油香、蒸花卷。端上花卷之后,随各家条件的不同、炒几盘菜,且多以荤菜为主。手抓羊肉是东乡人待客最重要的东西,多以双碟端上,一冷一热,再用小碟盛上椒盐、大蒜。最后一道环节,也就是东乡人待客中最独特的环节,"吃鸡娃",除去鸡头鸡爪子将鸡身分为13块,并将其中的鸡尾一定要让客人中最年长或辈分最大的人吃,叫"吃鸡尖"。"吃鸡尖"是东乡人招待客人的最深的敬意,客人不能拒绝。在整个从上茶到"吃鸡尖"的过程,用流水席的方式,即上一盘菜撤下原来的盘子,让客人每次吃到的菜都是最新鲜的。男主人一直站在炕下招待客人,添菜倒茶。在城市里,东乡人的待客习俗与传统大体一样,只是在细节上有所不同,羊肉由于条件的限制,不再是"端全羊",至于"鸡尖",主人和客人都是象征性地互相推辞一下。整个待客过程中,不再是流水席,且主人会和客人同席用餐。

节日食俗

在饮食习俗中,有关节日的食俗表现最为丰富,也最具有民族特色。信仰伊斯兰教的东乡族,传统节日有古尔邦节、开斋节,以及圣纪节。古尔邦节这天,有经济能力的家庭请阿訇到家中念经宰羊,家里人炸好油香,将羊肉分成小块,为到家中的所有亲友分上一块羊肉和油香。在斋月里,东乡人的饮食与宗教是相统一的,开斋节也一样,在开斋节到来前几天,家中妇女就开始炸"香气",即炸馓子、炸花果、炸酥盘等。在过节这天挨家挨户地互相送上一份"香气",以示祝福;圣纪节的饮食场所主要在清真寺,由清真寺主持宰牛羊、做烩菜、炸油香,让所有到清真寺听"赞圣词"的人食用。城市东乡人的古尔邦节、开斋节以及圣纪节的饮食构成同农村一样,不同的是所参加的人较少,且场所主要在清真寺,宰牛羊的场所也多为清真寺。在调查中许多老人对城市里过节表现出无奈的神情,而大多数年轻人却赞成这种城市里过节的方式。

东乡族还有一个传统的节日,即阿守拉节(粮食节),它是东乡族妇女们的传统节日,过阿守拉节这天,必做的美食是罗菠弱粥,也称为美味肉粥,各家妇女轮流做东,将小麦、绿豆、玉米、青稞等12种粮食和羊杂碎剁成的肉末混煮在肉汤里,调成糊状,每家须有人参加,如不能去,东家必会留一份罗菠弱粥给这家。阿守拉节在城市中,在所调查的家庭中,80%多的家庭不过阿守拉节,13%的家庭在阿守拉节做罗菠弱粥是自家举意来做,很少有轮流做东的说法。做好之后也是自家享用或有时分送给左邻右舍。阿守拉节作为传统节日,它的饮食习俗在城市中早已被人们淡忘了。

特殊食俗

"吃平伙"是东乡男子的传统习俗,多在阴雨天或下雪天农闲时举行,约几个亲朋好友,找一家茶饭手艺好的家庭,宰一只羊煮熟。食用时先吃羊杂碎做成的"发子",后在肉汤里下面片,吃完后将羊肉按全身各部位分别剁成份子,有多少人就剁多少份,每份都有羊全身每一部分的肉,肉可以当场吃,也可以带回家。吃完之后,东家摊钱,实行"AA制"。这种"吃平伙"的习俗在城市中由于多种原因已经很少见了。在被调查的家庭中,进入城市以后"吃平伙"的家庭也只是两三家宰羊分摊而已。有些人家在初到兰州之时,偶尔也有亲朋组织"吃平伙",而现在城市的东乡人几乎忘记了这一特殊的习俗。有趣的是"吃平伙"在城市里变成了兰州人家喻户晓的东乡手抓羊肉,而"羊肉发子"则在兰州各较大规模的清真餐厅中成为上等佳肴。

饮食习俗传承与变异的原因

从农村到城市的东乡族,在继承了传统饮食习俗的过程中,无论是饮食构成的就餐内容,还是饮食方式和饮食礼仪,都发生了变化,是什么原因促使传统的东乡族饮食习俗从农村到城市后发生了变化呢?政治经济学告诉我们,生活方式是由生产方式决定的。当传统的生产方式发生变化时,生活方式也要发生相应的变化,以便与新的生产方式相适应。诚如马克思所指出:"物质生活的生产方式制约着整个社会生活、政治生活和精神生活的过程。"[1]饮食习俗是生活方式的一种重要的表现形式,毫不例外,也要受到生产方式的制约和其他社会因素的影响。然而作为一个民族,其语言、民族心理、宗教信仰成为在客观环境改变时加强民族凝聚力的最重要的文化因素,当生产方式影响生活方式变化时,这种民族最根本的精神内核继续延续并传播开来。相对群居的居住格局、职业范围上的相对集中等因素,在主流文化影响下,更能顽强保留自己的传统。下面将从主观与客观两个方面来分析造成东乡族从农村到城市饮食习俗传承与变异的原因。

东乡族从农村到城市饮食习俗传承的原因

共同民族心理维系下的紧密关系。民俗在继承与延续上具有自动控制功能,不仅可以保证在同样的社会环境和文化氛围中能

---

[1] 《马克思恩格斯选集》,第二卷,第82页。

够传播,而且可以保证在相对稳定的社会环境与文化氛围中能够自动继承和延续。① 民俗的继承与延续并不是指所有的民俗事项都会被原封不动继承下来,而是指反映地方民俗特色的民俗事项被继承并延续下去。② 从农村到城市的东乡族,在其生活习俗传承中起自动控制作用的便是对伊斯兰教的信仰,从而反映地方特色与民族特色的东乡族清真饮食在它的饮食习俗中继承并延续下来。宗教的维系使得这一群体紧密相连,围清真寺而居,形成共同的民族宗教心理。

共同的民族语言形成的彼此认同。作为一个民族,它的语言与民族心理是其生活习俗传承中起自动控制的又一重要因素,从农村到城市,他们用"撒尔塔③"彼此认同,在城市中用自己的语言彼此紧紧地联系在一起,保持自己的传统文化不被他文化同化,自然传统的生活习俗会有意识地在城市生活中被运用,在城市生活中他们用他民族认为的"黑话"进行交流,在彼此的交往中用语言形成区别于他民族的特殊群体,这是东乡族农村到城市饮食习俗传承的又一个重要原因。

乡源群体形成相对聚居的格局。从农村进入城市的东乡族,他们在迁徙过程中邻村相近群体迁徙,并在迁徙之后,围清真寺而居,形成相对聚居的居住形式,在日常的交往中以老乡相称,形成相对独立的乡源群体。从而对传统的生活方式的继承传播有着极为重要的作用。

相对集中的业缘关系加强内部联系。东乡族从最初来兰州所从事的职业多为餐饮、拆迁、维修、皮革、牛羊肉经营等。直到现在这种相对集中职业范围没也有太大的改变,这种形式使得他们行

---

① ③《民俗学导论》,叶涛、吴存浩著,山东教育出版社,2002年12月,第203页、第207页。

③ 东乡族人自称自己为"sart",源于中亚语。

业间的联系变得单纯并独立,与他民族联系的必要性并不强烈,进而造成生活方式上的相对独立。就像在所从事的餐饮业中,清真餐厅里的老板、职员都以自己人(东乡人)为主,形成与他民族相对隔离的形式。职业需要与业缘关系有利于其传统习俗的保留。

他民族对其饮食习俗的认可。一种风俗习惯之所以能够在离开本土的地方继续延续并传播,除了本民族自身的传统外,他民族的认同是其传承的重要因素。东乡族的饮食习俗渐渐融入兰州特色饮食就是最好的例证,让兰州人真正了解手抓羊肉、接受手抓羊肉的是东乡族。在兰州的各大饭店餐厅最醒目的是东乡手抓,就像"发子"在兰州各较大规模的清真餐厅中成为上等佳肴一样。接受一种习俗的前提是认同它,而他民族的认同则是该习俗得以存在的重要前提,这种认同对东乡族饮食习俗在城市的传承有着重要的作用。

客观地理环境上的相近。兰州市距离东乡县有100多公里,地理环境二者相距不是很远,彼此之间联系较多,气候条件上二者的差异不是很大,从而在饮食习俗方面会有很多的相似之处,从农村到城市,东乡人的生活习惯不会从根本上发生变化,这是东乡族从农村到城市饮食习俗传承的客观原因。

东乡族从农村到城市饮食习俗变异的原因

生活环境的变化导致传统习俗的变化。民俗之所以发生变化,主要原因在于民俗存在与延续的环境发生了较大的变化,这种环境的变化主要有地域环境与社会环境两方面,其中任何一种变化都会引起民俗发生变异,地域环境与社会环境既是民俗得以产生的基础条件,也是民俗得以生存与延续的根本保证。从农村到城市的东乡人,地域环境与社会环境都发生了变化,这是导致东乡族从农村到城市传统饮食习俗发生变化的根本原因。而从农村进入城市的年轻人开始喝酒,也是因为生活环境的变化造成的,离开农村使得群体监督机制消失,原有文化约束的环境发生变化,使得大众文化影响加强；其次是经济水平的提高造成传统观念的变化。

生产方式的改变带来生活节奏的变化。兰州市小西湖柏树巷东乡族聚落基本上是由改革开放后形成的打工族与世居少数民族聚落融合形成的，外来进入该地的东乡族现在有 300 多户，他们在进入城市以前以从事农牧业为主，兼有简单的商业活动。随着改革开放他们进入城市"淘金"，最初从事体力劳动，如蹬三轮车、收购旧家具等。一开始就转变了生产方式，随着城市生活的继续，基本上形成了各自专门的职业，多为餐饮、拆迁、维修、皮革、牛羊肉经营。生活方式是由生产方式决定的，传统的生产方式发生了改变，生活方式也发生相应的变化，以便与新的生产方式相适应。城市中的东乡人从传统的亦农亦商亦牧的生产方式转变为以商业经营或手工业生产为主的生产方式，必然导致生活方式的变化，饮食习俗自然随之发生变化。商业利益与城市生活加快了人们的生活节奏，全家人集体经营使得妇女不可能像在农村一样整日围着厨房转，所以不可能有足够的时间去做面食。"吃平伙"习俗在城市的消失，主要原因就是人们没有足够的时间为吃饭而聚在一天，也没有哪一家有时间为大家操办。生产方式的改变带来的生活水平的提高，必然会带来饮食构成的多样化，火锅、烧烤、大盘鸡等进入他们的家庭也是必然的。生产方式的改变带来生活节奏的变化和生活水平的提高，是东乡族从农村到城市传统饮食习俗发生变异的重要原因。

他民族饮食习俗的影响。小西湖柏树巷的少数民族人口占 49.6%，其中以回族为主，同时包括东乡族、撒拉族、保安族以及维吾尔族等；进入城市后的东乡族围清真寺而居，与当地的和外来的穆斯林民族杂居，长期的共同生活、共同的宗教信仰使得他们彼此间的联系较为频繁，生活习俗上相互影响彼此接纳；反映到传统的饮食习俗，自然也在这种相互共同的生活与交流中有所改变，如吃馕、大盘鸡、喝灰豆粥等等。城市饮食文化的繁荣同样也会对东乡族传统的饮食带来影响,就像火锅、麻辣烫、涮羊肉以及咖啡等都会成为城市东乡人生活饮食的内容。

生计方式的改变带来经济水平的提高。就像对牛奶的选择一样,对于农村而言牛奶相当于奢侈品,早饭喝牛奶几乎不可能;城市生活中生计方式的改变必然带来经济水平的提高,饮食观念必然也发生变化,从传统的饮食观念向营养型饮食观念变化。同样蔬菜种类的多样化、他民族饮食的接收都源自于生活水平的提高。

生活环境、生产方式的变化带来的观念上的变化。城市东乡族由于生活环境与生产方式的改变,生产力水平提高、经济收入增长,使得家庭消费方式和消费观念发生变化,从传统的原料消耗型消费方式转变为营养型为主的消费观念,如在早晨他们选择营养价值高的牛奶,以及对蔬菜的合理搭配并且日益在生活中增大比重。城市文明的影响改变了传统的男为尊女为卑的观念,在生活中女子同男子一样有自己独立的职业,不会在家中专门围着厨房转、父子用餐时同席、儿媳也会和公公婆婆同席吃饭,待客时主人和客人一起用餐等。这一系列变化都是因为客观环境变化带来的传统观念的变化所造成的。

东乡人从民族聚居区以流动的方式进入城市,从社会学的角度讲,流动人口最容易失其传统文化,同时又能坚强保留其传统文化。在新的环境带来的变化中,他们用新的观念方式调适其文化。在民族交往中与主流文化相互涵化,使得伊斯兰气息的乡村文化与城市主流文化相互交融而达到一种和谐。我们可以说,民族的迁徙不一定会丧失其传统文化,在与主流文化的交流中能够和谐共存,创造新的具有共同特质的城市民族文化。

服饰及其他物质民俗

服饰民俗

服饰民俗是指人们的穿衣戴帽、佩戴各种首饰以及如何打扮自己的风俗习惯。我国民间有句俗语:"十里认人,百里认衣。"可见在民俗中,服饰民俗占有十分重要的地位。在中国传统服饰文化中,服饰民俗现象千姿百态,极为丰富多彩,它充分反映出中华民族祖祖辈辈对美好生活的追求与向往,强化着传统文化的传承,强化着民族的认同感与凝聚力。服饰习俗,多体现在服饰的颜色、材料、式样、着装方式、放置与制作等各个方面。

传统的东乡族服饰具有浓厚的民族风格,多彩艳丽。东乡族结婚后一般戴一种自己缝制的圆顶白帽,帽子上面戴盖头,盖头长至腰际,头发及脖子全被遮住,只露面孔。盖头分绿、黑、白三种颜色,青年妇女一般戴绿色盖头,中年妇女戴黑色盖头,老年妇女戴白色盖头,盖头不了一般为绸缎、纱绒等。衣着在现今的东乡族社会,受大众传媒等的影响,古老的大襟圆领、宽大的东乡族妇女上衣已渐渐消失,只有老年妇女的衣着中还有些许的痕迹,老年人的衣服一般是大襟、小站领(立领)、左侧盘扣等。东乡族男子的服饰最明显的特征就是"白号帽",衣着与汉族、回族的基本相同,中山装、西装、夹克等较为流行。在举行宗教活动或者去清真寺、拱北的时候穿一种叫"仲白"的礼服,是一种对开的长大衣,按扣、低领,颜色以黑、白、灰三种最为常见。①

"东乡村"的服饰在很大程度上沿袭了传统的服饰习俗,绿黑白三色盖头,妇女白色圆顶帽、男子的"白号帽",以及上寺或者过节、去拱北时候的"仲白",都没有因为环境的变化而消失,从腰缠

---

① 马自祥、马朝熙:《东乡族文化形态与古籍文存》,甘肃人民出版社,2000年版,第77页。

万贯的大老板到街头收购家具的小贩,最大的共同之处便是"白号帽"。

然而城市文化依然对城市东乡人的服饰带来了一定的冲击,新婚女子不再戴白帽子、绿盖头,取而代之的有阿拉伯式的长头巾、有新疆式的小方丝巾等,颜色各异,款式多样。男子的"仲白"在"东乡村"成为老年人的专有,年轻男子上寺或者去拱北极少穿"仲白",更多的是西服、夹克。

东乡族服饰能够在城市传承中起主导作用的便是服饰文化承载的宗教信仰与民族心理,而城市文化的影响又促使服饰民俗发生了些许的变异。

居住民俗

东乡族的民居主要以"庄窠"为主,庄窠意为庭院。东乡族庄窠一般是一户一个,有少数两户相连的。由于东乡地区多山,庄窠依山而建,房面讲究坐北朝南,分为土房、瓦房、楼房等。庄窠的房屋分为"上房"(fugiegia,意为大房子,堂屋),一般住老人或用来请阿訇念经等。偏房(qiaojagia),一般是小辈来住,还有厨房,地窖(aluma,存放洋芋等),房屋内一般设土炕。东乡人在建新房或者拆旧房的时候,一般请阿訇念经,在新房建成后,全村每户人家都来祝贺讨喜,主人宰鸡宰羊款待客人。

在寸土寸金的城市,东乡人的居住当然不能以"庄窠"来作为居住形式,因各自行业、收入的不同各有所异,骆驼巷沿煤矿铁路两旁东乡人的居住形式,似于"鸽子楼"。在自己家里开小卖铺的马文刚家,原先的房子是铁路旁不足20平米的一间小房,后来他们在原来平房的基础上加了一层,面积与楼下相同。开始楼下做生意,楼上自己住的生活。去年夏天,马又在二楼上修第三层,并将面积扩大到中间的小巷,面积有24平米。类似于马文刚家的这种格局,在整个"东乡村"随处可见。由于居住条件的简陋,房屋分上房、偏方的极为少数。"鸽子楼"式的居住模式、像马文刚家一样不断增加的居住面积为"东乡村"所在地小西湖的开发带来了极大的困难,但是从"东乡村"本身来讲,这样的居住模式又为"东乡村"的生存无形中起到保护。

"东乡村"的精神民俗

精神民俗是在物质文化基础上形成的有关意识形态方面的民俗。它是人类的认识和改造自然与社会过程中形成的心理经验,这种经验一旦成为集体的心理习惯,并表现为特定的行为方式且世代传承,就成为精神民俗,它主要包括民间信仰等。[①] 在整个"东乡村",最主要的凝聚力便是信仰,对伊斯兰教的信仰表现在生活的各个方面,尤其在婚礼、节日、丧葬习俗中。正因为这种浓厚的宗教性,本章将婚姻、丧葬、节日习俗纳入到精神民俗的范围内进行研究;独特的语言对于"东乡村"的生存发展有着重要的意义,它是"东乡村"行业组成、人际交往以及传统文化传承的重要载体。

婚礼习俗和丧葬习俗作为人生仪礼的两大过程,对于每一个民族、每一个群体都有着不同的表现形式,在传统与现代中激荡的"东乡村",它的婚姻形式与丧葬习俗也在这样的激荡中存在着诸多的变化。传统的伊斯兰宗教节日也在形式上发生着不同的变化,语言的传承与使用对于城市东乡族有着重要的意义。本章所要阐述的是从少数民族聚居的农村进入城市的"东乡村"居民在适应城市生活的过程中形成作为精神文化的婚姻、丧葬礼俗、节日习俗、语言民俗等将有着怎样的变化。

婚姻习俗

婚姻是维系人类自身繁衍和社会延续的最基本的制度和活动。[②] 对于东乡村的形成与发展,婚姻具有着不可忽视的作用。进入城市的"东乡村"内部婚姻习俗基本上延续了传统的东乡族婚

---

① 钟敬文:《民俗学概论》,上海文艺出版社,1998年12月版,第5页。

② 钟敬文:《民俗学概论》,上海文艺出版社,1998年12月版,第172页。

礼,对伊斯兰教的信仰,使得伊斯兰教的婚姻观、婚姻制度直接影响着东乡族的婚姻观念,传统的婚姻观念中起主要的制约作用的三种社会因素为"宗教、宗族、民族",这三个制约因素依然是"东乡村"婚姻观念的制约因素,但这种制约力明显地被弱化,生活环境的转变以及思想观念的转换,大家交往群体的变化,交往范围的扩大,传统的婚姻观念、婚姻程序等发生了一些变化,更多地融入了都市婚礼的一些因素。从婚姻的双方来看,传统的包办婚姻在"东乡村"基本不存在,自由恋爱或者经人介绍相互交往成为更普遍的一种形式,传统婚礼中更多的程序细节被简单化。对"东乡村"婚俗的过程,以"东乡村"马文贤女儿马兰和东乡村居民唐士忠的婚礼为个案分析:

马兰,现年23岁,东乡县锁南人,现住工林路,在义乌商贸城一楼卖化妆用品。唐士忠,27岁,东乡县唐汪人,随其父跑工程。马兰与唐士忠是2005年2月经亲戚介绍认识,开始交往,2005年5月订亲。传统的订亲仪式一般是由男方的父亲、新郎、新郎的兄弟、媒人定好日子,去女方家,去的时候,要为女方准备一对皮箱(订亲的时候只带一个,举行婚礼的时候再拿另外一个)、一套衣服,包括鞋、袜子等,简单的化妆品,一束红头绳和一把梳子,其意为绑住女方,并为女方的父母带上四色礼①,条件允许还要带上一两套布料,还要为女方的兄弟姐妹准备礼物。到了女方家,由女方的父母接待客人,要好好招待"新亲家",媒人要调和双方在此时定下"麦何类"(即聘金),女

---

① 四色礼是东乡人走亲戚必备的礼物,一般是四种东西:茶叶、冰糖、桂圆和葡萄干等,凑够四种,可以有不同的种类。

方家中会抬高"麦何类",媒人要调和,如双方定好"麦何类"之后,不得反悔,在这一过程中,女方不露面。订婚之后的男女双方不能经常来往,只有在节日等时候,男方才能到女方家说塞俩木,但未必能见到女方。我们再来看看马兰的订婚仪式,订婚当日,唐士忠和其父,以及当时介绍的亲戚即媒人,带了500元钱和一枚金戒指去女方家,并定下了2500万的"麦何类"。所带的礼物完全不同于传统婚俗中的礼物,差异如此之大,经济水平的提高是一个原因,其次送金戒指完全受城市文化的影响,观念转变,没有红头绳绑着梳子,没有四色礼,内容与过程变得简单。订婚之后的两个年轻人可以来往。

再看婚礼状况,传统婚礼中结婚仪式,男方一大早起来收拾妥当,戴上崭新的帽子,由当地的阿訇为其念"桃白",念桃白的时候只有男方的父亲在场。男方准备好为女方准备的衣服、化妆品等前往女方家去娶亲,进了女方家中,先举行"告毕"仪式,由男女双方各出一名代表预祝婚姻美满、喜结亲家等,之后设宴款待娶亲人员。而此时,女方在家中由满拉或阿訇在窗户外面为其念"窗户杜瓦",姑姑等长辈为新娘开脸、梳头,姐姐等为其穿上红色嫁衣。宴毕,给新人念"尼卡哈"(即合婚经,征婚词),由阿訇来念,念尼卡哈时男女双方的家长和新郎、伴郎一起跪在阿訇面前,听阿訇讲经。之后阿訇将摆在桌子上的枣和核桃撒向院子,围观的人们争抢代表喜庆的"尼卡枣"。娶亲回家的时候,头盖红盖头的新娘由"素关持"(东乡语即伴娘,一般由出嫁了的姐姐充当)搀扶出来,到了新郎家,须由新郎的姐姐来迎接新娘入新房。而新郎沿途要对所见之人说塞俩木,进门之后亲戚朋友等要为新郎和伴郎"打红"(即为新郎、伴郎扎上彩色华丽的被面子)以示吉祥。挂红的新郎和伴郎到各个房间为所有的亲戚朋友说塞俩木。新郎家设宴招待送亲的人,送亲的人离开时新郎家要为送亲的每个人送上礼物,俗称"羊钱",送亲的人到新娘房中告别后离开。

马兰和唐士忠结婚时，唐家的婚宴定在忠华餐厅，由于时间关系，在结婚前一天，新郎及其父亲等长辈到女方家里念"桃白"和"尼卡哈"，念尼卡哈之前阿訇先给新郎和新娘念"桃白"，念"桃白"的时候双方新人在一起念，梳头和图片八："东乡村"婚礼中的新郎新娘开脸仅仅是做做样子，结婚当日身着白色婚纱、头戴白色头纱的马兰被姐姐搀扶出来之后，由新郎接上。到新郎家中后，新郎将新娘带入新房，稍息片刻便与送亲与娶亲的人一起到餐厅，婚宴开始，由婚礼主持人主持婚礼，介绍双方来宾以及两位新人。完全是兰州人的婚礼习俗。婚宴完毕，送亲的人离去。由此我们可以看出，"东乡村"的婚姻习俗既继承了传统婚姻习俗的特征，又在形式上接受了城市文化的部分。

"东乡村"居民最初以流动的方式进入城市，从社会学的角度讲，流动人口最容易失其传统文化，同时又能坚强保留其传统文化。在新的环境带来的变化中，他们用新的观念方式调适其文化。在民族交往中与主流文化相互涵化，使得伊斯兰气息的乡村文化与城市主流文化相互交融而达到一种和谐。我们可以说，民族的迁徙不一定会丧失其传统文化，在与主流文化的交流中能够和谐共存，创造新的具有共同特质的城市民族文化。

丧葬习俗

东乡族的葬礼遵循伊斯兰教教法的规定，完全以宗教仪式来举行。伊斯兰教在东乡地区发展过程中出现了门宦以及后来的新教（即耶赫瓦尼派），形成了新教和老教两大派别，两大派别的区别表现在宗教活动的许多方面。包括婚姻、丧葬、"尔麦里"等等，丧葬习俗中尤为突出。但是就整个葬礼的意义来说，它们之间有没有他大的区别。东乡人"无常"(即死亡)后,"家伍"立即推举年长者商议丧葬之事,并派人通知亡人的亲戚和邻近村庄,告知亡故及送葬时间;或由清真寺的学董、乡老主持安排具体人员负责有关事宜。整个丧葬活动都离不开来自族人和者麻提的人力和物力帮助。

"东乡村"的丧葬依旧延续了传统的丧葬习俗,新教老教的葬礼各不相同,本文不对新教老教的葬礼区别作过多的阐述,而是通过"东乡村"新教的葬礼来看看生活在城市里的东乡人丧葬形式。

个案十二:新教的葬礼

2005年,柏树巷新教教民马德林的母亲去世,去世前没有仪式,自己念"桃白"表明"认主独一",整个"东乡村"的亲戚朋友以及柏树巷全体者麻提都来为亡人家里送上5块、10块不等的钱,称"作塔结"(意为慰问),亡人咽气后由寺管会学董相佬等邀请各个有联系的清真寺的阿訇、满拉以及东乡老家的阿訇、满拉、整个"东乡村"的所有亲戚朋友来参加。亡人去世后由阿訇等抬到专门的床上称"起水床",待阿訇、亲戚朋友等到齐后,由亡人的姐姐和柏树巷的老人为亡人"抓水"(即洗大净),用白布缠裹全身。在乡佬和学董的主持下,各个者麻提的民众有一部分在五星坪公墓早已挖好墓坑,亡人被包裹完备之后,由学董、乡佬等派人将亡人抬到柏树巷清真寺,亡人抬出家门时候亲人一律不准有哭声,开始散钱给所有的人;在清真寺所有的阿訇、满拉以及会念经的男性大家站"支那则"之后抬到早已准备好的车上,送葬的时候朋友亲戚都有自己找车来送葬的,此时所有女性不去墓地。到墓地将亡人放入墓坑,头北脚南,面向西侧,用土堆起坟堆,没有墓碑。坟堆起来后阿訇念经,之后各自回家。下葬后三天家中不生火做饭,家里人和亲戚到本者麻提各家中吃饭。第四天,请阿訇满拉和所有送葬的人宰羊、炸油香招待大家,俗称"过四个日子"。新教的葬礼没有做"七"的习惯。从整个葬礼过程来看,"东乡村"的葬礼与传统的东乡族葬礼之间没有什么区别,而老教的葬礼比起新教程序较为繁琐,但和传统的东乡族葬礼一样,没有什么区别。

东乡村生活中宗教性体现最为突出的便是葬礼,在"东乡村"作为饮食或者婚礼习俗等除了与宗教信仰息息相关的细节以外,都发生了不同程度的变异,而葬礼却几乎没有发生任何变化。作为信仰维系下的共同的心理素质以及民族性格不会因为生活环境的变化、文化环境的变化而发生改变或者消失,相反,正是因为这一共同的信仰与心理因素维系着"东乡村"居民之间的凝聚力以及向心力。婚姻习俗与丧葬习俗同时也展示着"东乡村"人际交往、社会构成和秩序维护等制度性因素。

节日民俗

信仰伊斯兰教的东乡族,传统节日有古尔邦节、开斋节以及圣纪节、阿守拉节。由于这些节日与宗教密切相关,从而"东乡村"的节日习俗依旧延续了传统东乡族的节日习俗。

圣纪节

圣纪节是伊斯兰教穆罕默德圣人的生辰和忌日都在伊斯兰历3月12日,所以统称"圣纪"。圣纪节的饮食场所主要在清真寺,由清真寺主持宰牛羊、做烩菜,炸油香,让所有到清真寺听"赞圣词"的人食用。?? 在东乡村,圣纪节当天每家每户到清真寺出钱,称出"乜贴"由清真寺寺管会主持圣纪节仪式,宰牛羊、做油香、为所有来寺里的人准备好食物。老人妇女等到清真寺听"大赞",男子在礼拜堂举行会礼。传统的东乡族女子不讲究作礼拜,在"东乡村",有些寺中有专门的女礼拜殿,这是传统宗教礼俗观念发生变化的重要表现。

开斋节

开斋节是穆斯林对"尔德·菲图尔"(阿拉伯语)的习惯称呼。每年伊斯兰历9月图片九:清真寺的妇女礼拜是穆斯林的斋戒之月,凡符合条件的穆斯林男女,都要奉行一个月的斋戒,白天不进饮食,一月结束,望见新月,斋戒完成,次日即为开斋节。清晨起来,换上洁净的衣服,开始在家中炸油香、馓子。上午,到清真寺参加会礼。在"东乡村"开斋节当天上午,人们沐浴净身,男子聚集到各个清真寺和本"哲麻提"一起举行开斋会礼,礼拜后,还向老弱病残和贫苦之人出散乜贴,因此开斋节又叫"济贫节"。然后请阿訇为已故亲人走坟,纪念亡人。走坟后,走亲访友,相互祝贺,邀请亲戚乡邻到家,进行款待。妇女和小孩则在家中炸油香、馓子,准备招待客人。

古尔邦节

古尔邦节是阿拉伯语音译,又称"尔德·艾祖哈",含有牺牲、献身之意。在伊斯兰历每年的12月10日举行。这一天也是穆斯林赴麦加朝觐的第三天。古尔邦节这一天,东乡村穆斯林沐浴洁身后,穿上节日的盛装,到清真寺去参加会礼。之后走坟,回家举行宰牲仪式,有经济能力的家庭请阿訇到家中念经宰羊、牛、驼。羊肉、牛肉或驼肉除了自己食用外,还要分送亲友和贫孤之人。家里人炸好油香,将羊肉分成小块,为到家中的所有亲友分上一块羊肉和油香。

阿守拉节

东乡族还有一个传统的节日,即阿守拉节(粮食节),它是东乡族妇女们的传统节日,过阿守拉节这天,必做的美食是罗菠弱粥,也称为美味肉粥,各家妇女轮流做东,将小麦、绿豆、玉米、青稞等12种粮食和羊杂碎剁成的肉末混煮在肉汤里,调成糊状,每家须有人参加,如不能去,东家必会留一份罗菠弱粥给这家。"东乡村"的阿守拉节,已经不再是几家或者整个哲麻提一起过,都是单个家庭象征性地在家中请阿訇念"古兰",罗菠弱粥是自家举意来做,很少有轮流做东的说法。做好之后也是自家享用或有时分送给左邻右舍。

"东乡村"的古尔邦节、开斋节以及圣纪节的节日礼俗与饮食构成等痛传统的东乡族社会一样，不同的是所参加的人较少，主要以老年人为主，传统的东乡族社会节日的举行场所更多的在家中，而在"东乡村"场所主要在清真寺，宰牛羊的场所也多为清真寺。城市生活的高节奏使得人们没有足够的时间、空间来过传统习俗节日，而清真寺则承担了更多的节日活动，是主要的节日活动与交流场所。

"东乡村"的语言民俗

语言本身就是一种民俗事项，而且还记载和传承着其他民俗事项。它主要指民间依靠口头语言进行传播和继承的民俗事项。[①]

东乡语是东乡族人民的主要交际工具，东乡语属于阿尔泰语系蒙古语组，语言中大量保留了13、14世纪的古蒙古语，突厥语、阿拉伯语和波斯语的成分，并在发展中吸收了相当数量的汉语借词。历史上，东乡族先民曾用阿拉伯语拼写东乡语，俗称"小经"，记录民间叙事诗等，但小经未能普及使用，从而东乡族有自己的语言而无文字。在"东乡村"，东乡语依然是人们最主要的交际工具，尤其在各个相对独立的行业中，语言是最为明显的认同标志。在格子市的牛羊肉批发市场，按照语言的不同而聚居起来，从里到外，依次是东乡人的店铺（东乡语）、广河人的店铺（东乡语和汉语）、康乐和政人的店铺（汉语），一句"撒尔塔昂"（撒尔塔人）便是最明显的标志，尽管城市生活迫使他们在更多的情况下使用汉语，但是在他们内部东乡语依然是主要的语言。东乡族民间歌谣是东

---

① 《民俗学导论》，叶涛、吴存浩著，山东教育出版社，2002年12月，第203页、第289页。

乡族语言文化的承载者,进入城市的东乡人以不同的形式在传承这种民族文化,花儿从山野走进城市,在城市拆迁的工地上、在废旧家具市场随处都有东乡族男子粗犷的花儿声;儿歌依然被母亲用来启发或者教育子女。

结束语

"东乡村"的形成与存在必然对东乡族在城市的立足与发展具有重要的意义,作为城市的一分子,"东乡村"又不可能独立于城市而存在,它在一定程度上又必须依赖城市主流文化才能得以巩固和发展,所以在继承传统文化的基础上,要寻求和城市文化的连接点,在生产生活方式、传统观念等方面做出一定的调适,才能不被城市主流文化所淹没。从"东乡村"形成的原因及特点来看,它是一个文化上相对独立的社区,"东乡村"民众以其独特的语言、民族心理、生产生活方式、居住方式、社会关系网络在城市建立起属于自己的聚落,聚落的形成发展具有重要的意义。面对城市主流文化的冲击,"东乡村"内部凝聚力与防范性日益加强,由此也在一定程度上导致了"东乡村"的封闭性,阻碍它的发展。如果要求得发展,聚落该如何打破这种封闭性,调适自己,这让城市少数民族聚落又陷入了一个尴尬的境地。如何在主流文化冲击与阵痛中作自我的调适与选择?取舍之间如何选择?

社会行业分布的单一性,以劳动力出卖为主的高强度的三"D"工作(dirtydangerousanddemeaning 即脏、险、苦累的工作),拆迁砸墙业,收购废旧家具业、屠宰业尽管处于垄断模式,但是技术含量低,收入的不稳定性,严重阻碍了城市化的发展。饮食习俗的传承与变异既是传统文化在城市的发展,又是"东乡村"民众适应城市生活的具体体现,饮食文化在城市的发展促进了城市文化的多样化以及东乡族传统文化的传播与发展。服饰的多样化、居住模式的改变是城市背景下的东乡人城市化的一种表现。婚姻与丧葬习俗为代表下的精神民俗并没有因为生活环境的改变而发生变化，作为信仰维系下的共同的心理素质以及民族性格不会因为生活环境的变化、文化环境的变化而发生改变或者消失，相反，正是因为这一共同的信仰与心理因素维系着"东乡村"居民之间的凝聚力以及向心力。语言在某种程度上来说，是一个民族的灵魂，东乡语对于离乡进城的东乡人有着重要的意义，一句"撒尔塔"，就像全世界的穆斯林说一句"赛俩目"一样，有着无形的认同感与凝聚力。然而城市生活并不是东乡语生存发展的自由空间，而"东乡村"则为东乡语在城市的生存与发展提供了良好的环境，东乡语在一定程度上促使"东乡村"的形成，而"东乡村"又为东乡语的生存起保护作用。"母传子授"的民间口头传承，是传统文化在城市传承的另外一种方式。

从社会民俗、物质民俗、以及精神民俗的传承与变异来看，作为民族文化内核的信仰与民族心理在城市文化的冲击下依然没有被淹没，相反，却在城市大文化背景下更显特色。行业组织的单一性一方面促进了"东乡村"的凝聚力，起到某种自我保护的作用，但是它又严重地阻碍了东乡族城市化的发展，文化教育制约下的单一行业类型如果继续延续，势必永远不能跟上城市主流文化的发展，至此，教育作为重点成为"东乡村"发展的关键因素。"东乡村"自身除了传统的经堂教育以外没有文化教育体系，而让孩子接受城市正规的教育是更多的城市东乡人所不能承受的，打破聚落的封闭性和行业的单一性又不可能解决让孩子上学的问题，由此产生了新的城市文盲群体，大量少数民族童工的使用现象成为一个合情理却不合法的尴尬的问题，在没有国家政策和社会福利制度来关注城市少数民族聚落儿童教育的状况下，我们如何解决这种状况？我们是否可以设想一下，在聚落中的清真寺开设文化课程，比如语文数学等课程，使聚落内儿童在经堂教育模式下接受文化教育。

在城市化的冲击下，"东乡村"的封闭性最终会被打破，对于城市东乡族这一边缘群体来讲，如果打破居住格局的特殊性，实现城市式的居住方式，打破行业的单一性，实现生产行业多样化。那么最先失去的将是东乡族传统的文化了。对于一个民族来讲，是喜还是忧？城市化究竟让少数民族如何取舍？当聚落少数民族文化完全与城市主流文化合拍后，城市少数民族的概念还有什么存在的意义？城市东乡人如果要求真正的发展，"东乡村"是不是他们最好的生活方式？

〔参考文献〕

专著类：

1. 中国都市人类学会秘书处编,《城市中的少数民族》.北京:民族出版社.2000年10月。

2. 叶涛,吴存浩:《民俗学导论》.北京:中央民族大学出版社.2002年。

3. 高永久:《西北少数民族地区城市化建设研究》.兰州:兰州大学出版社.2003年7月。

4. 张继焦:《城市的适应——迁移者的就业与创业》.北京:商务印书馆.2004年5月。

5. 柯兰君,李汉林:《都市里的村民——中国大城市的流动人口》北京:中央编译出版社.2001年9月。

6. 李培林:《农民工——中国进城农民工的经济社会学分析》北京:社会科学文献出版社.2003年4月。

7. 阮西湖:《都市人类学——从"世界民族"学到都市人类学》北京:民族出版社.2002年4月。

8. 秦臻,马国忠:《东乡族——甘肃东乡县韩则岭村调查》昆明:云南大学出版社.2004年7月。

9. 王春光:《社会流动和社会重构—京城<浙江村>研究》杭州:浙江人民出版社。

10. 费孝通:《江村经济》南京:江苏人民出版社1986年版。

11. 马自祥:《东乡族》.北京:民族出版社.1980年版。

12. 马自祥:《东乡族民俗志》.北京:中央民族大学出版社.1988年。

13. 马自祥,马兆熙:《东乡族文化形态与古籍文存》.兰州:甘肃人民出版社.2000年。

论文类

14. 张继焦:《城市民族的多样化——以少数民族人口迁移对城市的影响为例》.思想战线 2004 年第 3 期第 30 卷。

15. 汤夺先:《城市少数民族论略——以兰州市为例》.第 25 卷第 2 期固原师专学报(社会科学版)2004 年 3 月第 57 页。

16. 朱爱东:《城市民俗的多元化特征》.民俗研究 2000 年第 4 期,第 40 页。

17. 刘海泳、顾朝林:《北京流动人口聚落的形态、结构与功能》.地理科学,长春,1999 年 6 月,第 497。

18. 城市中的"农村社区"——《流动人口聚居区的现状与整合研究》.规划研究 2001 年第 12 期第 25 页。

19. 陈立旭:《论城市聚落与城市文化的特征》.中共杭州市委党校学报 2002 年第 2 期第 8 页。

20. 郑信哲、周竞红:《少数民族人口流动与城市民族关系研究》.中南民族大学学报,武汉,2002 年第 4 期,第 52 页。

21. 马天龙:《东乡族农村劳动力转移特点及其思考》.西北民族大学学报(哲学社会科学版)2004 年第 1 期第 92 页。

22. 杨文炯:《兰州市回族社区 JAMAAT 地缘变迁研究》.兰州西北史地 1999 年第 4 期第 52 页。

23. 廖荣华、喻光明、刘美文:《城乡一体化过程中聚落选址和布局的演变》.人文地理,西安 1997 年 4 期 31 页。

24. 张京祥、张小林、张伟:《试论乡村聚落体系的规划组织》.人文地理.西安.2002 年第 1 期第 85 页。

25. 张鸿雁、白友涛:《大城市回族社区的社会文化功能——南京市七家湾回族社区研究》.民族研究 2004 年第 4 期第 38 页。

26. 马惠兰:《城市化进程中的回族社区——以银川市兴庆区红花乡北塔村为例》.西北第二民族学院学报 2004 年第 2 期第 53 页。

27. 马强:《兰州伊斯兰教寺院调查研究》.回族研究 2000 年第

4期第43页。

28、刘薇琳、侯丽萍:《关于少数民族社区教育的思考》.云南民族大学学报2004年第2期第48页。

29、马平:《群体意识与回族凝聚力》.中南民族学院学报(人文社会科学版)2001年第4期第35页。

30、凌锐:《试论少数民族流动人口对城市民族关系的影响》.中南民族大学学报(人文社会科学版)2005年第1期第16页。

31、朱正堂、温凯武:《城乡流动人口的困惑与出路》.中国信息报2005年1月4日。

32、杨健吾:《城市少数民族流动人口问题研究——以成都市为例》.西南民族学院学报(哲学社会科学版)2002年第7期第245页。

33、杨文炯.互动、调适与重构:《都市生境下的回族传统与现代化》.兰州大学学报2003年第6期第54页。

34、佟洵:《北京清真寺的职能与文化特征》.北京联合大学学报.2003年第1期第101页。

35、丁慰南:《民俗文化的社会功能与社会现代化新潮流》.江西社会科学.2002年第1期第185页。

36、张铁道,赵学勤:《建立适应社会人口流动的接纳性教育——城市化进程中的流动人口子女教育问题研案》,山东教育科研2002年第8期第3页。

37、胡令明:《城市少数民族流动人口的新问题、新情况》.民族论坛2001年第4期第37页。

主要采访人员

田野工作重点访谈对象一览表(2005年7月——2006年4月)

姓名	民族	性别	年龄	文化程度	职业
马进海	东乡族	男	39岁	小学	收购废旧家电
杨玉山	东乡族	男	37岁	小学	收购废旧电视
马福海	东乡族	男	26岁	初中	收购家具
王易卜拉	东乡族	男	38岁	小学	卖清真牛羊肉
马振山	东乡族	男	47岁	文盲	经营酿皮、凉面
马忠华	东乡族	男	49岁	小学	经营忠华餐厅
李福元	东乡族	男	40岁	小学	在小吃街做东乡大饼
罗金虎	东乡族	男	57岁	小学	经营硷沟沿如海宾馆
马文生	东乡族	男	31岁	初中	忠华餐厅后厅经理
马阿依舍	东乡族	女	42岁	文盲	小吃街经营羊杂碎
宋玉芳	东乡族	女	32岁	初中	在柏树行做馒头
马小燕	东乡族	女	26	小学	在骆驼巷开小卖铺
马明财	东乡族	男	54	小学	东乡第三建筑队工头

2006年4月